चाणक्य की जयकथा

चाणक्य की जयकथा

विष्णुचन्द्र शर्मा

वाणी प्रकाशन

वाणी प्रकाशन

4695, 21-ए, दरियागंज, नयी दिल्ली 110 002

शाखा

अशोक राजपथ, पटना 800 004

फ़ोन : +91 11 23273167 फ़ैक्स : +91 11 23275710

www.vaniprakashan.in
vaniprakashan@gmail.com
sales@vaniprakashan.in

CHANAKYA KI JAIKATHA
by Vishnuchandra Sharma

ISBN : 978-93-5229-727-6
Novel

प्रथम (वाणी) संस्करण

मूल्य : ₹ 395

सिटी प्रेस, दिल्ली-110 095 में मुद्रित

वाणी प्रकाशन का लोगो मक़बूल फ़िदा हुसेन की कूची से

महात्मा गाँधी मेडिकल अस्पताल, लखनऊ। 17 दिसम्बर 1941। प्रातः 9 बजे। अस्पताल में पिता की आखिरी बार दबंग वाणी सुनी थी। कुछ बिखर रहा था। माँ शान्त थी। भाई बाहर थे। विघटन के उसी दिन से वह परिवार को एकता के सूत्र में बाँधते रहे हैं, जिन्हें चाह कर भी मैं कभी कुछ नहीं दे सका, जो हम सबके मन-प्राण में बसे हैं। अपने बड़े

भाई, शिक्षाविद्, इतिहासज्ञ,

पं. मोतीचन्द्र शर्मा को सादर।

संकल्प

"कुछ कर्मों में तो बुद्धि की तत्परता और शरीर की तत्परता दोनों बराबर साथ-साथ चलती हैं। उत्साह की उमंग जिस प्रकार हाथ-पैर चलवाती है, उसी प्रकार बुद्धि से भी काम कराती है। ऐसे उत्साह वाले वीर को कर्म-वीर कहना चाहिए या बुद्धि-वीर—यह प्रश्न मुद्राराक्षस-नाटक बहुत अच्छी तरह हमारे सामने लाता है। चाणक्य और राक्षस के बीच जो चोटें चली हैं वे नीति की हैं—शस्त्र की नहीं। अतः विचार करने की बात यह है कि उत्साह की अभिव्यक्ति बुद्धि-व्यापार के अवसर पर होती है अथवा बुद्धि द्वारा निश्चित उद्योग में तत्पर होने की दशा में। हमारे देखने में तो उद्योग की तत्परता में ही उत्साह की अभिव्यक्ति होती है; अतः कर्म-वीर ही कहना ठीक है।" आचार्य शुक्ल के इन विचारों को 16.6.30 में ही हरिऔध जी ने 'स्वतन्त्र, मौलिक और मार्मिक विचार' (वक्तव्य, विचार-वीथी) कहा था। चाणक्य के जीवन और राष्ट्रीय संघर्ष की कहानी इसी 'स्वतन्त्र, मौलिक और मार्मिक' विचारों की जयगाथा है।

अपने बारे में 'अर्थशास्त्र' में एक ही बात जोर देकर चाणक्य ने कही है—

येन शास्त्रं च शस्त्रं च नन्दराजगता च भूः ।
अमर्षेणोहता न्याशु तेन शास्त्रमिदं कृतम् ॥

—'अर्थशास्त्र पुष्पिका'

ईसा पूर्व तीसरी सदी के नन्दराज्य की व्यवस्था के विरोध में—बुद्धि की तत्परता और शरीर की तत्परता दोनों में बराबर—चाणक्य ने प्रतिपक्ष का सतर्क संघर्ष संगठित किया था। उसने यह बात उस समय देख ली थी—जिसे दो महायुद्धों और तीसरी दुनिया की मुक्ति संघर्ष में बुद्धि और शरीर से तत्पर रहने वाली जनता ने—आज पहचाना है। चाणक्य ऐसे उत्साह वाले वीर रहे हैं, जिसने नन्दराज्य के अधीन तात्कालिक

'शस्त्र' को रूढ़ होते हुए और 'शास्त्र' की मान्यता को खण्डित होते हुए देख लिया था। कर्म-वीर की भूमिका में उसने उत्साह का एक व्यापक आधार देश में तैयार किया था और बुद्धि वीर की भूमि पर प्रतिपक्ष का संगठन उस समय स्थापित किया था। उसने उस व्यवस्था के विरुद्ध यह संकल्प किया था कि नन्द के सामन्ती प्रभाव को, उसकी व्यवस्था के शास्त्र की रूढ़ि को और सामन्ती दंड विधान के शस्त्र के आधार को वह अपने शरीर और बुद्धि से—अपने संगठित विरोध से—बदल सकता है। चाणक्य सिर्फ सामन्तवाद की स्थिर व्यवस्था को ध्वस्त ही नहीं करना चाहता था बल्कि उसने विरोध की लड़ाई में हिस्सा लेकर अपनी नयी समाज व्यवस्था की परिकल्पना भी उसी दौर में पूरी कर ली थी। अपनी इसी महत् परिकल्पना के केन्द्र में वह स्वयं, राष्ट्रीय उद्योग की तत्परता से, दृढ़तापूर्वक कर्म-वीरों और बुद्धि-वीरों के बीच उपस्थित भी रहा था।

चाणक्य और चन्द्रगुप्त के समय का संघर्ष केवल एक वंश, एक नायक, या एक कालखंड का संघर्ष नहीं रहा है। विशाखदत्त के नाटक 'मुद्राराक्षस' को पढ़ते समय वह राजनीतिक संघर्ष आज की तरह व्यापक राष्ट्रीय और अप्रत्यक्ष रूप से ही अन्तर्राष्ट्रीय बदलाव का सिलसिला लगता है।

आचार्य शुक्ल ने ठीक ही लिखा है, चाणक्य और राक्षस के बीच जो चोटें चली हैं वे नीति की है—शस्त्र की नहीं। राक्षस पतनशील सभ्यता के बचाव की लड़ाई लड़ते हैं और चाणक्य नयी सामाजिक परिकल्पना के विकास को तेज करते हैं। यह नीति का अन्तर्विरोधी कथानक ही राक्षस को आत्म-पराजय से आत्म-उन्नयन के नये सामाजिक आधार पर धीरे-धीरे बदल देता है और मुख्यतः वह नीति चाणक्य के आक्रोश या अमर्ष की कहानी रह जाती है। चाणक्य की जयकथा का अर्थ होता है, नन्द की शासन व्यवस्था की नीति की पराजय। अन्त में आत्म-पराजित राक्षस आत्महत्या के विरुद्ध एक नये सामाजिक मूल्य को स्थापित करते हैं। यह नया सामाजिक मूल्य ही है नयी राष्ट्रीय परिकल्पना की जयकथा। चन्द्रगुप्त के उदय के साथ ही यह सामाजिक चेतना नये शासक और नये दायित्व की—राजतन्त्र और दायित्वपूर्ण मंत्रित्व—की चोटों में अभिव्यक्त होती है। चाणक्य के नियन्त्रण में चन्द्रगुप्त बँधा रहता है। यहाँ चाणक्य का चिन्तक नीति के नये आयाम स्थापित करता है। चाणक्य की नीति के नये आयाम सामन्ती और राजतन्त्र की नीति को—सीमित करते हैं।

मैंने इसे लोकजीवन के अनुकूल–बदले हुए 'शस्त्र' की खोज कहा है। राक्षस या चन्द्रगुप्त से नीति या राजनीतिक लड़ाई में चाणक्य–पतनशील सामन्ती व्यवस्था या एक वंश के एकाधिकार की रूढ़ होती समझ को–व्यापक सन्दर्भ देते हैं।

मैंने 'चाणक्य की जयकथा' लिखते समय यह अनुभव किया है कि आज के भारत के राजनीतिक, आर्थिक, सामाजिक और सांस्कृतिक आन्दोलनों में चाणक्य कहीं गहराई से हमारे बीच उपस्थित रहते हैं। मेरा अनुमान है–इतिहास में इसके आधार भी हैं–कि चाणक्य की नीति की परिकल्पना मुख्यतः गणतन्त्रों के बदले हुए संघर्ष की ही सक्रिय चेतना रही है। आज के मुक्ति आन्दोलनों के रूप में हम राजतन्त्र, प्रजातन्त्र और जनवादी संघर्ष की तीसरी दुनिया को–मुख्य या गौण अन्तर्विरोधों के बीच बदलता हुआ देख रहे हैं।

ईसा पूर्व तीसरी सदी का समय आन्तरिक विघटन का समय था। संक्रान्ति काल में एक ओर विघटनकारी शक्तियाँ अपने बचाव का प्रयत्न करती हैं, दूसरी ओर वह धीरे-धीरे अपने संगठन को पूर्ववत् बचा पाने में असफल होती जाती हैं। सामन्ती भारत में बार-बार यह विघटन की नीति उभर कर आगे आयी है। शुक्लजी जिसे बुद्धि-वीर कहते हैं, वह ऐसे समय में चाणक्य की तरह विघटनकारी नीतियों पर चोटें करते हैं और वैचारिक निराशा को अदम्य आशावाद में ढालने का प्रयत्न करते हैं। चाणक्य कभी–नन्द के दरबार से निकाले जाने पर, चन्द्रगुप्त से नीति की चोटें चलने पर, या पुराने मूल्यों के विघटन पर–हताश विचारक नहीं लगते हैं। चाणक्य की तरह आज क्या हम सक्रिय चिन्तक हैं या हताश दर्शक हैं–इस सवाल पर मैंने 'चाणक्य की जयकथा' में विचार किया है।

–विष्णुचन्द्र शर्मा

1

आज के आकाश में कहीं अधिक विस्तार है, अथवा मैं आवेश में अधिक दूर तक बढ़ आया हूँ। कुछ-कुछ आकाश बदला हुआ है। मैं उसकी तरह फैल नहीं रहा हूँ—सम्भव भी नहीं है। एक साधारण आदमी कहाँ तक जा सकता है। उसकी पहुँच कब असीम हुई है। मैं गृहस्थी और अभिनय की दोहरी भूमिका में, चाहकर भी विस्तृत नहीं हो सकूँगा।

न मैं योद्धा हूँ और न ही कूटनीतिज्ञ। मैं उद्धत हाथी को अपने अस्तित्त्व की रस्सी से बन्दी न बना सकूँ, लेकिन मेरा दोहरा व्यक्तित्त्व यह जानने लगा है कि वह असीम नहीं है।

मैं अपने ही घर का मूक दर्शक हूँ और इस बड़ी दुनिया का अदना-सा अभिनेता। लोग मुझे भले ही न जानते हों, लेकिन मंच पर मेरी उपस्थिति से यह महसूस अवश्य करने लगते हैं कि अभी कुछ अलौकिक है, कि अभी कहीं लोक से ऊपर भी ले जाने वाली सत्ता है, और अभी लोगों की रक्षा का आदर्श इस देश में सुरक्षित है।

मैं योद्धा नहीं हूँ। प्रजापति नहीं हूँ। सारथी नहीं हूँ। मैं सूत्रों को जोड़ता हूँ और सूत्रों को लोगों के सामने प्रस्तुत कर, अपनी भूमिका के क्षेत्र से बाहर आ जाता हूँ। मुझे अपनी भूमिका पर सोचने का अधिक अवसर नहीं मिलता। मैं अवसर की तलाश में रहता हूँ।

सोचना और चिन्तन करना मेरी यात्रा की लाचारी है। मंच पर पर्दा उठने से मेरी यात्रा आरम्भ होती है और पहले दृश्य के आरम्भ में ही समाप्त हो जाती है।

मैं अपने लघुतम रूप में, आज भी मंच पर प्रस्तुत हूँ। और दर्शक मुझे देख रहे हैं।

लोग आम इंसान को भी देखते हैं। लोग मेरी बात पर ध्यान दे रहे हैं।

मैं संशय से घिर जाने पर अपने एकान्त में अपने आप से प्रश्न पूछ लेता हूँ

और जब कोई मुझ पर ध्यान नहीं देता है तो मैं अपने ही विषय में और अपने ही अस्तित्व की लघुता पर प्रश्न पूछता रहता हूँ।

बड़ी बात यही होती है कि मेरे अपने विषय में पूछे हुए या पटके हुए प्रश्नों से कोई आहत नहीं होता है। मैं उस समय सूत्रधार नहीं रहता हूँ। मैं अपनी शंकाओं को धारण करने वाला, अपने प्रश्नों की मार से आहत एक अकिंचन आदमी रह जाता हूँ।

आकाश पार्वती के सामने भी विस्तृत था। हिमालय की न खत्म होने वाली ऊँची शृंखलाएँ थीं और उस वातावरण में शंकर, पार्वती के प्रश्नों पर मुस्कराते हुए अपने पूरे अस्तित्व में सजीव थे।

मैं अगर मुस्कराऊँगा तो भी सजीव नहीं रहूँगा। मेरे अपने विषय में, उठाये हुए प्रश्नों पर सोचने वाला भी कोई सजीव नहीं रहा है।

राजा, युद्ध होने की आशंकाओं पर चिन्तित हैं और महामन्त्री देश की न समाप्त होने वाली राजनीतिक उलझनों में व्यस्त है।

शतरंज के मुहरे की तरह, मैं मंच पर खड़ा हूँ और पार्वती, आकाश के विस्तार में, अपने संशय का हल खोज रही हैं।

मैं और नन्दी आज तक साधारण से असाधारण प्रश्नों तक के संक्षिप्ततम उत्तर नहीं खोज सके हैं।

लोग मेरी ओर नहीं देख रहे हैं।

नन्दी की आँखें दुखी हैं। लोग मेरे और नन्दी के दुख के लिए यहाँ आये भी नहीं हैं।

मैं लोकरंजन के लिए हूँ। पार्वती की आँखों में अटकी हुई अनाम चिन्ता है। मैं अनाम को उठा लेता हूँ। और नन्दी अपने आपको भूल जाता है।

मैं लोक में सुपरिचित नारी सुलभ ईष्या पर सोचता हूँ। मैं अपने अपरिचय की अनाम चिन्ता को भुला देता हूँ।

अपनी चिन्ता अनाम रहने के लिए ही होती है। असाधारण आदमी का दुख किसी की ईर्ष्या का भाजन नहीं होता है।

अपने सामने प्रश्न का उत्तर पाने वाले व्यक्ति को, यह बताने के लिए केवल अट्टहास लगाना काफी नहीं होता है। कम से कम मैं पत्नी के सवालों के जवाब देने में, अगर केवल अटहास लगाता रहूँ, केवल अपने अधबने अस्तित्व को झकझोरता रहूँ, तो उसे मेरी अहम्मन्यता कभी पसन्द नहीं आयेगी।

मैं या नन्दी शंकर नहीं हैं। मैं यही सर्वथा भूल जाता हूँ। मैं राजनीतिक संकट के समय का एक अदना इंसान हूँ, जिसकी अस्मिता मानो होती ही नहीं

है। और अगर होती भी है, तो वह अलौकिक आदमी की तरह अट्टहास लगाने के लिए नहीं होती है। वह होती है छोटी-छोटी बातों को भूल जाने के लिए। छोटे-बड़े अपमानों को भाग्य की लिखाई से मिटा देने की।

लगता है मैं सुपरिचित होने पर भी लोकधारा के महत् सवाल की तह तक जाना चाहता हूँ। आदमी से और गहरी पहचान कायम करना चाहता हूँ। और गहराई में जाकर अपरिचित आदमी के सम्बन्धों के बारे में अपना सन्देह व्यक्त करता हूँ।

यह अपनी लौकिक व्यवस्था का संघर्ष है। और चाणक्य अपने औघड़ व्यक्तित्व में, हर कहीं इसी संघर्ष में बेहद चतुर हैं। एक ओर गंगा का प्रवाह है, और उसके तट पर खड़ा हुआ नागरिक यह जिज्ञासा कर रहा है कि इस कुसुमपुर पर, लोक संस्कृति की गंगा का प्रभाव कायम रहेगा या औघड़ चाणक्य के आश्रय में कान्तिमान चन्द्रगुप्त का शासन।

लेकिन न तो कुसुमपुर में सभी लोग औघड़ हैं, न ही इस जीवन के भीतर और परिवार के बीच आन्तरिक संगति रह गयी है। यहाँ सब कुछ विघटित हो रहा है। व्यक्ति अपने खोये हुए स्थान की तलाश में है। केवल गंगा, आज भी कुसुमपुर के पास से बह रही है।

और मैं अपने ही अन्तरंग प्रसंगों से यह स्वीकार कर सका हूँ कि छोटे-छोटे लोग उन्मुक्त विलास के लिए विकल हो उठे हैं। लेकिन चन्द्रगुप्त अपने ऊँचे लक्ष्य के लिए, संघर्ष कर रहे हैं। आचार्य चाणक्य अपनी प्रतिज्ञा के लिए शत्रुओं का संहार करने में व्यस्त हैं।

और मैं अपने ही स्थान पर अपनी रक्षा करने में कभी सफल नहीं हो सका हूँ।

पार्वती के पास अपनी सहचरी विजया है। चन्द्रगुप्त के साथ चाणक्य हैं। लोग पारस्परिक स्वतन्त्रता स्वीकार कर रहे हैं। एक दूसरे के साथ लोग अपने आप को प्रमाण की तरह स्वीकार कर रहे हैं।

मैं न तो स्वतन्त्र हूँ और न ही किसी सत्य का प्रामाणिक आख्यान मेरे भीतर टकरा रहा है। मैं एक अदना गृहस्थ हूँ। मेरा जीवन एक खुला मंच है। और एक घर है। लेकिन मेरी शंकाओं का समाधान नामुमकिन है।

जब अकेले में सोचता हूँ तो लोक-धारा में केवल मुझे चन्द्रगुप्त का ही अस्तित्व सार्थक लगता है। ऊँचे-ऊँचे शिखर कान्तिहीन लगते हैं। ऊबड़-खाबड़ उभारों के बीच, चन्द्रगुप्त इस समय की शंकाओं का एकमात्र समाधान है।

कभी-कभी गंगा की ओर निकल जाता हूँ। कभी 'शशिकला' की भी याद मन पर अंकित हो जाती है। लेकिन मैं शंकर की तरह अट्टहास नहीं लगा सका

हूँ। मैं चतुर नहीं हूँ। अभाव में, आदमी की चतुरता बुझ जाती है। जिन्दगी जटिल हो उठी है। और जिन रहस्यों को जानता भी हूँ, वे मेरी ही असमर्थता से हर कहीं अपना मुँह चीर देते हैं।

अपने अभाव भरे घर में कुछ टूटे बर्तन हैं। जब उन्हें देखता हूँ, उनके चिरे हुए मुँह पर अपनी कहानी उभर आती है और काफी देर तक मैं और टूटे हुए बर्तन, अपनी कहनी-अनकहनी कह सुन कर हल्के हो जाते हैं।

अपना पेट सारे रहस्य को सपाट कर देता है। मेरा पेट टूटे हुए बर्तनों की तरह मुँह खोल कर सारी बातें उगल देना चाहता है। मैं सोचता हूँ, कहीं कुछ खोट और जगह है।

आचार्य चाणक्य शायद शंकर की तरह औघड़ हैं। शायद वे इस ऊबड़-खाबड़ जिन्दगी में गंगा की तरह उन्मुक्त हैं। शायद चन्द्रमा की कला, उनके लिए रंजक है। यहाँ के आदमी सीधे, सादे और सच्चे इंसान हैं। वे औघड़ भी हैं। युद्ध और शान्ति में, सम्बन्धों की गहराई में इन्हीं औघड़ इंसानों की कहानी है। मैं खुद एक अनबनी कहानी जी रहा हूँ।

लेकिन न तो मैं त्रिपुर विजेता भगवान शंकर हूँ और न ही कूटनीतिज्ञ आचार्य चाणक्य। मैं त्रिभुवन का एक ऐसा अभागा आदमी हूँ जो आज तक चाह कर भी अपनी पत्नी से कुछ छिपा नहीं सका।

आचार्य चाणक्य चतुर हैं। इसी बात में उनकी शान है कि वे बहुरूपियों से भी अपना काम निकाल लेते हैं। और सबसे अपनी कूटनीति भी गुप्त रखते हैं।

उनकी पत्नी नहीं है। हैं निरे 'छुट्टल' और निरंकुश। शादी करते, तब आचार्य की भी गत बन जाती।

अकेला आदमी निर्द्वन्द्व होता है। दाल-रोटी की उसे फिक्र नहीं रहती। जोरु-जाते से नाता नहीं रहता। जब मन में आया, भगवान शंकर की तरह ताण्डव नाच करने लगाता है। धरा धँस जाय, उसे अपने नृत्य की गत मिलाने की ही लगन रहती है। शंकर को अपने नृत्य की अस्वतन्त्र लय को सावधानी से कायम रखना है।

मैं अकेला हूँ और चाहने पर भी आज तक सावधानी से कुछ नहीं कर सका। आज भी मन में अपनी बिगड़ी गत का खटका लगा रहता है।

और शंकर ठहरे भगवान। वे नृत्य के आवेश में अपनी लम्बी भुजाओं को समेटते हुए नाचते हैं। अस्वतन्त्र गति में भी वे सावधान रहते हैं। अपनी सावधान मुद्रा से, एक-एक पद पृथ्वी पर रखते हैं।

और अकेला मैं, एक-एक पद रखते हुए डरता हूँ। एक-एक गति पर आगत

का खटका बना रहता है। अन्ततः मैं नाचता हूँ और अपनी ही बेढंगी चाल से नाचता हूँ।

पंडितानी को शिकायत है कि मैं अपनी चाल काफी हद तक बिगाड़ चुका हूँ।

आचार्य चाणक्य की एक ही बात पर मैं कई बार सोच चुका हूँ—कई बार फैसला किया है कि अब अपनी सामाजिक रक्षा की कोई दलील पत्नी को भी नहीं बताऊँगा। पर वह जब मिठबोल बोलती है, मैं सब कहनी-अनकहनी कह जाता हूँ। और हार कर अपनी नकेल धर्मपत्नी के हाथ में सौंप कर उसी का दास बन जाता हूँ। अब मेरे जैसा एक अदना आदमी, क्या खाक चाणक्य की तरह चतुराई करेगा?

मैं अपने पेट में अपनी बात नहीं पचा पाता हूँ। बतरस में भूल जाता हूँ तो पेट की सारी कहनी-अनकहनी भरी सभा में उगल आता हूँ। और बाद में स्वयं आघात सहता हूँ। पश्चाताप करता हूँ।

आचार्य चाणक्य, अपनी नीति का समय पर ही प्रयोग करते हैं। और मैं अपनी भूल से स्वयं ही अपनी गर्दन नाप देता हूँ।

आचार्य चाणक्य को राजा नन्द ने अपमानित किया था। राजा क्या जानते थे कि रंग का काला और हृष्ट-पुष्ट बह्मन कितना तेज अपने सीने में छिपाये हुए है। बह्मन, काफी पक्का निकलेगा इसकी राजा नन्द को आशंका भी नहीं हुई थी। बड़ा कूटनीतिज्ञ, बड़ा गूढ़ होता ही है।

मैं मूढ़ का मूढ़ ही रह गया। आचार्य चाणक्य ने अपने कोपानल से नन्दवंश को ही नष्ट कर दिया। सारा नन्दवंश चाणक्य की लगाई हुई आग में भस्म हो गया। जो बच रहे हैं, उनको भी आचार्य की भेद लेने वाली आग पकड़ कर एक दिन धर दबोचेगी। अब नन्दवंश के महामन्त्री को भी आचार्य अपने नीतिबल से, जीते जी पकड़ना चाहते हैं।

वे राजनीति के आचार्य हैं। परिवार में विष्णुगुप्त नाम है। और गाँव-गिराँव के निवासी, चाणक्य कह कर पुकारते हैं। गोत्र या इनका प्रवर 'कुटिल' कहा जाता है, और स्वयं कौटिल्य के नाम से प्रसिद्ध हैं।

मैं सूत्रधार हूँ और इसी धंधे और इसी नाम से गुमनाम या अनाम रह जाने पर विवश हूँ। किसी अनाम आदमी के नाम पर भ्रम भी दूर तक नहीं चलता है। भ्रम को भी बड़े नाम के पीछे और आगे चलने का शौक होता है।

मेरे पीछे भी मेरा अनाम है, और आगे भी अनाम रह जाने का खतरा है।

चाणक्य के पीछे चिपका हुआ भ्रम है, कि वे कूट अथवा कुटिल नीति के प्रवर्त्तक होने के कारण कौटिल्य कहे जाते हैं। यह भ्रम फैलाने वाला मेरे सामने

आये तो सही। मैं उसकी गत बना दूँगा। पूछे कोई भले आदमी से, माँ के पेट से भी कोई कूट-विद्या सीखता है?

बड़े-बड़े खतरों को जिसने जितनी गहराई से झेला होगा, वही उतने गहरे जाकर जाल को काटने का कौशल भी सीख सकता है। प्रतापी सम्राट चन्द्रगुप्त मौर्य का आचार्य, कूटनीति का पंडित ही नहीं है, बल्कि वह लोक में प्रसिद्ध इस राज्य का प्रधान मन्त्री भी है।

मेरी विवशता यही नहीं है कि मैं अनाम रह जाने के लिए ही पैदा हुआ हूँ। मेरी नासमझी इस बात में भी है कि मैं बात को संक्षेप में कहना जानता ही नहीं हूँ। लोग विस्तार नहीं चाहते, और मैं अपनी कथा बढ़ा-चढ़ा कर बखाने जा रहा हूँ।

नान्दी, परिषद् का अदना कर्मचारी है और परिषद् ने मुझे आशा दी है कि उसे सामन्त बटेश्वरदत्त के पौत्र, और महाराज पृथु के पुत्र, कविवर विशाखदत्त की कृति 'मुद्राराक्षस' नाटक का अभिनय करने की सलाह दूँ।

और मैं नान्दी को कुछ न बता कर अपनी ही राम-कथा बड़बड़ा रहा हूँ।

भय से कलेजा काँप उठता है। लेकिन तांडव नृत्य देख कर आँखों को सन्तोष तथा हृदय को आल्हाद और स्फूर्ति मिलती है। नाचते समय भी शंकर भगवान अपनी तीसरी आँख बन्द रखते हैं। और दर्शकों को भय से कँपा देते हुए भी, अपनी लम्बी-लम्बी भुजाओं को सिकोड़ते हुए जब नाचते हैं, तब धरा के धँस जाने का भय अपने-अपने दिलों में छिपाये हुए भी लोग आनन्द महसूस करते हैं।

मैं बढ़ती हुई अपनी ही कहानी में बेहाल हो गया हूँ। अभिनय देखने वाले दर्शक बढ़ रहे हैं। सब की आँखें मंच के केन्द्र में खड़े हुए मुझ जैसे आदमी को देख रही हैं।

गुण-दोष देखने वाली आँखें छोटे से छोटे में भी कुछ खोज ही लेती हैं। मैं इसी में गद्‌गद् हो उठा हूँ कि लोग-बाग मेरी ओर भी देख रहे हैं।

आज का दर्शक, इस अदने आदमी को भी पहचान रहा है। मेरे चित्त में अपार सन्तोष है। मैं छोटा हूँ, लेकिन मेरा चित्त छोटा नहीं है। मैं कुल-वंश में बड़ा नहीं हूँ, लेकिन मेरा सन्तोष बन्ध्या नहीं है।

अनजाना आदमी भी, जब अच्छे खेत में बीज डालता है, तो वह बीज फल देता है। मैं फल देने वाले सन्तोष से गुणवान हूँ।

मैं खेतीबाड़ी के कार्य में कोरा ही क्यों न रहा हूँ, लेकिन मेरा फेंका हुआ धान का बीज, अच्छे खेत में पड़ा है और पौधा बढ़ रहा है। धान की वृद्धि बोने वाले के गुण की अपेक्षा नहीं रखती।

अभी घर जाता हूँ और धर्मपत्नी को बुला लाता हूँ। अकेले में फलवान आदमी भी अधूरा रह जाता है। परिजन के साथ गाने-बजाने में आनन्द असीम हो जाता है। मेरा अभिनय देख कर भले आत्मीयजनों की यह सभा भी उसकी खुल कर सराहना करेगी। अन्धे को चाहिए—आँखें। मेरी आँखें भले आत्मीयजन ही तो हैं।

मैंने अनजाने में अच्छे खेत में बीज फेंक दिया हो, लेकिन चाणक्य ने कभी कोई काम बेरान से नहीं किया। कभी वे कोरे नहीं रहे। जिसके द्वारा शास्त्र, शस्त्र और नन्दराज के हाथ में गयी हुई भूमि का उद्धार हुआ है, उसने ही 'अर्थ-शास्त्र' की रचना की है। यह जगजानी कथा है।

अपने पिछले समय से, अर्थतंगी को ही मैं जानता रहा हूँ। धर्मपत्नी ने धर्म की रचना की है। और तंगी से शीघ्र अपने उद्धार की मैं तरकीबें खोजता आया हूँ।

जब तक नयी तरकीब खोजता हूँ अर्थसंकट तब तक बढ़ जाता है और अपनी अक्ल अपनी ही भूमि पर मात खाने को लाचार हो जाती है।

2

अपने घर में मुझे अपनी पहचान कायम रखनी है। मैं कुटिल राजनीतिज्ञ नहीं हूँ। अपना घर है पर अपनी कहानी अपने राष्ट्र की मर्यादा से ठिगनी है।

घर के मुख्य द्वार पर हूँ। वही अपनी मर्यादा है। और लगता है घर की कोई पहचान नहीं रह गयी है। घर में मुख्य द्वार होना चाहिए, वह है। उसी तरह, जैसे मैं अपने ही घर का प्रधान हूँ, लेकिन कौन आज कहाँ प्रधान है? कितनी अपनी पहचान कोई अब कायम रख सका है? किसकी प्रमुखता अब पहचानी जाने लायक रह गयी है?

मैं अपने ही घर को अपरिचितों की तरह देर से देख रहा हूँ। कोई प्रमुखता अपनी है ही नहीं। चौंकाने के लिए अपनी मर्यादा है और उसके भीतर प्रवेश करते समय भी मैं विचित्र उधेड़बुन महसूस कर रहा हूँ।

अपने घर में ही, अपने पर घहराने वाली और भी विचित्रताएँ होती हैं। यह घर अपने आप में विचित्रताओं का घर है। यहाँ कोई विशेष उत्सव-सा दिखाई पड़ता है। सब अपने कार्य में उलझे हैं। मैं परिजनों को कार्य करते हुए देख सकता हूँ। और असंलग्न रह कर चीजों की गन्ध और स्वाद को ग्रहण कर सकता हूँ। कितनी अनोखी अपनी प्रमुखता है।

कोई स्त्री जल ला रही है। दूसरी स्त्री विविध सुगन्धित द्रव्यों को पीस रही है। कोई अपने कौशल से माला गूँथ रही है। कोई मूसल से कुछ कूट रही है और

मूसल की गत पर अपने आप झूम रही है। अपनी ही गति में खोई हुई मूसल की ध्वनि के साथ अपनी हुंकारों की ताल मिला रही है।

मैं मूक दर्शक हूँ।

क्या अपने राष्ट्र का प्रमुख भी आज केवल दर्शक रह गया है? वह ताल मिला कर सब के साथ गाना नहीं गा रहा है? वह केवल प्रमुख होने की सजा काट रहा है। क्या राज्य का प्रमुख, अपने समय की गन्ध को सूँघ सकता है? क्या समवेत रूप में वह उनके साथ घुलमिल सकता है?

मैं घर का प्रमुख हूँ और सबको देख सकने को स्वाधीन हूँ।

अपने में भटकने से कहीं अच्छा है कि गृहिणी को बुला कर पूछताछ की जाये। आखिर माजरा क्या है?

अपनी गृहिणी गृहकार्य में बड़ी गुणी है। शालीन भी है। सांसारिक व्यवहार में मैं अक्सर चूक जाता हूँ। पर वह उस व्यवहार में ही पक्की है। उसके व्यवहार का आधार अपना घर है। यदि वह थोड़ी अव्यावहारिक हो जाये, एक दिन में यह घर भहरा कर चकनाचूर हो जायेगा।

धर्म-कर्म में कभी चूकती नहीं है। अर्थ संकट को अपने घर में रहने नहीं देती है। और वही अपनी वासना का बाँध है। धर्म-अर्थ और काम को सिद्ध करने वाली देवीजी, कृपया अपनी झलक तो दिखाती जाओ। ऐसी नीतिवती हो कि अपनी सुध ही बिसार दी है।

कार्य है अपनी देवीजी से, और पधार रही हैं उनकी परिचारिका नटी।

नटी आँचल ओठों में दबाये हँस रही है। हँसी रुके कैसे? खड़ी है नटी और मैं अपनी भूल पर पश्चाताप कर रहा हूँ। यहाँ भरी सभा में, अपनी प्रियतमा को याद करना भी अमर्यादा है। दंडनीय अपराध। अद्भुत! प्रिया जो दंड देगी, वह भी उसके हाथ से प्रिय हो जायेगा।

'आर्यपुत्र! मैं उपस्थित हूँ। आज्ञा देकर कृतार्थ कीजिए।' नटी गम्भीर हो गयी है। उसने एक-एक शब्द पर ध्यान दिया है। कहीं गलत स्थान पर जोर नहीं पड़ा है।

सम्मान का एक स्थान होता है। और मैं नटी के हाथों, ठीक स्थान पर हूँ। उससे मेरी प्रमुखता पहचानी जा रही है। मेरी मर्यादा ही मेरा वजन है।

अपने वजन को लेकर करूँगा क्या? मैं कहता हूँ, "यह आज्ञा-वाज्ञा को फेंको, यह बताओ कि क्या आज तुमने पूज्य ब्राह्मणों को निमन्त्रण देकर अपने कुटुम्ब को कृतार्थ किया है या अपनी मर्जी से अतिथि हमारे घर में पधारे हैं? असल में बात है क्या? बड़े पकवान बन रहे हैं। विशेष आयोजन भला किस बात का है?"

—आर्य, आज मैंने ब्राह्मणों को निमन्त्रित किया है।

—आखिर कोई वजह तो होगी। बताओ तो।

—आर्य! आज चन्द्रग्रहण है।

—यह गलत-सलत लक्षण तुम्हें कौन पढ़ा गया है?

—आर्य! नगर में यही सुना गया है। सब के मुँह पर एक ही बात है।

अब इस अनाड़ी को कौन समझाये। जो सुना जाता है, वही सत्य नहीं होता। सत्य अपने समय पर, स्वयं प्रकाशित हो जाता है। मैंने चौंसठ अंग वाले ज्योतिष शास्त्र का फोकट में अध्ययन नहीं किया है। बड़े परिश्रम से यह विधा अर्जित की है। यह मुझे ही बहकाने लगी।

मैं अच्छी तरह जानता हूँ आज चन्द्रग्रहण नहीं है। ब्राह्मणों को भोजन जम कर कराओ, पर झूठ की आड़ लेकर आकाश का विधान मत बदलो। समाचार सुन कर, ग्रहों का स्थान बदलने की चेष्टा मत करो।

मूढ़ों के कान ही ज्ञानवान होते हैं। सुना, चन्द्र पर ग्रहण लगा है और अपना ज्ञान उड़ेल दिया।

यह समाचार झूठ के पैरों पर खड़ा है। इसके पैर नकली हैं। और यह उसी को सच मान बैठी है।

बहकाने वालों की भी कला आजमाई हुई और पक्की होती है। जब आधे-आध किसी को उलझा हुआ देखते हैं, तभी उस पर आधा अपना कौशल चढ़ा कर दौड़ जाते हैं, ताकि सब को अपनी पूर्णता से चौंका सकें। सबको चौंकाने की इस कला के कौतुकी, बड़े कुशल नट होते हैं। मैं शास्त्र को पढ़ कर झख मारता हूँ और कौतुकी, आधे-अधूरे तथ्य को उड़ा कर पूरे भाव पर बाजार में बेच आता है।

युद्ध और संकट के समय, अफवाहों और झूठ की बिक्री बढ़ जाती है। हर आदमी एक पटाखा फेंक कर, योद्धा बन जाता है। हर नागरिक गुप्तचर की भाषा में, युद्ध का संदेशवाहक बन जाता है। हर एक अपने कौशल से, दूसरे को पछाड़ने की चेष्टा करता है।

मैं शास्त्रं का पण्डित हूँ। ग्रहों का गणक। और मेरे ही घर में झूठे सिक्के फेंक कर, धनवान बनने की विद्या चलाई जा रही है। परोपजीवियों का सिर, उनके पैरों के विरुद्ध आचरण करता है।

यह सन्धिकाल है। अपने विवेक से चल कर मैं संगत आचरण की पहचान कर रहा हूँ। और मेरे घर के विवेक को ही सेंध लगा कर, चोर भगाये लिए जा रहा है।

कहीं से शोर सुनाई पड़ रहा है। यह भीड़ के बीच हो-हल्ला कैसा है? अपने

दायरे से बाहर यह जवाबी हमला किसने, किस पर किया है? कैसी टक्कर सुन रहा हूँ? क्या मेरा विवेक विजयी हो गया है? क्या लोगों ने अफवाहों की नकली टाँगें तोड़ दी हैं? आखिर बात क्या है?

नटी भी जानने को उतावली हो उठी है। अधूरे ज्ञानी पर डर पूरा कब्जा जमा लेता है।

यह कौन उत्तर दे रहा है? किसी महत् कार्य में व्यवधान। क्या महत् कार्य के अन्वेषण की चेष्टा इससे आहत हुई है?

अन्वेषण ही सार्थक है।

आज का अन्वेषण, अधिक समर्थ है। आज खोजी की अन्वेषण-प्रतिभा अधिक तीव्र है। वह अधिक होशियारी से, दुश्मन के झूठ का सफाया कर रहा है।

अन्वेषक की आँखें हर जगह सजग रहती हैं। वह हर एक कार्य में प्रवृत्त रहता है। स्वयं संलग्न रह कर, कार्य की प्रवृत्ति और मति का अवलोकन करता है। अन्वेषक, दर्शक नहीं होता।

घर में झूठा उत्सव मनाया जा रहा है। शायद मैं बाहर की दुनिया में भी छला जा रहा हूँ।

"क्रूर ग्रह! सकेतुश्चन्द्रम सम्पूर्ण मण्डल मिदानीम्।
अभिभवितुमिच्छति बलात्।"

यह क्रूर ग्रहों के साथ, अपूर्ण चाँद को ग्रसने की कुचाल किसने फैलाई है? आखिर कौन राहु अपने समय के तेजस्वी चन्द्र को कलंकित करने की चेष्टा में है? किसने यह श्लोक अशान्त आकाश में फैला दिया है? सम्प्रति कौन चन्द्रमा को बलात अपने अधिकार में करने का साहस कर रहा है?

यह बाहर कैसी आवाजें गूँज रही हैं? क्या युद्ध की तैयारी का समय करीब आ गया है? क्या झूठ की आवाज, सत्य का घेराव करने में सफल हो गयी है?

यह अधूरी आवाज बार-बार गूँज क्यों रही है?

"यह भयंकर राहु बलपूर्वक चन्द्र को ग्रसना चाहता है।"

यह भयंकर ग्रह की चर्चा बार-बार कौन फैला रहा है? और चर्चा को अधूरा छोड़ कर वह क्या करने पर आमादा है?

क्या आज अपने देश का कोई नियामक नहीं है? क्या इस देश में झूठ की उम्र ही काफी लम्बी हो गयी है? क्या देश का नीतिवान महामन्त्री अफवाहों की ओर से उदासीन हो उठा है।

क्या......यह जवाबी, कठोर आवाज में, कोई इस झूठ को परास्त करने की चेष्टा कर रहा है।

—यह आवाज कठोर है। और कठोरता विस्मय की लहर नहीं होती है। इसमें दृढ़ निश्चय की शक्ति है।

यह सिर्फ आघात को झेलने वाले पुरुष का विलाप नहीं है। यह कठोर उत्तर है।—सुन रही हो नटी!

"मेरे रहते कौन चन्द्रगुप्त का बलपूर्वक अपमान करना चाहता है?" यह अशान्त ग्रहों के बीच एक शान्त चमकते हुए घूमकेतु की पहचान किसकी है?

अधूरे अंश में, आधा सत्य है।

भयंकर ग्रह, राहु बलपूर्वक चन्द्र को ग्रसना चाहता है, परन्तु 'बुध-ग्रह' का योग ग्रसे जाते हुए चन्द्रमा की रक्षा करता है।

अधूरी बात का भरपूर उत्तर भी कोई कठोर आदमी ही दे सकता है।

बुध ग्रह के योग की बात को भुला कर, आधे-आध झूठ को दौड़ाने वाला कोई मूढ़ ही हो सकता है। कोई अन्धविश्वासी ही है।

मूढ़ अक्सर अपने आधे ज्ञान पर ही इतराता है, और अन्धविश्वासी, अन्धी क्षमता पर खुलकर भ्रम फैलाता है।

यह समय अफवाहों और शंकाओं का है। कोई इस समय कितना भी गुणवान क्यों न हो, उसके अंतःकरण में भी अज्ञात तर्क, अपनी तेज धार से उसे चोट पहुँचा जाते हैं। जब धैर्यवान आदमी यह जानता है कि उसका अन्तःकरण बाहरी दबावों से आहत हो रहा है, वह विचलित हो जाता है। यह आवाज एक विचलित आदमी की है। यह सत्य है, वह कुटिल बुद्धि का व्यक्ति ही होगा। उसे समाज में किसी हल्की से हल्की आहट की गहरी पहचान होगी।

उसका मन सन्देह से खतरनाक सिंह की तरह चौकन्ना हो गया है। यह आवाज उस आदमी को सजग रहने की सूचक है।

यह आवाज धैर्यवान आदमी की है जो खतरों में मलिन नहीं होता। उसमें दृढ़ता है। और दूरदर्शिता से वह संकट के समय तेजी से टक्कर लेता है। खतरों को विघटित करने के लिए वह सन्नद्ध रहता है।

आर्य! अपनी आशंकाओं का सम्बन्ध अपनी इसी धरती से जुड़ा है। आपका सन्देह इसी धरती का है। और मुझे डर लग रहा है। डरा हुआ आदमी अपनी ही धरती पर बेजान हो जाता है। मैं उलझन में हूँ। यह आवाज धरती के ऐसे आदमी की है, जिसे दूर से आने वाले खतरे की पूरी-पूरी परख है। यह आदमी खतरों का आदी बन चुका है। आकाश में स्थित चन्द्रमा पर पड़ने वाले बुरे ग्रहों की चिन्ता में भी वह चौकन्ना हो उठा है। उसे अपने आकाश की चिन्ता है। आकाश के एक ग्रह को, क्रूर ग्रहों से बचाने के लिए, कहीं अपने में वह बेहद

उत्तेजना महसूस कर रहा है। आर्य, चन्द्र की राहु से रक्षा करने वाला वह कौन आदमी हो सकता है?

यह बेचैन नटी का सवाल ही नहीं है। यह मेरे भीतर का सवाल भी है। यह सवाल इस आबोहवा में गड़ रहा है। यह सच है कि मैंने इस आवाज को पहचाना नहीं है।

हवा में फटे हुए ये शब्द फटे हुए ध्वज की तरह बार-बार एक ही बात कह रहे हैं।

—मेरे रहते कौन 'चन्द्रगुप्त' का बलपूर्वक अपमान करना चाहता है?

नटी आधे ही अंश को सुन कर काँप रही है। आधा विश्वास लँगड़ी आस्था को जन्म देता है। मैंने पूरी आस्था से यह महसूस किया है कि मैं अदना इंसान हूँ। मैं अदने इंसान के बीच आस्था का पुतला नहीं हूँ। मैंने महसूस करते हुए सोचा है। मैंने सोचा है और गलत से गलत गणना का हर बार मेरे पास सही हल रहा है।

मैं पहचान रहा हूँ—यह आवाज उस आदमी की है, जिसे सारा राष्ट्र चाणक्य कहता है। संकटशील राष्ट्र की वह सजग आस्था और विवेक है। वह अपने समय का विवेक है। "नटी! वह अपना कौटिल्य ही है।"

वह अपना है। वह अपने समय का तेजस्वी पुरुष है। उसके मन्त्र से दृढ़ नन्द वंश रूपी पर्वत मूल से ध्वस्त हो गया। तेज प्रहार करने वाली अपनी नीतियों की वजह से वह समृद्ध है। अपने तेज में वह अकेला है।

अपनी मन्त्र शक्ति से, उसने अकेले ही चन्द्रगुप्त के लिए पृथ्वी का आहरण किया है।

वह इन्द्र के समान इस राष्ट्र का राजा है। और चन्द्रमा के समान लोक में उसका प्रभाव है।

जिसने इस गलत गणना को सही वक्त पर खुली चुनौती दी है, वह असाधारण मेधावी है।

उसने अपने बल पर 'अर्थशास्त्र' रूपी महासागर से नीतिशास्त्र रूपी अमृत का मंथन किया है।

शास्त्रकर्ता अपने विष्णुगुप्त के रहते हुए हम निःशंक हैं। वह हमारी शंकाओं के लिए ही बार-बार सागर का मन्थन करता रहा है। वह अपने दुश्मनों के लिए बड़ा भी है और कठोर भी है। वह रोम-रोम से उनके लिए निर्दय उपदेश से भरा है। वह राजनीतिक पटुता और सफलता का प्रतीक है।

मुझे अपने घर में, अपनी ही पहचान कायम करने में परेशानी हो रही है।

और वह अपने कोपानल से नन्दवंश को बलपूर्वक तबाह कर चुका है। वह कुटिलमति चाणक्य अपने समय का रक्षक है।

मैं बेवजह उलझ गया था। वह 'चन्द्रग्रहण' का नाम सुनकर उत्तेजित हो उठा था। वह सोचने लगा था कि गलत गणना केवल नाम की समानता नहीं है। यह कुटिल चाणक्य के ही घर में सेंध लगा कर उसकी नीति का हरण है। यह आक्रमण करने की दुरंगी चाल है।

क्या सचमुच यह वक्त दुरंगी चालों का है? क्या मैं मूक दर्शक की भूमिका निभा रहा हूँ? क्या मैं शत्रु की शंकाओं का हल खोज सकता हूँ?

चाणक्य चन्द्रग्रहण का नाम सुन कर 'चन्द्रगुप्त मौर्य' पर सोचने को विवश हो गया। वह मेधावी प्रहरी की तरह सजग हो उठा है। उसका निर्दय सत्य जाग उठा है। उसे शत्रु के आक्रमण को निर्मूल करना है। वह चन्द्रगुप्त पर आक्रमण की शंका से ही चौकन्ना हो उठा है।

मैं चौकन्ना नहीं हूँ। नटी जा चुकी है। और मैं अपने ही आँगन में खड़ा हूँ।

मैं अपने ही ग्रहों की गणना में उलझ गया हूँ। मैं एक जगह ठहर गया हूँ।

और चाणक्य बाहर है। वे शत्रु के आक्रमण की शंका से आहत होकर बड़े प्रहार की तैयारी कर रहे हैं।

मैं आँगन में खड़ा हूँ। और चलने की सोच रहा हूँ। सोचता रहा हूँ—गतिहीन होकर, निष्क्रिय होकर।

सूर्य के अस्त हो जाने पर जो रात्रि में अन्धकार होता है, यही पृथ्वी की छाया है। और पृथ्वी गोलाकार है। और सूर्य से छोटी है, इसलिए उसकी छाया सूच्यकार शंकु के आकार की होती है। और यह आकाश में चन्द्र के भ्रमण मार्ग को लाँघ के बहुत दूर तक सदा सूर्य से छह राशि के अन्तर पर रहता है। इसलिए, जिस पूर्णिमा में चन्द्रमा पृथ्वी की छाया में आ जाता है, अर्थात् पृथ्वी की छाया चन्द्रमा के बिम्ब पर पड़ती है, वही ग्रास कहलाता है। और राहु नामक एक दैत्य प्रसिद्ध है, वह चन्द्रग्रहण काल में पृथ्वी की छाया में प्रवेश करके चन्द्र को और प्रजा को पीड़ित करता है, इसी कारण से लोक में राहुकृत ग्रहण कहलाता है।

मैं सोच रहा हूँ। आँगन में लोग व्यस्त हैं। और छायाएँ फैल रही हैं।

3

बड़े निश्चय से आदमी बड़ा नहीं होता, बड़ा आदमी बड़े निश्चय को चरितार्थ करके और बड़ा बन जाता है।

यह बार-बार अपनी शिखा को छूने वाला आदमी, किसी उधेड़बुन में है। बड़े संकल्प के लिए वह सजग है। बड़ी शक्ति को हासिल करने के लिए वह कृत-संकल्प है।

यहाँ का आकाश भी खुला है। वह उसकी ओर देख रहा है और अपने संकल्प को पढ़ रहा है। उसकी पारदर्शी आँखों में अनागत की अलिखित कथा झाँक रही है।

कहीं-कहीं टकराती हुई आवाजें हैं। घोड़ों की टाप सुनाई पड़ रही है। सारा खुला आकाश और खुल गया है। पेड़ों में कान्ति भर गयी है।

एक शिल पर पैर जमाये हुए वह लम्बा स्वस्थ पुरुष खड़ा है और अपनी शिखा का स्पर्श कर रहा है।

कुछ अघट घटने वाला है। उसकी मुखाकृति पर एक-सी बेसब्री है। बेहद उत्तेजना में भी वह शिला पर पैर रख कर सोच रहा है।

उस मेधावी की आँखें रास्ते पर नहीं हैं, पेड़ों की पत्तियों पर नहीं अटकी हैं। वह भीतर से आहत है। और भीतर से आहत आदमी ही बड़े संकट के समय विचलित नहीं होता है।

अपमान की उम्र कम होती है पर अपमान से आहत आदमी का दिल आग के गोलों के बीच से बार-बार गुजरते हुए यह महसूस करने लगता है कि उसने अपमान को बर्दाश्त किया हे।

घृणा की चिंगारी को लील जाने वाला आदमी ही शान्त होकर सोच सकता है।

मौसम के बदलाव से यह आदमी आहत नहीं है। यह आदमी अपनी शिखा को आग की लपट की तरह फैला रहा है एक ओर से दूसरी संधि तक। वह दुश्मन पर सीधे वार के लिए, सीधी आग की नदी बहा देना चाहता है।

वह आहत है अपनी सामर्थ्य को चुनौती दिये जाने पर मेधावी अक्सर बेहद उत्तेजित हो जाते हैं। यह उत्तेजित मेधावी, अशान्त है।

आहत रहने वाले आदमी की तरह उसकी उँगलियाँ चंचल हैं, आँखें बेधक हैं, और मुख कठोर है। वह आदमी एक अकेले राष्ट्र की तरह विस्तृत है। वह आदमी की ताकत और अस्मिता की तरह दृढ़ है।

स्वयं से सवाल पूछने के बाद स्वयं ही समाधान खोज रहा है—चाणक्य।

वह चाणक्य है। चमकते हुए बदन का तेजस्वी आदमी।

अभी किसी ने उसे चोट पहुँचाई है और वह जाग उठा है।

चाणक्य ने स्वयं से थोड़ी बेसब्री से पूछा, ''बताओ कौन मेरे रहते हुए चन्द्रगुप्त को बलपूर्वक अपमानित करना चाहता है।''

कौन है अपनी मौत से खेलने वाला। कौन सिंह के मुख से उसकी अरुणाभ दाढ़ उखाड़ना चाहता है? कौन है, जो हाथियों का रक्त पान करके निर्द्वन्द्व जम्भाई लेने वाले सिंह को नहीं जानता है।

कोई भूला-भ्रमा यात्री ही ऐसी गलती कर सकता है। उसने सिंह को आराम करते हुए देखा नहीं है। उसने संध्याकालीन चन्द्रमा की कलाओं के समान किसी सिंह की अरुणाभ दाढ़ से टपकते हुए लाल रक्त को पहचाना नहीं।

कोई अपनी नासमझी में ही, खुद को बलवान समझने लगा है। उसने हाथियों का रक्त पान करने वाले सिंह को नहीं देखा है।

मैं उसी के लिए यहाँ जीवित हूँ।

स्वयं को बलशाली समझने वाला वह अहंकारी कहाँ है? उसने मेरी शिखा को नहीं पहचाना है। उसे सत्य की पहचान नहीं है। उसका विवेक खोटा है। वह समय की क्रोधाग्नि को नहीं जानता। वह धूमकेतु के समान मेरी शिखा से अपरिचित है? नन्दकुल के लिए जो शिखा नागिन बन गयी थी, उसे फिर कौन देखना चाहता है?

चाणक्य अपनी शिखा का स्पर्श करते हुए सोच रहे हैं। उनकी आँखों में समीपवर्ती अतीत का संघर्ष चमक रहा है।

पैरों में खड़ाऊँ, ललाट पर भस्म और सिर पर जटा। शरीर कद्दावर, दाढ़ी काली है, लेकिन लम्बी।

अपनी बड़ी और तेजस्वी आँखों से वह घर को देख रहा है। उसके ललाट पर गहन चिन्ता की दीर्घ रेखाएँ अंकित हैं।

उस दिन भी यह आदमी अकेला था। मन्त्री के पीछे चँवर झलती दो दासियाँ थीं। घूमता हुआ हाथी था। भूरे रंग से रँगी उसकी सूँड थी। सब अपने में निश्चिन्त थे।

यह आदमी कहीं सबसे अलग था—अपनी सादगी में विशिष्ट। कन्धे पर जनेऊ और ललाट पर भस्म।

उसके वस्त्रों में केवल एक धोती थी। वह पूरी अस्मिता में, सबसे बुलन्द और अद्वितीय था। लोगों की शोभा अलंकार और दासियाँ थीं।

उस राज्य सभा में वह पूरे अस्तित्व से सजीव था। हँसती हुई आँखें अपनी दृष्टि भंगिमा से यह बता रही थीं कि आदमी अपने तेजस्वी अस्तित्व से बड़ा होता है। उसकी तटस्थता खड़े होने के ढंग में थी। उसकी शान्त स्तिमित आँखों में अटूट दृढ़ता थी। यही दृढ़ता तेजस्वी पुरुष की आँखों की पहचान है।

विद्वान, मितभाषी और विचारशील आदमी उस दिन भी हँसती हुई आँखों से सब को देख रहा था।

एक छोटी पहाड़ी पर बसा हुआ राजगिरि आकर्षण का केन्द्र बन गया था। हर सैनिक, अपने विलास के केन्द्र में अपने आकर्षण के लिए अधिक बड़े सुख की कामना कर रहा था।

राजगिरि का यह बड़ा और विस्तृत मैदान था। विलास और वैभव का समाज आमन्त्रित था। आकर्षण के लिए एकत्रित वर्ग खुली लालसा पैदा कर रहा था।

मैदान के बीच में चाणूर-मुष्टि के युद्ध की तैयारी की जा रही थी।

प्रेक्षागृहों में लोग बैठने लगे थे। वाद्ययन्त्र की ध्वनि दूर-दूर तक गूँज रही थी। कहीं ढोल बज रहा था। कहीं तुरही।

धरती में गड़े हुए बर्तनों में पानी भरा हुआ था। स्थान-स्थान पर फलों के ढेर थे। अवंदश (उत्तेजक-पदार्थ) और सुरा महापुरुषों के लिए रखी हुई थी।

पूरे पाटलीपुत्र का जनसमूह उमड़ पड़ा था। दो रात यहाँ उत्सव मनाया जाता था। गदाधारी युद्ध करते थे। और लोग देखते थे। अपने अनाकर्षण को भूल कर, पाटलीपुत्र का जनसमूह राजसभा के उत्सव को उल्लास से देख रहा था।

महापुरुष सुरापान कर रहे थे। प्रेक्षागृहों से युवती कंठ की लहर सुनाई पड़ती थी। और द्वन्द्व-युद्ध में योद्धा अपनी जान देने और खोने का खेल खेल रहे थे।

कवचधारी योद्धा एक ओर खड़े थे। घोड़ों की पीठ पर बैठे हुए योद्धा राज-सभा से उदासीन थे। दो-एक योद्धा घोड़ों को थामे चबूतरे के पास खड़े थे। दो-एक योद्धा शिविकाओं के पास खड़े थे।

सिर पर शिरस्त्राण और असियष्टि (लम्बे खड्ग) लिए योद्धा थे। लौह-पत्र के वारत्राण (बख्तर) पहने हुए योद्धा थे।

कवचधारी योद्धाओं के बीच अश्वों पर धनुष-वाणधारी योद्धा थे। कर्पण और तालमूल (लकड़ी की ढाल) लटकाये हुए योद्धा थे। और द्वन्द्वयुद्ध के लिए सन्नद्ध योद्धाओं का खेल चल रहा था। जनसमूह उसे देख रहा था।

दूसरे दूत प्रणिधि आते जा रहे थे। उन्होंने वक्षस्थल के संरक्षण के लिए पट्ट (बिना बाँह का बख्तर) पहन रखा था।

वह आदमी इस भरी-पूरी सभा में न बहुत ऊँचा था और न ही आकर्षण का केन्द्र। वह रूपवान भी नहीं था। ऊँचे कद का भी नहीं था। वह केवल तेजस्वी था। गौरवपूर्ण, लेकिन चंचलता रहित।

महाराजा नन्द चबूतरे पर खड़े थे। वह आमदी उनके सामने था।

नरेन्द्र की आँखों में क्रोध और मद था। वह पहचान रहा था—यह क्रोध और मद विलास का आकर्षण है।

महाराजा नन्द अपने सामने खड़े हुए सादे-से इस आदमी से उस दिन आँखें नहीं मिला पा रहे थे।

क्रोध में वे अपने ही होंठ चबा रहे थे। वह आदमी, सिकुड़ी हुई महाराजा की भौहों को परख रहा था।

वह समझ रहा था कि अपने ही होठों को चबाने वाला राजा, यवनों को देश के बाहर नहीं निकाल सकता। अपने क्रोध में, अपनी भौंहों को सिकोड़ने वाला राजा, छोटे-छोटे राज्यों और गणों का अन्त नहीं कर सकता।

अपने ही होंठ बार-बार चबाते हुए राजा नन्द अपनी भौंहें सिकोड़ कर और भी विकराल हो उठे थे।

द्वन्द्व युद्ध लड़ते मैदान के योद्धा हताश हो चुके थे। और विकराल रूप से चाणक्य को देखने वाला राजा, उस असाधारण आदमी की ताकत से भीतर ही भीतर त्रस्त हो उठा था।

चाणक्य ने देखा था। सोचते हुए उसने यह निर्णय ले लिया था कि अपने ही क्रोध में विकराल होकर कोई सशक्त साम्राज्य कायम नहीं कर सकता है।

चाणक्य सोच रहे थे कि यह सामने खड़ा राजा, पशुबल पर टिका है। यह स्वायत्त राजा नहीं है। यह राजा सचिवों के हाथ में खेलने वाला, सचिवा-यत्त है।

चाणक्य सोच रहे थे। और राजा नन्द अपनी ही सभा के आकर्षण के बीच, इस आदमी से स्वयं को आहत और हीन समझने लगे थे।

अपनी राजसभा के सामूहिक उत्सव में, राजा एक असाधारण आदमी से पराजित हो उठे थे। पराजित की तरह उसने अपनी ही भौंहें सिकोड़ ली थीं।

चाणक्य ने राजा के अन्तःकरण की प्रक्रिया को परख कर यह निर्णय ले लिया था कि उसे पशुबल, विलास और शोषण पर आधारित इस नन्दवंश का अन्त करना है।

यवनों को देश के बाहर निकालने के लिए और छोटे-छोटे गणों और राज्यों का अन्त करने के लिए, एक नये लोकाराधन की परम्परा कायम करनी है।

आगत की चिन्ता में, चाणक्य के मस्तक की रेखाएँ और गहरी उभर आयी थीं। एक लोकाराधन की परम्परा पर आधारित सशक्त साम्राज्य स्थापित करना होगा।

राजा नन्द अपनी आँखें खोल रहे थे और बन्द कर रहे थे।

एक असाधारण नीतिज्ञ की तरह चाणक्य, दृढ़ता से अन्तःकरण के अस्थिर राजा को एकटक देख रहे थे। और महसूस कर रहे थे कि जोखिम उठाने के लिए कड़ा कदम जरूरी होता है। कड़ा कदम उठाने वाला जोखिम उठाता है, और

हर संकट के बीच, स्वयं को उपस्थित रख कर यह देखता रहता है कि सत्ता का कौन-सा हिस्सा ढह रहा है।

चाणक्य ने सोच लिया था कि यह अपने ही राज-समारोह में हाथ की उँगलियाँ विनाश के लिए खोलने और बन्द करने वाला राजा, अपनी ढहती हुई सत्ता को नहीं बचा सकता है। अपने ही आकर्षण में, यह अपनी हारी हुई कान्ति के बल पर, अधिक समय तक नहीं टिक सकेगा।

चबूतरे पर खड़ा राजा नन्द, अपने सामने खड़े आदमी से हारता जा रहा था। हठात् उसने चाणक्य की जटा पकड़ ली थी। उसकी हारी हुई हिंसा, चाणक्य की शान्त आँखों की दृढ़ता से बौखला उठी थी। उसने अपने लम्बे हाथ आगे बढ़ा दिये थे। और उसकी दोनों हथेलियों के बीच चाणक्य की जटा ढीली पड़ गयी थी। ढीली जटा खुल कर उसके कन्धों पर बिखर गयी थी।

ढीली जटा ने चाणक्य के तेज को शिथिल नहीं किया था। शान्त आँखों में उग्र और भयानक चमक थी। वह अपमान के बीच इस उत्सव-समाज में और कठोर हो उठा था। उसका कण्ठस्वर, वाद्ययन्त्रों और विलास के प्रेक्षागृहों से ऊपर स्पष्ट और शान्त था।

उसके शान्त और स्पष्ट स्वर में एक महा ताण्डव की गर्जना थी।

राजा नन्द उसकी जटा को छोड़ चुका था। नन्द की कान्ति मलिन हो उठी थी। वह अपने हताश और बौखलाये हुए व्यवहार पर बेचैनी महसूस कर रहा था।

चाणक्य ने कहा था—''जब तक भूतल पर से सम्पूर्ण नन्दवंश का मूलोच्छेद नहीं हो जायेगा, तब तक कौटिल्य तेरे हाथ के स्पर्श से खुली हुई इस शिखा को नहीं बाँधेगा।''

राजा नन्द आत्मदर्शन खो चुका था।

दावानल की तरह चाणक्य की वाणी समाज में फैल चुकी थी। उस प्रदीप्त प्रताप की अवहेलना करने की ताकत बड़े-बड़े योद्धा खो चुके थे।

राजा नन्द अपने-पराये का ज्ञान खोकर उसे देख जा रहा था। उसे लगा था कि वह एक पतंगे की भाँति इस बढ़ती हुई प्रदीप्त आग में झुलस कर अपना अस्तित्व धीरे-धीरे खत्म करने को विवश है। ''मैं एक झुलसे परों का विवश पतंगा हूँ—मैं राजा नन्द......एक पतंगा बनने को लाचार हूँ।''

और चाणक्य अपनी निर्भय वाणी में यह सोच रहा था कि दृढ़ निश्चय करने वाला आदमी, विलास में प्रेक्षागृहों का आदी नहीं होता। वह खुली चुनौती देने वाला नीतिज्ञ होता है।

खुले में उसकी वाणी सबके लिए विस्मयजनक थी। उपस्थित योद्धा अपने

कर्पण, तालमूल और कवच में काँप उठे थे। विचलित हो उठे थे।

वह आदमी पल-भर में राजगिरि के सभा-स्थल से बाहर हो गया था।

अकेले एक आदमी ने धमनिका (बिगुल) फूँक कर सबको झकझोर दिया था।

4

एक ओर कण्डों को फोड़ने के लिए पत्थर का टुकड़ा पड़ा है। और इधर ब्रह्मचारियों द्वारा लाई हुई कुशा का ढेर है।

सूखी समिधाओं से दबे हुए छज्जे हैं। और टूटी-फूटी दीवारों से घर की हालत का अन्दाज लग रहा है।

टूटी दीवारों के बीच चाणक्य अकेले हैं। उनकी आँखों में चिन्ता है। पैरों में खड़ाऊँ है। ललाट पर भस्म है। और आकस्मिक रूप से उनकी आँखें, कण्डों को फोड़ने वाले पत्थर पर अटकी हैं।

फोड़ने के लिए रखे हुए पत्थर के टुकड़े पर अटकी उनकी आँखों में विवेक की चमक है। वे सोच रहे हैं—प्रतिज्ञा के भार से अब मैं मुक्त हूँ। अपने ही बौखलाये हुए क्रोध में, पूरा नन्दवंश दब कर राख हो चुका है। मैं अब ऋण-मुक्त हूँ। विलास, शोषण और पशुबल पर टिके नन्द राज्य पर, चन्द्रगुप्त ने अधिकार कर लिया है। छोटे-छोटे गणों को संगठित करके एक सशक्त साम्राज्य की स्थापना की परम्परा कायम की जा चुकी है। पृथ्वी पर रोगों की तरह फैले नव-नन्दों को मैंने उखाड़ कर फेंक दिया है।

सरोवर में जैसे कमलनाल होती है, वैसे ही चन्द्रगुप्त की राज्यश्री को बहुत दिनों के लिए मैंने स्थिर कर दिया है। विलास के प्रेक्षागृह अब खाली पड़े हुए हैं। क्रोध में अपने होंठ चबाने वाला कोई राजा, अब किसी उत्सव में अतिरिक्त गौरव के लिए नहीं रह गया है।

लोगों के मनोरंजन के लिए जान गँवाने वाले, किराये के योद्धा, अब मरने के लिए विवश नहीं हैं।

मैंने उद्धत मन से, क्रोध और स्नेह के गूढ़ तत्त्वों की पहचान की है। शत्रु और मित्रों में अपने ही गूढ़ तत्त्वों को बाँट कर मैं अब निश्चिन्त हो गया हूँ। मेरे ही तत्त्व, शत्रु और मित्रों के बीच फैले हुए हैं।

लेकिन नन्दवंश का महामन्त्री राक्षस अभी सतर्क है। नन्दवंश को बचाने की उसकी व्यूह-रचना आज कहीं अधिक गूढ़ है। यह शक्ति के बदले शक्ति का जटिल मोर्चा नहीं है।

छद्म वेष में, कई सहस्र योद्धा प्रतीक्षा में सतर्क हैं। कई सहस्र योद्धा कुसुमपुर और राजगिरि की तलहटी में, नये आदेश की प्रतीक्षा में सजग हैं। आदेश देने वाली शक्ति महामन्त्री राक्षस की है। और उसी राक्षस को पकड़े बिना मैंने नन्दवंश का क्या बिगाड़ा है?

राजा नन्द मेरी ही प्रदीप्त आग में एक पतंगे की तरह जल कर भस्म हो चुका है। भूतल पर से सम्पूर्ण नन्दवंश का मूलोच्छेद हो चुका है।

अभी भी मैंने अपनी शिखा को नहीं बाँधा है। प्रतिज्ञा के भार से मैं मुक्त हूँ। किन्तु चन्द्रगुप्त का आग्रह है। और वह एक सशक्त साम्राज्य का ही आग्रह नहीं है, छोटे-छोटे अनगिनत गणों की एक नयी सत्ता का दायित्व है, जिसने मुझे आज तक शस्त्र धारण करने को विवश कर दिया है।

मैंने पश्चिमोत्तर भारत के छोटे-छोटे गणतन्त्रों और राज्यतन्त्रों को एक सफल लोकाराधन की परम्परा से जोड़ दिया है। अब वे यवनों को देश के बाहर निकाल सकते हैं। अब वे दुर्बल और विशृंखल नहीं हैं। एक सशक्त साम्राज्य के अंग हैं। आज लोकाराधन की इसी परम्परा पर आधारित स्थायी साम्राज्य के लिए मैंने शस्त्र धारण किया है।

अभी तक नन्दवंश से राक्षस को अत्यन्त स्नेह है। वह लोकाराधन की नवीन परम्परा को अभी स्वीकार नहीं कर सका है। उसके मन में अतीत के वैभव और खोई हुई सत्ता की ताकत का मोह है। वह गुजरे हुए सत्य से जुड़ा है। बीती हुई व्यवस्था का उसके मन में लगाव है।

वर्तमान की नयी गणतन्त्र की व्यवस्था के लिए वह प्रस्तुत नहीं है। जब तक नन्दवंश का एक भी आदमी जीता रहेगा, उसी वंश की पुरानी प्रतिष्ठा को कायम रखने की कोशिश करता रहेगा।

चाणक्य अपने सोचने के क्रम में एक लम्बा निःश्वास छोड़ कर यह महसूस करते हैं कि अभी वर्तमान के आमूल परिवर्तन में कहीं भारी कमी है। वे अपने अन्तःकरण में धक्का झेल कर सोचते हैं कि यह धक्का उनके लोकाराधन की अधूरी परियोजना का है। यह आधी विजय का दबाव है। यह उनका अधूरा संकल्प है। पूरी विजय हासिल करने में राक्षस एक खटका है।

अपने चिन्तन के क्रम में उन्हें कुछ बाधा महसूस होती है। वे टूटी-फूटी दीवारों के बीच अपने को बँधा हुआ पाते हैं। घूमते हुए वे थक जाते हैं। उनकी मुद्रा में खिंचाव भर जाता है। वे अपने शिष्य को आवाज देते हैं—"शार्गरव, शार्गरव।"

शिष्य अचानक अन्दर आता है। वह उद्विग्न मनःस्थिति में खोये हुए आचार्य को देखता है। और महसूस करता है कि अपना पूरा अस्तित्व राष्ट्र को समर्पित

कर देना कितना कठिन होता है। यही कठिनाई इस योद्धा चिंतक की है। वह राष्ट्र के गूढ़ तत्त्वों से अजनबी नहीं है। और संकट से वह कभी उदासीन नहीं रहा। वह नये से नये युद्ध के लिए, अहर्निश चिन्तन करता रहता है।

चाणक्य विस्मय से उसकी ओर देखते हैं। वह आज्ञा माँगता है।

चाणक्य खाली प्रकोष्ठ में घूम रहे हैं। एक बार उसको पूरी सह्रानुभूति से देखते हैं। उन्हीं के हित में उनका शिष्य अशान्त है—वे सोचते हैं। प्रसन्न हँसी हँसते हुए वे उत्तर देते हैं।—"वत्स! बैठना चाहता हूँ।"

शिष्य क्षण-भर आचार्य की प्रसन्न मुद्रा को देखता है और विनय के स्वर में, अपने उपाध्याय को पास वाले प्रकोष्ठ में चलने का संकेत देता है।

पास के प्रकोष्ठ में एक आसन बिछा है। द्वार के पास उस आसन को देख कर भी चाणक्य अदृश्य की ओर आँखें गड़ाये हुए हैं। वे महसूस करते हैं, आज उनकी कहीं बड़ी अनिवार्यता है। वे केवल आसन पर आराम करने के लिए ही उद्विग्न नहीं हैं।

बेहद कार्यशील रहने की वजह से वे अपने ही घर को भूलते जा रहे थे। कार्य-बाहुल्य से ही वे व्यग्र भी हो उठे थे। अपनी आधी जीत पर सोचते हुए वे व्यग्र थे। वे महसूस कर रहे थे—बार-बार शिष्य को बुलाकर अपनी परेशानी उस पर झोंक रहे हैं। यह शिष्य पर उनका कठोर आचरण है।

अपने शिष्य को गुरु कठोर बनाना चाहता है, ताकि वह बड़े से बड़े संकट की घड़ी में धीरज से काम ले सके, लेकिन चाणक्य की यह कल्पना कभी नहीं रही कि उनका शिष्य उनका बोझ उठाये या उपेक्षा के कठोर भाव का दबाव बर्दाश्त करे। कभी वे यह दबाव अपने शिष्य के मन में पैदा नहीं करना चाहते थे।

अपनी बीती हुई जिन्दगी में, वे कभी कठोर नहीं रहे। अपना बोझ किसी पर डाल कर उसके विलास को उन्होंने कभी रुद्ध-बद्ध करने की कठोरता नहीं बरती। उनके व्यक्तित्व में यह कभी नहीं रहा। वे सोच रहे थे, तक्षशिला के आस-पास की अपनी जन्मभूमि के बारे में।

उस समय उनका गांधार प्रदेश उनकी आँखों में था। अष्टाध्यायी के प्रणेता भी उसी दिशा के शालातुर स्थान में उत्पन्न हुए थे।

चाणक्य की शिक्षा-दीक्षा प्रसिद्ध तक्षशिला विश्वविद्यालय में हुई थी। यहीं पर अपने पूर्वाचार्यों के चरणों में इन्होंने राजनीति का गहन अध्ययन किया था। यहीं पर वे लम्बे समय तक आचार्य पद पर रह चुके थे।

वहाँ पढ़ाते समय वे पश्चिमोत्तर भारत की विशृंखल राज्य व्यवस्था पर सोचा

करते थे। यवनों के आक्रमणों की चर्चा सुनते थे। और उनका मन इस स्थिति से खिन्न हो उठता था।

आज भी वे देश के संकट पर सोच रहे थे। देश के छोटे-छोटे राज्यों के मन्त्रियों के चेहरों पर घबराहट बढ़ रही थी। उनका मुख आने वाले संकट की काली घटा से विरूप हो उठा था।

चाणक्य की भौंहों पर विचार का दबाव था। वे भयंकर द्वेष से अस्थिर नहीं हुई थीं। उनके मन में नन्दवंशियों के आर्थिक शोषण थे। और उनकी बढ़ती हुई सैनिक शक्ति पर बेचैनी से वे सोच रहे थे।

उनका मन शिष्य के प्रति अपनी सदाशयता का ध्यान भी बराबर बनाये हुए था।

अब तक आत्मीयता के ही वे आदी रहे हैं। शिष्यों के प्रति कठोर अपमानपूर्ण आचरण को वे कभी पसन्द नहीं कर सके थे।

अपने आसन पर बैठ कर चाणक्य अपनी ही भावधारा में डूब जाते हैं। शिष्य गुरु की आत्मीयता से भर उठता है। उनके कार्य-बाहुल्य पर सहानुभूति से सोचता हुआ बाहर चला जाता है।

दालान में बेंत की चटाई बिछी है। चाणक्य उस पर बैठे हैं। वे कार्य की तत्परता से व्याकुल हैं।

नन्द और उसके एक-एक कर आठ पुत्र उनके विरोध में हार चुके हैं।

हारा हुआ नवनन्द अब हताश हो चुका है। अपने मन्त्री की सलाह पर वे पर्वतेश्वर राजा के पुत्र मलयकेतु के पास सन्धि के लिए गये हैं। आठ पुत्र नवनन्द वंशी, उनका कुटिल मन्त्री राक्षस और पर्वतेश्वर के वध से दुःखी मलयकेतु पश्चिमोत्तर भारत में बाहर से आये हुए यवनों की सहायता चाहते हैं। यह हारा हुआ कुनबा अब अपनी अस्मिता को विदेशियों के हाथों बेचना चाहता है। वे सहायता चाहते हैं। और सहायता चाहने वाले भिखारी या याचक एकजुट होकर चन्द्रगुप्त पर चढ़ाई करना चाहते हैं।

क्या यह बात सब ओर फैल गयी है? क्या सारा राजगिरि और कुसुमपुर का क्षेत्र इस बेशर्म सन्धि की चाल को सहन कर चुका है? एक-एक के नेक इरादों को, जनता और गणतन्त्र के लोग समझने लगे हैं।

याचक दल अपनी पराजय की जमीन पर खड़ा है। एक विदेशी की पक्की मुद्रा वह अपने सीनों पर अंकित कराना चाहता है।

यह बात फैल गयी है।

पिता के वध से मलयकेतु दुखी है। नवनन्दों से की हुई अपनी सन्धि को

वह पराजय की सन्धि मान चुका है। यही हारे हुए कुनबों की हताशा है। यवनों ने खोखली सत्ता को समझ लिया है। यह बात पूरे माहौल में फैल गयी है।

क्या इस लोक की सरिता को मैं पार नहीं कर आया हूँ? क्या म्लेच्छराज के साथ, सन्धि करने वाले नन्दवंश को मैं सम्पूर्ण प्रजा के सामने चुनौती नहीं दे चुका हूँ?

क्या गणतन्त्रों और राज्यों की विशाल जनधारा में पैर जमाने की आज किसी राजा में हिम्मत रह गयी है? क्या गणतन्त्रों की नयी परम्परा को, याचक दलों की सन्धि पर खड़ी, भीख माँगी हुई ताकत ठोकर मार सकती है?

क्या हारी हुई अस्मिता के योद्धा, अपने-अपने फटे हाल दाँव फेंक कर चन्द्रगुप्त की इस विशाल धारा से कोई गूढ़ रहस्य निकाल सकते हैं?

नामुमकिन है। चाणक्य के जीते जी, कोई फैले हुए रहस्य को शान्त करने में समर्थ नहीं है।

सामना करने वाला योद्धा, फेंके हुए स्वार्थों के टुकड़ों पर खड़ा नहीं होता। वह सामना करता है।

रहस्य के भीतर और गूढ़ रहस्य होते हैं। फैले हुए भ्रम में, स्वार्थ के पकड़े हुए स्तम्भ, आपस में टकरा कर चूर हो जाते हैं।

अँधेरे में अभी अपने-अपने शोक और दुख के धुएँ हैं। कुछ लोग यह भ्रम बनाये रखना चाहते हैं कि वे विरोध के योद्धा हैं। वे वास्तव में अपनी ही कायरता के प्रतिनिधि हैं। वे आज भी धुएँ में, याचना और शोक के फटे टुकड़े जोड़ कर, अपने लिए एक बड़ी रंगीन साड़ी बना रहे हैं।

वे विरोध के योद्धा नहीं हैं। योद्धा की भूमिका में चन्द-से म्लान हो चुके हैं और अपने मुख को शोक की साड़ी पहना रहे हैं। चन्द्रगुप्त से हार खाया हुआ, साड़ी में लिपटा उनका मुख, रमणियों की तरह मुरझाया हुआ है। वे विपक्षियों की सेना की मायूस रमणियाँ हैं। और अपने-अपने पति की सांघातिक मौत का शोकगीत गा रही हैं।

क्रोधाग्नि में जब पूरा राष्ट्र जल रहा है, ये शोकगीत गाती हुई म्लान मुख की युद्ध की वीरांगनाएँ अपनी कालिख लगायी हुई अस्मिता की पहचान करा रही हैं।

ये हारी-थकी अस्मिताएँ लोक से विच्छिन्न हैं। लोक में परम्परा का नया आवेश है। इसका आधार युद्ध से खिलवाड़ करने वाली रमणियों की आँखों में नहीं मिलेगा। उसका आधार नये आवेश में है।

योद्धाओं की क्रोध की पोशाक है। कायरों का वह खिलौना नहीं है। कभी अग्नि बिना आधार के नहीं जली है।

मैं इस बड़े जंगल में फैली हुई आग का आधार हूँ। मैंने कापुरुष राजाओं के लिए चारों ओर धुएँ की रचना की थी।

अपने-अपने धुएँ के शोक-ग्रहों में मैंने उनके निवास की व्यवस्था की थी। मैंने चन्द्रगुप्त की तेजस्विता के समानान्तर इन हतभागों को यह दिखा दिया था कि अँधेरे का कालिखपुता मुख, विरोध से बचने का एक बहाना रहा है।

मैंने उनके ही घर में एक-एक शाखा को आग की पोशाक पहना दी थी। बड़े विशाल समझे जाने वाले, छोटे-छोटे राज्यों के मन्त्री, वृक्ष के मूल-से सुलग उठे थे। जलते हुए मन्त्रियों की तरह, एक-एक विशाल वृक्ष अपनी अविवेक की कहानी कह रहा था। और मैं लोक की फैलती हुई आग में यह बता रहा था, और अट्टहास लगा कर दहाड़ रहा था, कि तुम्हारी नीति का मूल ही अनीति और अविवेक पर टिका था।

मैंने पहले ही कहा था कि तुम्हारी दंडनीति और तुम्हारा उशनस का सिद्धान्त त्रुटिपूर्ण है। जब मैं अनीति-जीवियों को सही नीति पर लाने की चेष्टा कर रहा था, तब ये सब, अपने छोटे-छोटे गणों और राज्यों में मुझ पर हँसा करते थे। अपनी त्रुटिपूर्ण और संकुचित भूमि पर वे मेरा उपहास उड़ाया करते थे।

मेरे छोटे हाथों पर वे कटाक्ष किया करते थे। तब वे हाथी पर थे। इनके पीछे चँवर झुलाने वाले चार थे। और मैं अकेला, खुर्राट, अपमान को झेल रहा था।

इन्हें मेरा क्रोध तब बंध्या लग रहा था। आज ये एक-एक कर मेरे ही आधार से फैली हुई लपट में झुलस रहे हैं। इनके अविवेक की भस्म हवा में उड़ कर, धुएँ में इन्हीं की तरह मिल रही है।

आज तक ये राजनीति में परिवर्तन नहीं ला सके हैं। तब भी वे समय की चपेट को नहीं देख रहे थे। और मैं उसी चपेट को सह कर पैदा हुआ था। मुझे यह बोध था कि राजनीति में परिवर्तन, एक आदमी को अग्रसर करके नहीं होता है। एक आदमी, पूरा राष्ट्र नहीं होता है। उसे एक स्थान से आगे बढ़ा कर, हम समय की गति को तीव्र नहीं कर सकते हैं।

यह जुए का पासा नहीं था। यह दंडनीति की अपूर्णता का उस समय का सबसे खतरनाक खिलवाड़ था।

परिवर्तन के लिए, प्रगति के साधनों को उद्यत दंड होना चाहिए।

एक आदमी की खुशी से सम्पूर्ण राष्ट्र में खुशहाली नहीं फैलती है।

और तब अपने वृक्ष के मूल में, सब कहीं लोग मुझ पर हँसा करते थे। आज हवा इनकी भस्म से खेल रही है। इनके अविवेक को उड़ा कर बिखरा रही है। कल तक पृथ्वी का दमन करने वाले वीर वृक्ष, आज मेरे क्रोध की आग की लपट

में समाप्त हो चुके हैं। आज अनीति, अविवेक और दंडनीति से, बहुसंख्यक का दमन करने वाले, स्वयं नष्ट हो रहे हैं।

आज उनकी गलत नीतियों का कोई उत्तराधिकारी नहीं बच गया है। वंश मूल से सारा नवनन्द नष्ट हो गया है। उनकी हित-रक्षा को कोई अंकुर इस आग के बीच नहीं है।

नागरिक अपने राजाओं को नष्ट होते देख रहे हैं। और पंडित अपने समय की त्रुटिपूर्ण दंडनीति की समाप्ति पर विचार कर रहे हैं।

सभी गणों और राज्यों के नागरिक शान्त हैं। और मेरे क्रोध की आग को, अपने बीच से फैलते हुए देख कर, यह सोच रहे हैं कि अविवेक हारता ही है। विवेक की जीत, पूरे मनुष्य को बदल देती है। अविवेकी, केवल अपने को व्यवस्था में अग्रसित करता है।

विवेक में मनुष्यमात्र को शान्त करने और धीरज बँधाने की क्षमता होती है। मैं अपने क्रोध में, इसी आधार पर खड़ा होकर, उस समय भी विवेक की भाषा में आदमी की क्षमता को जगा रहा था।

अपने अनादर की मैंने चिन्ता नहीं की थी। नन्दवंश, पूरी सभ्यता का अपमान कर रहा था। वह भय दिखला कर अविवेक की सत्ता कायम करना चाहता था। विवेक को लांछित और अपमानित करना चाहता था।

श्राद्ध का समारोह मनाया जा रहा था। उत्सव पर्वों की शोभा थी। मुझे तिरस्कृत करने वाला नन्द, आज स्वर्ग में अपनी दंडनीति की त्रुटि को स्वयं देख रहा है। किसी जलाने योग्य पदार्थ के अभाव में आज, पूरे नन्दवंश की सम्पदा राख के रंग में घुल गयी है। इसी रंग की बदौलत मुझे अपमानित होना पड़ा था। वही राजा, आज राख में खो गया है।

रंगों के प्रति घृणा फैलाने वाली सत्ता एक दिन अपना अस्तित्व खत्म कर देती है। अनेक रंगों से सभ्यता का शिखर ऊँचा होता है। काली चट्टानों के सीने में सफेद हिम चमकता है। शिखरों की ऊँचाई, रंगभेद की लड़ाई से नापी नहीं जाती है, हिमालय के गज से उसका पता लगता है।

हिमालय एक मानदण्ड है, वह धूप के विस्तार से, हवा के प्रवाह से, दावाग्नि या किसी के प्रभाव से छोटा नहीं होता है।

मैंने यह सब सोच लिया था कि नन्द अपनी छोटाई से और अपनी सत्ता की हीनता से, मेरी अवहेलना कर रहा है।

आज दावानल शान्त पड़ गया है। और हिमालय अपने मानदंड में अलग चमक रहा है।

मैं उस दिन यही बोध कराना चाहता था, कि छोटे-छोटे कुनबों की सन्धियों से या कोटरों की रक्षा-सेनाओं से, या छोटी-छोटी अस्तित्व की लड़ाई से, महलों की कामना आज तक बाँधी ही नहीं जा सकी है।

महत् की प्राप्ति के लिए विशाल की पृष्ठभूमि आवश्यक है। जिन्होंने कल तक नन्द के भय को स्वीकार कर, अपने अस्तित्व को उसके सामने छोटा बना लिया था, अपने पराजित मुख से और अपने सीने में उस दिन भी वे नन्द को धिक्कार रहे थे।

राजा के सामने झुका रहने वाला योद्धा, सत्ता के सामने सविनय अवज्ञा कर सकता है।

मेरी शिखा को ढीला करने वाला नन्द, भरी सभा में अपने सीने के भयंकर द्वेष को रोक नहीं सका था। उसका नीचे वाला ओठ जरा लम्बा हो गया था। और डरे हुए राजाओं ने यह सोच लिया था कि संकट के समय चुप रहना, सफलता का अधार है। वे चुप थे। श्रेष्ठ आसन से मुझे उठाया जा रहा था। मूक दर्शक की तरह वे अविवेक को प्रतिष्ठित होते देख रहे थे। वे देखने को विवश थे।

मूक दर्शक की भूमिका में रहने वाले, अक्सर अविवेक को सर झुका कर स्वीकार कर लेते हैं।

आज भी वे मूक दर्शक हैं। आज जब सिंह ने पर्वत से हाथी को गिरा दिया है, जब चन्द्रगुप्त ने नयी परम्परा कायम कर नये मानक स्थापित कर दिये हैं, जब पर्वतेश्वर के बन्धु-बांधवों के साथ पूरा नन्दवंश पराजित हो चुका है, ये मूक दर्शक सर झुकाये हुए हैं।

कल के दब्बू आज सिंहासन-च्युत नवनन्दों की पराजय को खुली आँखों से स्वीकार कर रहे हैं।

कल तक दबी जबान से कुंठित रहने वाले, आज खुली जबान से नन्दवंश पर, चन्द्रगुप्त की नयी ताकत को स्वीकार कर रहे हैं।

कल का त्रुटिपूर्ण समाज आज हार चुका है। और कल के डरपोक दर्शक, आज मेरी श्रेष्ठता को, मेरे द्वारा अर्जित श्रेष्ठ आसन को, सम्मान से देख रहे हैं।

मैंने कल भी कहा था—अग्नि बिना आधार के नहीं जलती है। आज भी मैंने अस्त्र-शस्त्र का त्याग नहीं किया है। आज भी मैं दर्शक नहीं हूँ। मैंने रोग-स्वरूप नवनन्दों को, उनके अन्धे विश्वास को, उनकी घृणित परम्परा को, और उनकी अशक्त सत्ता को उखाड़ फेंका था।

मेरा नया विश्वास और नयी परम्परा थी। नये और सशक्त गणतन्त्र को मुझे प्रतिष्ठित करना था।

जब नवनन्दों के भीतर संकल्प-विकल्प का युद्ध चल रहा था, वे शोक और स्वार्थ की पोषाक पहन कर मानसिक यातनाओं की यात्रा कर रहे थे, मैं नये की प्रतिष्ठा के लिए कृत-संकल्प था।

चन्द्रगुप्त की तेजस्विता, उसकी विवेक-बुद्धि और लोक हितकारी प्रयाग, सरोवर के मृणाल हैं। मैं उनकी रक्षा करता आया हूँ। में उस दिन भी सरोवर के एक-एक मृणाल के बगल में खड़ा था।

मैंने चन्द्रगुप्त की राज्यश्री को अब अनन्तकाल के लिए स्थायी बना दिया है।

मैंने उदासीन रहने वाले छोटे-छोटे राजाओं को विवेक की भूमि पर आमन्त्रित किया है। उनकी मानसिक उधेड़बुन को सही विश्लेषण दिया है। उनकी हताश रहने वाली सत्ता को जगाया है। और यह सब क्रोध तथा स्नेह से किया है।

क्रोध में अधिकार के लिए उठी हुई गणतन्त्र की प्रजा को सही दुश्मन के सामने खड़ा कर दिया है। और अपना आपा खोये हुए राजाओं को गूढ़ मन्त्रणाओं से अपने साथ मिलाया है।

जो विभाजित थे, क्रोध और विलास में, उन्हें क्रोध और स्नेह की पहचानी हुई धरती पर एकत्र कर दिया है। क्रोध में दुश्मन से लड़ने वाले उतावले योद्धा, अधीर राजतन्त्र से मिलकर गणतन्त्र की स्थापना के लिए आगे बढ़ आये हैं। चन्द्रगुप्त के साथ क्रोध और स्नेह की गूढ़ मन्त्रणा में, पूरा अस्तित्वहीन राष्ट्र, अस्तित्ववान हो उठा है।

लेकिन अस्तित्ववान आज भी महामन्त्री राक्षस है। मैंने उसका मोह भंग नहीं किया है। वह आज भी नन्दवंश की विजय का दिवास्वप्न देख रहा है। वह अपने मोह के टूटे-फूटे दुर्ग में भी सतर्क है। उसके रहते चन्द्रगुप्त की राज्यश्री और गणतन्त्रों की विजय, किसी में भी स्थिरता लाना सम्भव नहीं है।

मैं एक दुर्ग ध्वस्त करूँगा, वह दूसरी अतिशय स्नेह की दीवार खड़ी कर लेगा। दीवारों के टूटने और दीवारों के निर्माण का यह सिलसिला, एक बहुत बड़े युद्ध से अपने समय को विरत कर देगा।

और हम झूठी लड़ाई लड़ते रहेंगे। यह सिलसिला अन्तहीन तनाव में बदल जायेगा। गणतन्त्र की परम्परा का यह महत् संकल्प, राक्षस की अतीत-आकांक्षाओं और अतीत के मोह में, सारे राष्ट्र को उलझा कर हताश कर देगा। नयी परम्परा अपने आरम्भ में ही समाप्त हो जायेगी।

आकाश में काले अंक ढल रहे हैं। तारों और ग्रहों का यह अनन्त प्रकाश फैल रहा है। यह अपने ही जीर्ण-शीर्ण घर में रात उतर रही है। अँधेरा सरक रहा है।

क्या पूरी उदात्त चेतना का पूरा आक्रोश एक अँधेरी रात में विलीन हो जायेगा?

चाणक्य अँधेरे में विलीन होने के लिए नहीं आया है। नहीं, राक्षस का मोह-भंग होगा।

अँधेरे में दीवट लेकर शिष्य आता है।

5

अँधेरा आदमी को आदमी से काट रहा है। एक क्षण को चाणक्य आकाश में देखते हैं। आकाश में तारे हैं। करीब ही कुछ छायाएँ दौड़ रही हैं।

कुछ घने पेड़ों की छायाएँ दूर तक फैली हैं। मुँह खोले एक भीषण आकृति है। सिर पर सींग लगे कुछ चेहरे हैं। लम्बे पैर हैं।

क्या सुराग लेने वाले गुप्तचर अँधेरे में खड़े हैं? क्या वे दौड़ रहे हैं? और मेरे गुप्तचर उनका पीछा कर रहे हैं।

चाणक्य आकाश में देखते हैं। उनकी आँखों में विस्मय है।

उनके आगे कोई पहचानी हुई आकृति आकर खड़ी हो जाती है। फिर हवा के तेज झोंके में आकृति हिलती है, उसका पहचाना हुआ रूप बिखर जाता है।

चाणक्य और ध्यान से अँधेरे में विलीन होने वाली उस आकृति को देखते हैं। वे दीवट उठाते हैं। एक छाया और आगे बढ़ आती है।

अचानक एक पहचानी हुई आकृति चाणक्य के सामने आकर खड़ी हो जाती है। पूरा प्रकोष्ठ खाली है। चाणक्य हैं। दीवट पर प्रदीप का प्रकम्पित प्रकाश है। और प्रत्यक्ष आयी हुई आकृति है।

अपने में एक क्षण के लिए चाणक्य विचलित होते हैं।

कौन मेरे पास असमय आया है? सोचते हैं। क्या शिष्य को आवाज देकर जगा दूँ?

वे स्वगत प्रश्न करते हैं। और अपने ही भीतर अटकी हुई समस्याएँ सवालों का समाधान उनके सामने रख देती हैं।

गुप्तचरों की आकृतियाँ उभरती हैं। यम का चित्र हाथ में उठाये योगी आते हैं।

लोग यम को प्रणाम कर रहे हैं। लोग भजन गाते हुए योगी की सेवा कर रहे हैं। संसार अनित्य है। केवल यम नित्य है। अजेय है यम।

नहीं, नहीं, यह असत्य है। भ्रम है। चाणक्य भ्रम की आकृतियों का दास नहीं है। वह अदृश्य और अज्ञात की सत्ता का एक पुतला नहीं है। वह सत्य है। विवेक है। धिति है। नीति है। वह अस्तित्व में है। अस्तित्व की पहचान के लिए ही चाणक्य नहीं है। वह आमूल परिवर्तन के लिए सन्नद्ध है।

विस्मयपूर्वक सोचते हैं—

आकृति उनके और करीब आ जाती है। उनमें और आकृति के बीच बारीक भेद रह जाता है।

क्या अपनी बारीक भेद-नीति यही है? क्या मैं कार्य-बाहुल्य में, अपने ही जासूसों, गुप्तचरों और बहुरूपियों की पहचान भूलने लगा हूँ? क्या दुश्मन की सन्धि सफल हो गयी है? और गूढ़ रहस्य में सतर्क रहने वाले मेरे चर, मुझे ही भुलावे में रख रहे हैं।

क्या अमात्य श्रेष्ठ राक्षस, गणतन्त्रों की नयी परम्परा में फूट डालकर अपने मित्रों की ताकत को, अपनों से ही उदासीन बना देने में सफल हो गया है?

अचानक चाणक्य पहचान लेते हैं। आकृति, भ्रम नहीं है। यह गणों की नयी सत्ता का अवसान-काल नहीं है।

अमात्य श्रेष्ठ की आँखें कटार की तरह हैं। लेकिन ये आँखें यहाँ क्या देख रही हैं? क्या मरे हुए नन्द की कीर्ति जो खोज रही हैं? क्या अर्थ न देने के कारण, मेरे अपमान का पाश्चाताप करने आयी है यह आकृति?

नहीं, ये आँखें मेरी व्यूह-रचना की थाह लेने आयी हैं। राक्षस को क्या यह पता नहीं है कि चाणक्य के पेट से यम भी आज तक कुछ नहीं निकाल सका है।

चाणक्य की आँखों में एकाएक चमक उभर आती है—अच्छा, अमात्य श्रेष्ठ राक्षस, तुम्हें भी मेरे पास आना ही पड़ा। तुम्हारा अपना मोह-भंग हो गया है। क्यों ?

तुम प्रत्युत्पन्न मति के श्रेष्ठ अमात्य हो। तुम्हारे बारे में मेरे मन में कभी सन्देह नहीं रहा। तुम मन्त्रियों में वृहस्पति की भाँति बुद्धिमान हो। मैंने तुम्हारे बारे में और तुम्हारी प्रतिभा के उपयोग के बारे में, दिन-रात सोचा है। मैं जानता था, गणतन्त्रों के भीतर से उठी हुई नयी परम्परा की अवहेलना, तुम्हारे जैसा धीमान आदमी अधिक समय तक नहीं कर सकेगा।

तुम्हें इतिहास का बोध है। तुम समय की जागती हुई अस्मिता के कभी विरुद्ध नहीं रहे। तुम्हें अनागत का स्वागत करना ही है।

चन्द्रगुप्त और नन्द के बीच, एक सूत-भर का अन्तराल था।

तुम्हारे जैसे व्यक्ति धन से नहीं खरीदे जा सके हैं। संसारी लोग धन के लोभ से स्वामी की सेवा करते हैं। वे स्वामी पर आयी हुई विपत्ति के समय अपना लाभ देखते हैं।

अपने पद की उन्नति को देखने वाला आदमी, किसी भी व्यवस्था में अपने लाभ को देखता है। स्वार्थी अपने लाभ पर चलता है, अपने लाभ के संकेत पर

बैठता है; और अपने लाभ के हाथ, लोगों की जान से खिलवाड़ करता है।

नहीं, अमात्य श्रेष्ठ, मेरे मन में कभी तुम्हारे प्रति सन्देह नहीं था।

विपत्ति के समय भी, तुम नन्द के साथ थे। संकट के समय आज तुम मरे हुए वंश को जीवित रखने की पूरी कोशिश कर रहे हो। तुम स्वामी के मारे जाने के बाद भी, उनके पुराने उपकारों को नहीं भूले हो। तुम्हारी श्रद्धा दिखावटी नहीं रही। तुम आज भी स्वामी के कार्य को अपना समझ कर पूरा कर रहे हो।

स्वामी के दुश्मनों का सफाया करने के लिए तुम आज भी नयी से नयी तरकीबें सोच रहे हो। तुम जैसा आदमी, आज की दुनिया में मिलना कठिन है।

मैं जाग कर, रात-दिन तुम्हारे बारे में ही सोचता रहा हूँ। अपनी पूरी सामर्थ्य से, तुम्हें इस नये संकल्प के समय चाहता हूँ।

संकट के समय, नयी परम्परा के चन्द्रगुप्त को और उसके गणतन्त्र को, तुम्हारी आवश्यकता है—अमात्य श्रेष्ठ!

मैं केवल तुम्हें चाहता हूँ। तुम्हें पकड़वाने तक की मैंने कोशिश की है। हाँ, तुम्हारे हाथ में नया भारत अधिक सुरक्षित रहेगा, मुझे विश्वास है।

अमात्य श्रेष्ठ! मुझे तुम्हारी क्षमता, कार्यनिष्ठा और ईमानदारी पर अटूट विश्वास है।

चाणक्य देखते हैं—आकृति उनके और पास आ गयी है। आँखों में कटार लेकर आयी हुई आकृति, हठात् कमल की-सी कोमलता से मुस्करा रही है।

वे सोचते हैं—

मैंने सन्देहों के बीच यह निर्णय लिया है कि चन्द्रगुप्त को राक्षस चाहिए। आज भी अपने निर्णय पर मैं अडिग हूँ। नये भारत की अर्थव्यवस्था को राक्षस चाहिए। चाणक्य को राक्षस चाहिए।

मैं अपनी तर्कणाओं में उलझ नहीं रहा हूँ। मुझे इसमें कोई अन्तर्विरोध नहीं दीखता है। मेरे तर्क में कोई असंगति नहीं है।

यह सवाल मेरे मन में कई बार उठा है कि नन्दवंश के पुराने उपकारों को याद करके, तुम शूद्र चन्द्रगुप्त का मन्त्री बनना शायद पसन्द न करो। फिर भी जहाँ बड़ा लक्ष्य होता है, वहीं बड़ी लोकाराधन की परम्परा कायम होती है।

वे जैसे राक्षस को सम्बोधित करते हैं—

अमात्य श्रेष्ठ, चन्द्रगुप्त के साथ तुम महत सन्तोष का अनुभव करोगे।

तुम्हारी निजी प्रसन्नता, यहाँ एक बड़े राष्ट्र की प्रसन्नता में बदल जायेगी। निजी उपकारों के प्रति ईमानदार रहने की तुम्हारी क्षमता, एक नये सशक्त साम्राज्य को बलवान बना देगी।

यह तुम्हारी या मेरी नीति की हार-जीत नहीं है। यह एक बड़े लक्ष्य की मजबूत बुनियाद का सवाल है। यह सवाल तुम्हारे मन में अपने दायित्व के प्रति गहरी चेतना जगाता रहेगा।

मैं इस बड़े यज्ञ के समय, और बड़े परिवर्तन के दौर में, आदमी की तलाश में हूँ।

मुझे राजा के निर्बल प्रेमी नहीं चाहिए। मुझे मूर्ख सेवकों के हाथ चन्द्रगुप्त को नहीं छोड़ना है। निर्बल प्रेमी, अपनी कमजोरी और अपने वायवी कैशोर विचारों से राष्ट्र को कमजोर बना देते हैं। उनकी कैशोर बुद्धि राष्ट्र को जटिल कार्यों से दूर फेंक देती है।

नन्दवंश के निर्बल प्रेमियों और मूर्ख सेवकों का इतिहास मुझे आज भी ज्ञात है।

मैं अमात्य श्रेष्ठ राक्षस को चाहता हूँ। अमात्य श्रेष्ठ राक्षस, राजा का प्रिय भी रहा और वह दुर्बल भी नहीं था।

मुझे बल और बुद्धि वाले सेवक चाहिए। ऐसे बुद्धिमान सेवक नहीं चाहिए जो सत्ता के प्रति, लक्ष्य के प्रति और नयी गणतन्त्र परम्परा के प्रति, आस्थाशील न हों।

मुझे प्रेमी और भक्त दोनों चाहिए।

बलवान और बुद्धिमान और स्वामीभक्त सेवक अमात्य श्रेष्ठ हैं। वह स्वामी के सुख-दुख के साथ रहे।

मैं आत्माभिमानी और प्रबुद्ध आदमी की तलाश में हूँ। मुझे मूर्ख और निर्बल सेवक की आवश्यकता नहीं है। स्त्रियों की तरह उनकी रक्षा करने का समय मेरे पास नहीं है। तुममें दृढ़ भक्ति है और दृढ़ता मुझे प्रिय है।

कातर और स्वार्थी सब कहीं मिल जाते हैं। लेकिन दृढ़व्रती की खोज की जाती है। मुझे उनके लिए उद्यम करना है।

राष्ट्र के संकट के समय और गणतन्त्र की स्थापना के समय दृढ़व्रती आदमी को पकड़ने में, हम लोगों का निरुद्यम रहना अच्छा नहीं है। यथाशक्ति मैं उसी का यत्न करता रहता हूँ।

अमात्य श्रेष्ठ! हमारे अभ्युदय में ही तुम्हारा हित है।

मैं धमकी या चुनौती के स्वर में यह सब नहीं कह रहा हूँ। मेरे चर हर जगह हैं। मैंने दुश्मन के हर आदमी के पीछे अपने चर नियुक्त कर दिये हैं।

ये चर केवल वेतन-भोगी कर्मचारी ही नहीं हैं। ये समर्थ चर हैं। एक-एक कर अनेक आचार-विचार के जानकार हैं। वे जहाँ जाते हैं, वहीं की बोली बोलते हैं। जिससे मिलते हैं, उसी कुनबे में घुल-मिल जाते हैं। वे कार्य-भार का वहन करने में कहीं अधिक सतर्क हैं।

यह सत्य तुम जानते हो कि नन्दवंश के किसी भी व्यक्ति को मैं राजा नहीं बनने दूँगा।

अपनी संचालन शक्ति का तुम्हें कुछ अधिक ही विश्वास है। तुमने सर्वार्थसिद्ध को जंगलों में छिपा रखा था।

नन्द-साम्राज्य गण-वीरों से घिर गया था। गुप्त रास्तों से तुमने अपने स्वामी के आखिरी वंशधर को जंगल में भेज दिया था।

तुम्हारे योद्धा काफी चालाक थे।

हारे हुए वंश का उत्तराधिकारी तपस्वी बन जाता है। और तुमने हारे हुए तपस्वी को बचाने की काफी कोशिश की थी। तुम्हारे ही रक्षक उसकी तपस्या में सहायक थे।

और सर्वार्थसिद्ध जंगल में तपस्वी भी नहीं बन सका। जब पूरा राष्ट्र आग की लपटों से घिरा हो, उस समय एक सूखी लकड़ी नहीं बचती है।

सर्वार्थसिद्ध जंगल में ही मरवा डाला गया।

तुम्हें उस दिन अपनी क्षमता पर और अपने सेवकों की ईमानदारी पर पहले-पहल अफसोस हुआ था।

तुम हार मानने वाले आदमी नहीं हो, यह मुझे पता है। तुमने मलयकेतु की उदासी का फायदा उठाने की दूसरी बार कोशिश की थी।

मलयकेतु की सहायता से तुमने, अमात्य श्रेष्ठ! हमारा उच्छेद करने का पूरा प्रयत्न किया।

उदास आदमी हर समय मूर्च्छित रहता है। उसे अपनी ताकत का बोध नहीं रहता है।

तुमने दूसरी बार, एक बीमार और निराश योद्धा की सहायता ली।

तुम्हारी क्षमता और बीमार और निराश योद्धा की कार्यक्षमता, मिल कर भी नये गणतन्त्र का उच्छेद नहीं कर सकी।

तुम्हें अभी तक स्त्रियों की तरह, केवल रक्षणीय योद्धा और सेवक मिले हैं। हारी हुई पौध से, तुम गलत उम्मीद लगा रहे हो। मैं तुम्हारी एक-एक मन्त्रणा के समय सतर्क रहा हूँ।

अमात्य श्रेष्ठ! राजाओं का ऐश्वर्य अलंकार की तरह आकर्षक होता है।

राजाओं को विष-कन्या पालने का शौक रहा है। बालपन में उन्हें दूध पिलाया जाता। प्रतिदिन दूध में विष की मात्रा थोड़ी-थोड़ी बढ़ाई जाती।

विषकन्याएँ समारोहों में नाचती थीं। अपने अवयवों की उत्तेजक कान्ति से वे सब का मनोरंजन करती थीं।

राजा पर्वतेश्वर मेरे परम मित्र थे। लेकिन लक्ष्य के लिए, नीतिवान आदमी मित्र का भी त्याग कर देता है।

बड़ा लक्ष्य है। गणतन्त्र का आधार भी बड़ा है। लेकिन बड़ा होता है आदमी का विवेक।

विषकन्या के पैरों में पायजेब बजती थी। होंठों पर हँसी थिरकती थी। कंठ से माधुर्य झरता था।

अपनी ही तरह वह सारे संसार को विषभरी हँसी से दग्ध कर देना चाहती थी।

विष से बुझी हँसी, हँसते समय वह विषाद से भर उठती थी। उसका विषाद, मेरे परम मित्र पर्वतेश्वर के लिए निरर्थक था। उनके लिए विषकन्या केवल उनके मनोरंजन का खिलौना थी।

विष पीकर हँसने वाला इंसान, केवल पुतला नहीं होता है, अमात्य श्रेष्ठ!

यह बोध नया है। तुम्हें, अमात्य श्रेष्ठ, नन्दवंश और उस पर्वतेश्वर की सामन्ती व्यवस्था में रह कर वह दृष्टि नहीं मिलेगी। इस बोध को हासिल करने के लिए, तुम्हें अपने पूर्व संस्कारों से लड़ाई लड़नी होगी। अपने मोह का त्याग करना होगा।

टके पर नाचने वाली विषकन्या के सीने में, तुम्हारी ओर पर्वतेश्वर की तरह मासूम सपने दबे रहते थे और मेरे परम मित्र उस दबे हुए रोष को नहीं देख सके।

आज की लाचार विषकन्या, रोज अपने सपने को व्यवस्था की दृष्टिमूढ़ता की वजह से, सूली पर चढ़ा देती थी।

प्रतिदिन वह विषपान करने के अलावा, यातना का न समाप्त होने वाला एक और घूँट चुपचाप पी जाने को विवश थी। यही विष-बुझी आँखों का दर्द था। अमात्य श्रेष्ठ! वह आपको, यहाँ, मेरी परम्परा और मेरी सत्ता में आकर दिखायी देगा।

बचपन से जिस बच्ची को विष पर पाला था, उसका शरीर विष का घर हो गया था।

लेकिन उसी सुन्दरी के दिल में, कुछ गहरा और कोमल सौन्दर्य भी था।

पर्वतेश्वर किसी के अन्तःकरण के सौन्दर्य को, उसकी अपने प्रिय के प्रति चारुता को नहीं देख रहे थे। उनके लिए उसकी मांसलता ही आकर्षक थी।

शत्रुओं को पराजित करने वाली विषकन्या की आकर्षक मांसलता, अन्त में पर्वतेश्वर पर चढ़ने लगी थी।

विषकन्या की देहलता पर्वतेश्वर पर फैल रही थी और उसके एक चुम्बन के बाद, पर्वतेश्वर अपना होश-हवास खो चुके थे।

जहर में बुझी हुई उनकी लाश, शयनकक्ष में पड़ी रह गयी थी।

अमात्य श्रेष्ठ! एक बार तुम्हें फिर मात खानी पड़ी।

पर्वतेश्वर और चन्द्रगुप्त दोनों में से एक के भी विनाश से मेरी व्यक्तिगत क्षति हो रही थी।

मुझे एक बड़ा अहित झेलना पड़ा। एक ओर मोह में रहने वाले अन्धे राजा का साथ था। उसके साथ नष्ट होने से अच्छा था शूद्र का मन्त्री होना। मेरे लिए शूद्र ही अच्छा था। मैंने चन्द्रगुप्त को पसन्द किया।

अब तुम्हें भी स्वयं विर्णय लेना है। क्या उसी शूद्र का मन्त्री होना तुम्हें स्वीकार होगा?

कोई अपवाद नहीं है। चन्द्रगुप्त और पर्वतक मेरे मित्र हैं। मैं पर्वतक को मार कर, चन्द्रगुप्त का पक्ष निर्बल कर दूँगा, ऐसी शंका कोई नहीं करेगा। यहाँ भी सुई भर सन्देह की जगह मैंने तुम्हारे लिए नहीं छोड़ी है। सब यही कहेंगे कि राक्षस ने विषकन्या का प्रयोग करके पर्वतक को मार डाला है।

सुन्दरी विषकन्या के मोह में फँसने वाले पर्वतक के पुत्र, मलयकेतु को, अमात्य श्रेष्ठ! तुमने उस दिन जो कुछ सिखाया था, मेरे गुप्तचर उसको पूरी तरह जान चुके हैं।

शयनकक्ष में पिता का शव पड़ा था। और तुम उसके पुत्र मलयकेतु को सान्त्वना दे रहे थे।

मेरे गुप्तचर कुसुमपुर में निवास कर रहे थे। और नन्द के मन्त्रियों के आत्मीय मित्र बन गये थे।

वे दुश्मन की हर चाल पर कड़ी निगाह रख रहे थे।

उस दिन भी तुम्हारे पास ही मेरे साथ पढ़ा हुआ विष्णु शर्मा, ध्यानपूर्वक तुम्हारी सहानुभूति का राजनीतिक हल खोज रहा था।

वह जानता था कि अमात्य श्रेष्ठ का कोई कार्य अकारथ नहीं होता है। शुक्रनीति का पंडित, विष्णु शर्मा तुम्हारी नीति को परख रहा था। वह चौंसठ अंग वाले ज्योतिष-शास्त्र का पंडित, तुम्हारी ग्रहों के गलत योग की चालाकी को समझ गया था। वह जान चुका था कि तुम्हें एक बार फिर चाणक्य के हाथों मात खानी है।

तुमने एकान्त में, मलयकेतु को समझा दिया था कि चाणक्य ने पर्वतक को मरवाया है।

विषकन्या मेरी थी। मैंने ही पर्वतक की मौत का यह तरीका यम के खाते से उतार लिया था। क्यों!

प्रजा में यह समाचार मैंने फैला दिया है।

क्यों, अमात्य श्रेष्ठ! मैंने क्या समाचार फैलाया है? तुमने यही रहस्य मलयकेतु के कान में कहा था न! क्यों अब भूल रहे हो?

कहाँ तक याद दिलाऊँ। तुम्हें यह भी याद दिलाना होगा कि भय दिखाकर कहाँ काम किया जाता है। कहाँ कमजोर आदमी को और कमजोर बनाया जाता है।

तुम्हारी यह गुप्त मन्त्रणा भी अकारथ गयी। अमात्य श्रेष्ठ, अपने बचाव का कोई और हल खोजो।

भागुरायण के साथ मैंने, तुम्हारे मलयकेतु का हरण कर लिया था। क्यों अमात्य श्रेष्ठ! हरण करने और भगाने में कोई खास अन्तर रह गया है क्या?

क्या झूठ पर ही तुम्हारी सत्ता टिकी है, अमात्य श्रेष्ठ!

प्रजा-बल से मैं मलयकेतु को निगृहीत कर सकता हूँ। मुझे अपनी प्रजा के ऊपर अगाध विश्वास है। मुझे विश्वास है कि प्रजा की ताकत, आज की सत्ता का अधिकार है। अर्जित की हुई शक्ति है।

प्रजा के अधिकार से मैंने अपने पक्ष और विपक्ष पर खूब सोचा है।

अमात्य श्रेष्ठ! मेरे चर जीने की इच्छा रखने वाले व्यक्तियों को मेरी शरण में खींच लाते हैं। और मेरे विरोध में भटकने वालों पर कड़ी निगाह रखते हैं। ऐसे चर टके पर खरीदे नहीं जाते। वे प्रजा के पहचाने हुए इंसान होते हैं।

आज भी, अमात्य श्रेष्ठ! कुसुमपुर के मन्त्रियों के मित्रों की गतिविधि को मैं भली-भाँति देख रहा हूँ।

जब राजगिरि के उत्सव-समारोह में, अपमान के बाद मैंने नन्द वध की प्रतिज्ञा की थी, मेरा सहाध्यायी विष्णु शर्मा वहीं भिक्षुवेश में स्थिति को देख-परख रहा था। आज भी वह वही है। और तुम्हारा विश्वस्त है।

चन्द्रगुप्त अब मुझ पर राज्य-भार छोड़ कर समय के तनाव से उदासीन हो गया है। लेकिन मैं उसके प्रति भी उदासीन नहीं हूँ। मेरे आदमी सुपरीक्षित हैं।

राजा के पार्श्ववर्ती आज भी सावधान हैं। शत्रुओं के भेजे हुए चर, विष का प्याला लेकर भटक रहे हैं। सुपरीक्षित मेरे चर, तुम्हारे चरों को पकड़ने की तैयारी में हैं।

दुश्मन का कोई वार, राजा के पहले, उसके सावधान पार्श्ववर्ती सैनिक झेल जाते हैं।

वे सावधान गणतन्त्र के प्रतिनिधि हैं। वे सच्चे मनुष्य हैं। और जिस देश के ईमानदार मनुष्य और सावधान रक्षक होंगे, उसका तुम, या कोई भी कूटनीतिज्ञ, अहित नहीं कर सकेगा।

अमात्य श्रेष्ठ! मुझे अपनी जनता पर विश्वास है। और मैं स्वार्थियों को वश में करना भी जानता हूँ।

भद्रभट्ट और तुम्हारे सिखाये हुए बहुतेरों का मैंने मुँह सी दिया है। हाथ बाँध कर, बड़े-बड़े पदों पर बैठा दिया है।

बड़े-बड़े पदों पर विराजमान ये बिना वाणी के, बिना हाथ के और बिना दिमाग के पदाधिकारी अब मेरे संकेत पर चलते हैं। मेरे संकेत पर पदों का कार्य-भार देखते हैं।

मैं अपनी बुद्धि से युद्ध तत्पर, तुम्हारे हर सहायक को पकड़ सकता हूँ। तुम्हारे प्रधान-पुरुष, मेरे पदों पर अब बिके हुए पदाधिकारी हैं।

चन्द्रगुप्त को विष देने का तुम्हारा प्रयास विफल हुआ। अच्छी जाँच-परख वाले, मेरे होशियार आदमियों के हाथ में आज तुम्हारे चर कैदी हैं।

जो भूमि के लालची थे, उन्हें जमीन देकर काबू में कर लिया गया है। जो शासन में रह कर, पद की उन्नति के आकांक्षी थे, उन्हें मैंने पदों से बाँध रखा है।

आश्वासन देकर मैंने उनकी क्षमता को और उनके पुरुषार्थ को, अपने उपयोग में लगा दिया है।

चन्द्रगुप्त भी मेरे उपयोग में है। वह राज्य-कार्य से उदासीन है, क्योंकि मैं सतर्क हूँ। उसे कार्य से व्यग्र होना शोभा नहीं देता। मन्त्री के सतर्क रहते, उसका करणीय कार्य के बारे में सोचना या व्यग्र होकर सोचना बेकार होता है।

स्वभाव से बली राजा और हाथी एक ही तरह के होते हैं। राजा अर्जित राज्य का उपभोग करता है।

अपने दुखों को भोगे बिना जब राज्य मिल जाता है, राजा को वही सुख पहुँचाता है।

चन्द्रगुप्त इधर स्वयं दुख भोगने को तत्पर नहीं हैं, लेकिन सुख का उपभोग करते हुए, उदासीन हो रहे हैं। शिकार करने का कष्ट हाथी ही जानता है। उपार्जन के रूप में, सहने वाले कष्ट से, वह भी खेद अनुभव कर रहा है।

अमात्य श्रेष्ठ! खेद का अनुभव तुम भी कर रहे हो। तुम्हारी आँखें चिन्ताओं से भरी हैं। थकान से तुम्हारा मुख म्लान है। और तुम्हारे प्रयास एक के बाद एक असफल हो रहे हैं।

क्या अभी गणतन्त्र की नयी आस्था पर सोचने के लिए, तुम्हें और समय चाहिए।

चन्द्रगुप्त राज्य का केवल प्रधान पुरुष है।

× × ×

अँधेरे में राक्षस की आकृति फिर हिल उठती है।

चाणक्य आसन से उठ जाते हैं।

राक्षस की आकृति फिर उभरती है। वे उस आकृति की ताकत आजमाने के लिए आगे बढ़ते हैं।

पेड़ के नीचे ठहरी हुई छाया हिलकर दूसरी दिशा की ओर लुढ़क जाती है।

दीवट को चाणक्य वहीं पेड़ के नीचे रख देते हैं। फूस की झोंपड़ी पर चाँदनी चमक रही है।

क्या कोई आक्रामक, भेष बदल कर यहाँ घूम रहा है? मेरे पीछे, क्या गूढ़ रहस्य के चर मँडरा रहे हैं?

चाणक्य खुले सिंह की तरह दहाड़ते हैं, और सोचते हैं। क्या उनकी दहाड़, घबराते हुए आदमी की है?

क्या मैं राक्षस की छाया से डर रहा था?

नहीं। मैं राक्षस को बाँधूँगा।

झुंड से छिटका हुआ अकेला मदमस्त हाथी, तालाबों को मथ कर यह समझने लगता है कि वह अपने दुश्मनों को अकेले ही कुचल सकता है।

राक्षस, मैं तुम्हें सबसे अलग-थलग कर दूँगा। अकेला भटका हुआ तुम्हारा व्यक्तित्व फिर मेरे हाथों में होगा।

अकेले पड़ जाने पर तुम्हें, मैं अपनी बुद्धि की रस्सी से बाँध कर, चन्द्रगुप्त के लिए और उसकी नयी परम्परा के लिए, अपने वश में कर लूँगा।

अमात्य श्रेष्ठ, मैं तुम्हें अकेला भटका-भटका कर थका दूँगा।

अपने नये संकल्प में मैं तुम्हें बाँध कर रहूँगा।

तुम्हें अपने नये स्थान की पहचान करनी है। अपने स्थान पर ही आदमी समर्थ आदमी होता है। तुम्हारी सार्थकता नये-नये आयोजनों में है।

अँधेरे में चाणक्य प्रण करता है।

अपने को मैंने बराबर समझाया है—दुःख न कर। आज के अँधेरे की वार्ता, कल प्रकाश की कहानी बन जायेगी।

जो यहाँ हैं, वे अपने पद पर हैं, अपने स्वार्थ से बँधे हैं, फिर भी उदासीन हैं। वे सब चाहे चले जायें, लेकिन मेरी बुद्धि मुझे न छोड़े।

मैं निःसंशय सबको फिर बाँध लूँगा। यह मेरी बुद्धि ही अनेक सेनाओं से भी अधिक शक्ति रखने वाली है।

अपनी बुद्धि और अपना विवेक रख कर, आदमी सब कुछ त्याग सकता है। मैं सब काम साध सकता हूँ। मैं अकेले तालाब में भटके हुए मदमस्त राक्षस को, यहाँ बाँध कर ला दूँगा।

दीवट को वहीं पेड़ के नीचे छोड़ कर चाणक्य फूस की झोंपड़ी में लौट आते हैं।

6

राजपथ में एक ओर खड़े होकर यम बाबा, सोचते हैं।

मेरे त्रिपुण्ड में, मूँज के इस आसन में और मोटे-सोटे कपड़ों में यमराज की कोई निशानी नहीं है। लोग फिर भी मेरा त्रिपुण्ड देखते हैं, और अपने भीतर एक खास तरह की बेचैनी महसूस करने लगते हैं। जैसे, मैं खुद यम हूँ। दो हाथों से रोगी को परलोक ले जाने वाला—यम।

मुझे देखते ही लोग बीमार पड़ जाते हैं। सोचते हैं—यह त्रिपुण्डधारी बाबा, फिर इस दुनिया में न आये। कम-से-कम एक घर में यह सालों बाद कभी आये, तभी अच्छा है।

जब कभी किसी घर के दरवाजे पर दस्तक देता हूँ—'जय यम महाराज की, बम-बम' सुनकर लोगों को बुखार चढ़ जाता है।

लोग शंकर के नाम पर खुश होते हैं और यम के नाम पर उदास। खुशी और उदासी की यह अजीब बन्दरबाँट ईश्वर ने रची है।

मुझे क्या? देवता को अर्घ्य चढ़ा दो, यम खुश होंगे। उनकी आराधना पूरी हो जायेगी। मेरी रोजी-रोटी चलती रहेगी। भक्ति का अपना व्यापार चलता रहेगा।

काले चेहरे पर यह तेल चिकटा हुआ काजल का लेप, बिलकुल यम की याद दिला देता है।

लेकिन मुझे भक्तों की रक्षा नहीं करनी है। यम की कीर्ति नहीं गानी है। मुझे इस समय के कुछ बीमार और सिर-फिरे लोगों का इलाज करना है।

आचार्य अक्सर मुझे ऐसे ही कामों में अटका देते हैं। और मैं बीमारों की देख-रेख करता हूँ। उनकी मौत के आखिरी धक्के का इंतजाम करता हूँ और दिल में यह ताकत बनाये रखता हूँ कि यम की आराधना करने वाला, समय की अगली पंक्ति में रहता है।

आचार्य ने मुझे हरदम अपने करीब रखा है। उनकी दंडनीति, उनका रण-कौशल और उनकी चुनौती, सब कुछ गूढ़ है।

मैं खुद एक 'अजूबा' हूँ। और मुझे देख कर लोग अपने आखिरी वक्त को याद करने लगते हैं।

कुसुमपुर में राजा के मन्त्रियों के दरवाजों पर जब यह काला काजल का लेप लगाया हुआ यम बाबा, यम के चरणों की दुहाई दे रहा था, हर आदमी

डर कर अपने दरवाजे बन्द कर भीतर बैठ गया था। लोग महसूस करने लगे थे कि कुछ अघट घटने वाला है। अभी नन्दवंश का सफाया हुआ है। अब अपनी गृहस्थी उजड़ने वाली है।

चाणक्य के चर हर घर में और हर खतरे के बिन्दु पर उपस्थित रहते हैं।

विष्णु शर्मा त्रिपुण्ड लगाकर जब मन्त्रियों के भाग्य का निर्णय सुनाते हैं, मन्त्रियों की हालत बिगड़ जाती है। और विष्णु शर्मा यह जान कर खुश होते हैं कि बिगड़े हुए ग्रहों का यह मन्त्री, अपनी कमजोर जमीन पर उनसे मात खा रहा है।

लेकिन मुझे ग्रहों से क्या लेना-देना? ग्रह बनेंगे उनके, जिनके हाथ में सत्ता होगी, जिन्हें राजाओं से सन्धि कराने का मौका मिलेगा या जिन्हें छोटे पद से बड़े पदों पर छलाँग लगाने की आदत होगी।

अपने जैसे आदमी का तो एक-सा दिन होता है, एक-सी रातें। न रातें बहुत काली होती हैं, न दिन बहुत खुशहाल। बस कभी यम की कृपा होगी, तो अपने खोये हुए गण के लोगों से मेल-मुलाकात हो जायेगी।

राजगिरि के पास अपनी एक छोटी-सी दुनिया है। वहाँ मैं अपनी छोटी-छोटी जरूरतों के लिए, सबके साथ मिलकर फैसला करता था।

अभी भी काफी समय है। हारे हुए नन्दवंश के बीमार राज्य के उत्तराधिकारी, अभी उस पूरे इलाके को लूटने पर लगे हैं। पता नहीं, मेरा घर आग में भून दिया गया होगा। मेरी छोटी नन्हीं बेटी कहाँ होगी?....

मैं अपनी ही राम-कहानी में उलझ गया—"यमराज की जय हो।" "यम का नक्शा सुरक्षित रहे।" "यम की सल्तनत कायम रहे।"

चाणक्य के दरवाजे पर खड़ा हुआ यम बाबा अपनी यम-छाप की चादर कन्धे पर रख लेता है। यम के नक्शे को खोल लेता है।

सारे अपराधों की सजा, नक्शे में अलग-अलग खानों में है। चोरी के, कत्ल के, व्याभिचार के, अनाचार के, लूट के और आगजनी के।

यम के नक्शे में हर आदमी की अपनी तस्वीर है। और लोग दूसरों की नारकीय दशा देख कर, दहशत महसूस कर रहे हैं।

यम बाबा तड़पते हुए लोगों की तस्वीर में उलझ जाता है। एक बार रुक कर वह दस्तक देता है।

यम के नक्शे को खुले ऊँचे चौतरे पर बिछा देता है। और जाने वालों को रोक कर यम की शरण में आने की सलाह देता है।

"यम की जय हो।" "यम की पूजा हो।" "आराधना हो।"

भागे हुए राजा के लिए यम का दरवाजा खुला है।

बीमार मन्त्रियों के लिए यम की सराय खाली है। दम्भी लोगों के लिए यम की बड़ी हवेली खुली हुई है।

काले दिल के लोगों का वहाँ स्वागत है। चोरों का स्वागत है। यम के विशाल महल में, हर गिरे हुए इंसान को, उसकी औकात के अनुसार जगह मिलती है।

"भक्तो! समय रहते अपनी जगह आरक्षित करा लो।"

जीव मात्र का अकेला हितचिन्तक देवता है—यमराज।

भक्ति से, अभक्ति से। समता से, विषमता से। दया से, संहार से, जिस तरह चाहो, यम की आराधना करो। यम की कृपा से जीवन हासिल करो।

विरोधियों का विनाश यम का अमोघ अस्त्र है। अपने विरोधियों के संहार के लिए यम की आराधना करो।

खड़ताल बजाते हुए यम बाबा नाच रहे हैं।

लोग यम-पट पर अपनी करनी पढ़ रहे हैं। लोग यम की जय-जयकार कर रहे हैं।

यम बाबा फिर एक बार फूस की इस साधारण झोंपड़ी के दरवाजे पर दस्तक देते हैं।

यम-पट देख कर दरवाजे पर खड़ा हुआ शिष्य भौंहें चढ़ा कर दरवाजा बन्द करना चाहता है।

शिष्य पक्के गुरु का चेला है। यम की तस्वीर देखकर भी नाखुश नहीं होता।

हर आदमी युद्ध में व्यस्त है। कुछ युद्ध की अफवाहें फैलाने में व्यस्त हैं। कुछ तलहटी में छिप कर दुश्मन पर हमला करने की तैयारी कर रहे हैं।

अपना शिष्य लगता है, किसी अनहोनी घटना पर सोच रहा है।

सोचते हुए यम बाबा दरवाजे पर रुके हुए शिष्य से पूछते हैं—"भद्र! अन्दर प्रवेश कर सकता हूँ?"

दरवाजा रोक कर खड़े हुए शिष्य ने गर्दन हिला कर कहा, "यह धर्मशाला नहीं है। यम की सराय नहीं है कि जो जब चाहे, लुढ़कता हुआ चला आये। बाबा, यह काम-काज करने वालों का घर है, बेकारों का अड्डा नहीं है। आगे बढ़ो।"

—बाबा, थोड़ी भद्रता तो यम को भी आती है। मैं यम का ही चर नहीं हूँ, गुणी और धीमान आदमी का सन्देशवाहक भी हूँ।

—चलो चलो। सब आदमी, अन्दर प्रवेश करने के लिए, किसी न किसी का सिफारिशी चिट्ठा खोल लेते हैं। मैंने कहा न, यह ब्राह्मण का घर है। ऐरे-गैरों का अड्डा नहीं।

—ब्राह्मण के घर में यह रोक-थाम कब से? ब्राह्मण मालदार आदमी है क्या? या भीतर चोरी-चमारी का काम तो नहीं होता है?

—ए ऽ ए, ऽ बात करना आता है या दो हाथ दूँ? क्या समझ रखा है! ब्राह्मण जैसे उठाईगीर होता है। काला कोयला घिस कर लगा लेने से अपने को राजा-परीक्षित समझने लगा है। बाबा, यह घर है और हमारे गुरुवर का घर है। चाणक्य आचार्य का घर है।

यम बाबा हँसता है। यह शिष्य मुझे फालतू समझ रहा है। समझता है, मैं यूँ ही जग-जहान में बेकार सर फोड़ता हूँ। इसे क्या पता—यम ने कुण्डली में कौन-सा लक्षण पहले से जड़ दिया है। अपना क्या?

सोचते हुए यम बाबा नक्शे को थोड़ा और ऊपर उठा देते हैं, बिल्कुल शिष्य के चेहरे के सामने। शिष्य की आँखों में क्रोध है और बाबा मुस्करा रहे हैं।

—ब्राह्मण देव! कुछ विनय का आचार धर्म भी पढ़ा है, या युद्ध की तैयारी में केवल लाठी ही भाँज रहे हो। अरे भाई, यह अपने भाई का घर है। कुछ अपने और बेगानों की पहचान तो होनी चाहिए। ब्राह्मण देव हो। और वक्त के साथ शायद अपने ज्ञान-ध्यान को भी घिस कर चौपट कर चुके हो। अरे भाई, दुश्मन छिपकर दरवाजे पर आता है। मैं तो संकट के समय केवल यम के नक्शे की कुछ बारीक बातें तुम्हारे गुरुजी को समझाना चाहता हूँ। मंशा हो तो कह दो। एक यमी आपको धर्म का उपदेश देना चाहता है।

शिष्य के चेहरे पर क्रोध भड़क उठा है। वह कोशिश कर रहा है कि कुछ विनय, कुछ सदाशयता बनी रहे। घर आये मेहमान का अपमान न हो जाये। लेकिन वक्त ही बुरा है। क्या मालूम किस भेष में दुश्मन का आदमी गुरु के घर में पहुँच जाये और लगे ऊँट-पटाँग कहने। नहीं बाबा, यह सब असावधानी मुझसे नहीं होगी।

बाबा को गौर से देखते हुए शिष्य उतावलेपन में जवाब देता है—"मूर्खदेव, क्या तू मेरे गुरु से भी अधिक धर्मज्ञ है?"

अब इस भले आदमी को क्या समझाया जाये? उतावला आदमी कितना भी सावधान हो, उसके दिमाग का एक हिस्सा बेकार हो जाता है। और बिगड़े हुए आधे-दिमाग का आदमी कुछ भी कहे, उसकी समझ आधी ही रहेगी।

क्रोध दुश्मन पर किया जाता है। दुश्मन के खतरों पर क्रोध नहीं करना चाहिए। खतरे या संकट सेंध लगा कर आते हैं, और त्रिपुण्ड लगाकर चले जाते हैं। और लोग-बाग क्रोध करते हुए चिल्लाते रहते हैं। चिल्लाते हुए थक जाते हैं। और सारा देश चिटक कर रह जाता है।

पर क्रोध करने वाले को नीतिवान आदमी वश में कर लेता है। बिगड़े हुए हाथी को एक छोटा अंकुश काबू में कर लेता है। अच्छा।

—ब्राह्मण देव, नाराज होने की इच्छा हो तो हो लो। भीतर जो भी हो, बाहर फैंक दो। जब दिल खाली हो जाये तो मेरी बात पर फिर ध्यान देना। फिर सोचना।

सब लोग सारी बातें नहीं जानते। मैं यम के नक्शे की बदौलत जिन संकट-भरी बस्तियों से आया हूँ, उसका राज़, मैं ही जानता हूँ। यहाँ बैठे हुए तुम्हारे आचार्य कैसे देखेंगे? कुछ गूढ़ बातें, और कुछ गूढ़ रहस्य, हम जैसे अदना इंसान भी जानते हैं।

शिष्य की आँखों में क्रोध और विनय, सन्देह और विश्वास की धूपछाँही मनःस्थितियाँ चमकती-बुझती हैं। वह सोचता है, हो सकता है यह कोई अपना आदमी हो। हो सकता है, यह कोई बड़बोला आदमी हो, जो मुझे भड़का कर कुछ नयी चाल चलना चाहता हो। फिर भी यह जिस तरह की बातें कर रहा है, उससे इसकी अकड़ का पता लगता है। और गुरु के बारे में कोई व्यक्ति अकड़ कर कहे? नहीं बाबा, अकड़ नहीं सहूँगा।

—एऽ बाबा, तू कुछ बिगड़े दिमाग का तो नहीं है? पता है, हमारे आचार्य सब विषयों के पंडित हैं। सभी विषयों के जानकार हैं। और तू आया है, उन्हें कुछ खतरों के बारे में अपनी राम-कहानी सुनाने। यह अकड़ कहीं और दिखा, भाई!

जिसके दिमाग में सन्देह के कीटाणु प्रवेश कर जाते हैं, उसका यम भी कुछ नहीं बना सकता। अब यह अपने उपाध्याय की स्तुति करते समय यह भी नहीं जान रहा है कि स्तुति किसके सामने की जाती है?

यह नहीं जानता और न जानने वाले लोग अधिक अकड़ से जवाब दिया करते हैं। हर बात का उनके पास एक ही जवाब होता है। एक बना-बनाया जवाब। और सोचते हैं ऐसे लोग कि वे मुहावरों से सारे ज्ञान को तोप देंगे। मुहावरों की रामनामी ओढ़ कर, ऐसे लोग बारीक हँसी हँसते हैं, और एक मुहावरा सामने खड़े हुए आदमी पर फैंक कर, यह बता देते हैं कि वे भाषा के ही जानकार नहीं हैं, ज्ञान के भी गूढ़ अन्वेषक हैं।

—भला ब्राह्मण देव, अगर तुम्हारे आचार्यजी सब कुछ जानते हैं तो उनसे जरा इतना और पूछ लो कि "चन्द्रमा किसे अच्छा नहीं लगता?"

जानता हूँ मेरे सवाल पर तुम्हें हँसी आ रही है। हर आदमी समय की बारीकी को नहीं जानता। युद्ध में हर आदमी रणनीति नहीं निर्धारित करता है। हर आदमी संकट के समय सही पहचान कायम नहीं करता है। पर मैं भी किससे बहस करने लगा?

शिष्य इस बार थोड़ा खुल कर मुस्कराता है। उसकी हँसी इस बात का सबूत दे रही है कि वह खूब जानता है। बेतुके सवाल फेंक कर विवाद कैसे कायम किया जाता है? नकली लड़ाई कैसे कायम की जाती है। और झूठी बहादुरी दिखाकर किस तरह अपनी गोटी बिठायी जाती है।

अब इस यम बाबा को राजनीतिक दाँव-पेचों के बारे में क्या समझाऊँ? यह समझता है कि अदने रक्षक की तरह मैं केवल गुरु की चौकीदारी करता हूँ। इसे पता नहीं है कि हमारी रक्षा करने का दायित्व एक सैनिक मोर्चे पर खड़े होकर युद्ध करने से अधिक कठिन है। हमारी सावधानी ही हमारा धर्म है। और हमने सतर्कता की ही शिक्षा ली है।

—यम बाबा, आपसे उलझना हमारा काम नहीं है। आप जो जानते हो, पहेली बुझाने की बात छोड़ें। आपके सवाल से मेरे उपाध्यायजी को कोई सरोकार नहीं है। यह सब निष्प्रयोजन है। आपके सवाल ही निष्प्रयोजन हैं।

प्रयोजन और निष्प्रयोजन जानने वाले हर आदमी नहीं होते। यह मैं इसे नहीं समझा सकता। जो कट्टर रक्षक होते हैं, वे केवल सावधानी को ही सिद्धान्त समझ कर वहीं एक जगह खड़े होकर, पाँव उठाते और पटकते रहते हैं। उनकी 'सावधानी अचल' होती है। उनका कर्म उन्हें ही उबा देता है। वे कर्मक्षेत्र के चिन्तक नहीं होते। सावधान बने रहने वाले भक्त होते हैं।

—ब्राह्मण देव, गूढ़ बातों का रहस्य गम्भीर आदमी ही समझता है। चन्द्रमा की कान्ति की सराहना करने वाला सहृदय होता है। और आप ठहरे सरल बुद्धि के पाठाध्यायी पंडित। बाबा, पाठ-वाठ पढ़ो। कुछ मन्त्र कंठस्थ करो। यह जान कर क्या करोगे कि कमलों को चन्द्रमा अच्छा नहीं लगता।

सहसा ये शब्द प्रकोष्ठ में अकेले विवेचना करते हुए चाणक्य के कानों से जा टकराते हैं। वे एकाएक उद्विग्न हो उठते हैं। यह चन्द्रमा की बात करने वाला मेरे दरवाजे पर कौन है? यह स्फुट बातों का सिलसिला किसी युद्ध की गम्भीर पहचान का संकेत दे रहा है।

हर पहचान का अपना एक संकेत होता है। संकेत की इस भाषा को संकेत की रचना का व्यक्ति ही समझ सकता है। कमल अत्यन्त मनोहर होते हैं। यह कमलों का चरित्र है। लेकिन कमलों की मनोहरता ही उनका रूप नहीं है। इसके विपरीत कुछ और है। परिपूर्ण मंडल के चन्द्रमा को देख कर कमल अपना रूप खो देता है। मुरझाया हुआ कमल, अपने चरित्र और अपनी मनोहरता को फिर भी कायम रखता है। चन्द्रगुप्त मनोहर है। वह प्रमुख है—इस गणराज्य का।

चन्द्रगुप्त आकर्षक है। लेकिन हर सुयोग्य और चरित्रवान व्यक्ति के विद्रोही

अपने मंडल में ही होते हैं। उनके चरित्र को छुपाने की वे हरचन्द कोशिश करते हैं। राक्षस अपने मंडल में अपनी संधियों के जरिये-सी तरह का षड्यन्त्र रच रहा है। वह चन्द्रगुप्त के विरोध में पूरी तरह सन्नद्ध है।

सन्नद्ध होना मुझे भी प्रिय है। सतर्क आदमी युद्ध की और विरोध की भाषा अधिक सफाई से कहना जानता है। लेकिन यह चन्द्रमा का संवाद शायद एक बड़े विरोध का संकेत है।

मैं राक्षस के हर षड्यन्त्र को काटने के लिए अभी सतर्क हूँ। हर समय सतर्क रहूँगा। मैं उसके रचे हुए षड्यन्त्र की धज्जियाँ उड़ाने वाला हूँ।

चाणक्य प्रकोष्ठ के बाहर चलने वाली बातचीत पर सोचते हुए दरवाजे तक जाते हैं। वे काले काजल पुते हुए त्रिपुण्डधारी यम बाबा को देखते हैं। अपने सावधान लेकिन हुज्जती शिष्य को पहचानते उन्हें देर नहीं लगती।

उन्हें लगता है कि कुछ गलत सन्दर्भों पर ये दोनों उलझे हुए हैं। एक दूसरा व्यक्ति एक दूसरे व्यक्ति की भाषा को न जानने की वजह से, अपने वार को व्यर्थ जाते हुए देख कर और उतावला हो जाता है। और उतावला आदमी अधिक तेजी से जवाब देता है।

चाणक्य उन दोनों के बीच में आकर खड़े हो जाते हैं। शिष्य सकपका कर गुरु की ओर देखता है। वह बेचैनी से यम बाबा की ओर झुकता है।

चाणक्य सबसे उदासीन हैं। वे चन्द्रगुप्त के विरोध में रचे हुए षड्यन्त्र को काटने के लिए सतर्क हैं और यह सतर्कता उनकी आँखों में साफ झलक रही है। वे सोचते हैं—इस आदमी ने यही कहा है कि मैं चन्द्रमा का विरोध करने वालों को जानता हूँ। और मैं चन्द्रगुप्त का विरोध करने वालों की ही खोज में हूँ।

शिष्य अपनी सफाई देने के सिलसिले में यह सोच रहा है कि उसकी सावधानी के बावजूद आखिर एक गलती हो ही गयी। आचार्य के व्यस्त जीवन का कुछ समय इस व्यक्ति की वजह से बेकार गया। वह अपनी ही सफाई के अन्दाज में यम बाबा के खुले हुए नक्शे को उलट देता है। और उतावलेपन में पूछता है—

—मूर्ख देव, क्या अप्रासंगिक बातचीत करने के लिए आपको और कोई नहीं मिला? लगता है आपका भोजन इन्हीं बातों से पूरा होता है। यहाँ आपका भोजन नहीं होगा।

अपने उल्टे हुए यम के नक्शे को सीधा करते हुए यम बाबा महसूस करते हैं कि कोई प्रसंग सचमुच बिगड़ गया है। कुछ लोग अप्रासंगिक ही होते हैं। उनका कार्य केवल बाधा पहुँचाना ही होता है।

वे स्पष्ट देख रहे हैं कि शिष्य अभी भी दरवाजे के दोनों पाट पकड़े हुए

खड़ा है। और यह बता रहा है कि वे इस घर के लिए बिलकुल अप्रासंगिक हैं। व्यर्थ हैं।

—ब्राह्मण देव, मैं अपनी लम्बी यात्रा में कहीं असंगत नहीं रहा। मेरी जिन्दगी नितान्त संगत कार्यों के लिए ही बनी है। मेरा कथन मेरे अनुभव से पुष्ट है। नितान्त संगत और देखा-परखा हुआ सत्य।

यम के नक्शे को उलट कर सत्य को व्यर्थ नहीं किया जा सकता। मेरी बात का रहस्य विज्ञ ही समझ सकते हैं।

7

चन्द्रगुप्त का विरोध, एक बहुत बड़ा सम-सामयिक सत्य है। मुझे चन्द्रगुप्त का विरोध करने वालों को जानना है। मेरे भीतर जिस नये गणतन्त्र की परिकल्पना है, 'अर्थशास्त्र' में, उस कल्पना के मूल प्रश्नों की सैद्धान्तिक भूमिका ही नहीं है बल्कि आज की उन असंगत बातों की पहचान भी है।

एक असंगत विचार, आज की संगत या साधक लड़ाई को एक प्रामाणिक लड़ाई में बदल देता है।

मेरी लड़ाई एक प्रामाणिक लड़ाई है। चन्द्रगुप्त एक सार्थक सामयिक युद्ध के बीच पूरी ताकत से उस लड़ाई का संचालन कर रहा है। एक ओर राक्षस के अनुयायी षड्यन्त्र रच रहे हैं, दूसरी ओर देश की बदली हुई वास्तविकता को पहचान कर विरोध में खड़े हुए छोटे-छोटे गणराज्यों के प्रतिनिधि हैं। हताश छोटी उम्मीदों के छोटे दिल के अनगिनत राजा हैं, जिनकी छोटी उम्मीदों के लिए मैंने एक बड़ी परिकल्पना खोज दी है।

केवल बड़ी परिकल्पना आदमी को बड़ा नहीं बनाती है। बड़ी परिकल्पना के लिए बड़े त्याग की जरूरत पड़ती है। विलास में पलने वाले लोग, आज राष्ट्रीय तेज और गौरव के लिए, विरोध में खड़े हो गये हैं।

एक मजबूत ताकत के रूप में, मैंने एक परिपूर्ण मंडल की रचना की है। लेकिन इस परिपूर्ण मंडल के लिए मुझे हर स्तर पर सतर्क रहना पड़ रहा है। मेरा पूरा समय इसी सतर्कता में बीत रहा है। मेरे सावधान मित्र, मेरे गूढ़ गुप्तचर, भेष बदल कर मेरी बड़ी परिकल्पना की लड़ाई के लिए बड़ी से बड़ी कुर्बानी कर रहे हैं।

वे जानते हैं कि एक सार्थक समय के वे सच्चे प्रतिनिधि हैं। उन्हें मुझ पर विश्वास है। और बिना विश्वास के कोई भी कार्य किसी भी समय पूरा नहीं किया जा सकता।

लोग मेरे भीतर की इस मनोरचना को नहीं जानते हैं। जो जानते हैं कि मैं पद से, आर्थिक-भौतिक सुविधाओं से, ऐश्वर्य और विलास के साधनों से संचालित नहीं होता हूँ, वे ही मुझे जानते हैं, मुझ पर विश्वास करते हैं।

वे मेरी लोक-परम्परा पर और लोगों से सुनना चाहते हैं।

उनके भीतर अटूट विश्वास है कि यह नये भारत का प्रधानमन्त्री उनकी बातें सुनने और जानने वाला आदमी है।

अभी यम बाबा आया है। वह जनता की मनोवृत्ति का पता लगाने के लिए नियुक्त किया गया था। जनता की चितवृत्ति को जानना, आसान नहीं है।

ढोल बजाकर, जनता के साथ गाने वाला आदमी, जनता का आदमी नहीं होता है।

मेले में, भीड़ के साथ स्नान करने वाला आदमी जनता की मनोवृत्ति को नहीं जानता है।

पूरा नन्दवंश सामूहिक उत्सव किया करता था। समूह के बीच वह अपनी महत्ता को सिद्ध किया करता था। अपने मनोरंजन के लिए वह जनता का जमावड़ा जुटाता था। और जनता उस समारोह में उपस्थित रहने के बावजूद नन्दवंश के प्रति श्रद्धा करते हुए भी डरती थी, उस वंश की ताकत से।

वह जनता नन्दवंश की जनता नहीं थी। उसकी अपनी उलझनें थीं, जिनको नन्दवंश का कोई भी अधिकारी नहीं समझ सका है। मेरे नियुक्त चर उसी जनता की मनोवृत्ति का पता लगाने के लिए कहीं खँजड़ी बजा कर गाते हैं और कहीं अफवाहें फैलाने के लिए नये मठ कायम करते हैं। कभी वे साधु बनते हैं, कभी ज्योतिष-शास्त्र के आचार्य।

ये केवल जनता के प्रतिदिन के कच्चे-चिट्ठे का वृत्तान्त ही नहीं जानते हैं। ये उनकी वास्तविक लड़ाई में शरीक होते हैं। उनके साथ मुसीबतें उठाते हैं और छोटे-छोटे दायरों में बँटे हुए लोगों को चन्द्रगुप्त के प्रति आसक्त करते हैं। उनके वृत्तान्त मेरी नीति को पुष्ट करते हैं।

इस वृतान्त या इन वर्णनों से मैंने यह जान लिया है कि जनता चन्द्रगुप्त में अनुरक्त है।

चन्द्रगुप्त से स्नेह रखने वाली जनता, अपने-अपने राजा की दुर्नीतियों से खुल कर घृणा भी करने लगी है।

यम-पट का यम बाबा जब नर्क लोक की यातनाओं का आख्यान उनके सामने रख रहा था, उस समय जनता इस नरक-यातना की तस्वीरों में अपने राज्य की मुसीबतों की तस्वीरों को पहचान रही थी। वह पहचान रही थी कि

वैभव में पलने वाला राजा जनता के हित की चिन्ता नहीं करता है। वह केवल जनता से कर वसूल करता है।

वह स्वयं अतिरिक्त सुविधाएँ चाहता है और सुविधा न मिलने पर राजा के पास केवल दण्ड रह जाता है। कुलूत देश का स्वामी चित्रवर्मा, मलयदेश का अधिपति सिंघनाद, काश्मीर का शासक पुष्कराक्ष, सिन्धुराज्य के सिन्धु सेन और पारस नरेश मेघाक्ष, ये पाँच प्रधान राजा राक्षस के साथ मिल कर विदेशी ताकत से अपने देश का सौदा कर रहे हैं। ये यवनों के हाथ अपने-अपने राज्य की सत्ता को बेच रहे हैं, लेकिन जनता को बेचने की ताकत इनमें नहीं है।

कुलूत देश हो, मलय हो, सिन्ध देश हो या पारस हो, हर देश की जनता इस शर्मनाक कार्य के विरुद्ध है। वह किसी स्तर पर, अपने राष्ट्रीय चरित्र को कलंकित करना नहीं चाहती है।

चन्द्रगुप्त के विरोध में, षड्यन्त्र रचने वाले राक्षस ने सत्ता के हस्तान्तरण का जो गुप्त समझौता किया है, मेरे गुप्तचर उन इलाकों में जनता को आगाह कर रहे हैं। उन्हें जनता के बीच अतिशय स्नेह मिल रहा है। यम के नक्शे को लेकर घूमने वाला यम बाबा अभी जो बातें बता गया है, उनसे मेरी बातें पुष्ट होती हैं। मेरी गणतन्त्र की परिकल्पना सफल होती है। सम्पूर्ण जनता चन्द्रगुप्त से स्नेह करती है, क्योंकि चन्द्रगुप्त जनता की विरक्ति के कारणों के लिए सन्नद्ध है।

वह जिन्दगी के परिवर्तन के प्रति आसक्त है। वह उनकी व्यक्तिगत और सामाजिक विरक्ति की पूरी गहराई से छानबीन करता है। कुलूत, मलय, कश्मीर, सिन्ध और पारस के अतिरिक्त पूरे पश्चिम भारत में और स्वयं कुसुमपुर में जो लड़ाई लड़ी जा रही है, वह सत्य, गणतन्त्र और ईमानदारी की लड़ाई है। कहीं-कहीं जनता इस लड़ाई से विरक्त भी हुई है। उसे यातना के इन छोटे-छोटे शिविरों में जिस तरह की अरक्षा का संकट झेलना पड़ा है, उससे आम जनता में एक तरह की विरक्ति भी देखी जा रही है।

मैंने यम बाबा के रूप में इन इलाकों से लौटे हुए अपने चर से यह जानकारी हासिल कर ली है कि इन इलाकों में और स्वयं मेरे कुसुमपुर में भी कुछ लोग चन्द्रगुप्त के विरोध में कार्य कर रहे हैं।

मैं नहीं समझता कि मेरे गुप्तचर उनके कार्यकलाप से अनभिज्ञ रहेंगे। मेरे गुप्तचर यह जान चुके हैं कि विपक्ष में रहने वाला कुसुमपुर का एक-एक व्यक्ति, किस तरह के पेशे में काम कर रहा है और किस तरह के लोगों में उठता-बैठता है। किस तरह की अफवाहें फैला कर वह चन्द्रगुप्त के विरोध में दंगे भड़काना चाहता है।

लेकिन हर तरह की अफवाहें केवल चन्द्रगुप्त के विरोध में ही नहीं फैलाई जा रही हैं, राक्षस की ओर से मेरे ही संकेत पर, इस तरह के कार्य जनता के बीच फैल रहे हैं।

अक्सर मेरे गुप्तचर भी उनको चन्द्रगुप्त के विपक्ष में, समझने की भूल किया करते हैं। वास्तव में यह उनकी भूल नहीं है। यही मेरी नीति की सफलता का रहस्य है।

अभी यम बाबा ने जिन व्यक्तियों को मेरे और चन्द्रगुप्त के विपक्ष में समझे जाने की जानकारी दी है, उनमें से वह क्षपणक है। राक्षस का अभिन्न मित्र बनकर वह हमारे ही इलाकों में प्रचार कर रहा है। राक्षस उन्हें अपना आत्मीय समझता है। वह समझता है, क्षपणक चन्द्रगुप्त के विपक्ष में जनता में जहर फैला रहा है। वास्तव में क्षपणक अपना जीवसिद्धि है।

जीवसिद्धि अपना आदमी है। अपना चर है।

पर्वतेश्वर के पास उस दिन राक्षस के और मलयकेतु के बीच, वही एक अभिन्न मित्र की तरह, उस संकट के समय उपस्थित था।

बचपन से राजमहल में पलनें वाली विषकन्या राक्षस के इशारे पर जीवसिद्धि के साथ पर्वतेश्वर के अन्तरंग कक्ष में पहुँचाई गयी थी।

रात ढल रही थी। दीए के प्रकाश में मांसल सौन्दर्य की विषकन्या आकर्षक लग रही थी। जीवसिद्धि छाया की तरह उसके साथ था। सारा प्रदेश जानता है कि जीवसिद्धि राक्षस का आदमी है।

सारा देश यह भी जान चुका है कि जीवसिद्धि उस दिन विषकन्या के साथ पर्वतेश्वर के अन्तरंग कक्ष में राक्षस के इशारे पर गया था। और वही जीवसिद्धि, चन्द्रगुप्त का गुप्तचर है। वह मेरा आदमी है।

तपे हुए कंचन की तरह मेरे एक-एक आदमी दुश्मन की रणनीति को चला रहे हैं।

जब यम बाबा नहीं जान सके कि जीवसिद्धि हमारे विपक्ष में नहीं है, जबकि वही मलयकेतु के मन में अपने पिता के हत्यारे राक्षस के प्रति विष फैला रहा है। यही अपने चर की सावधानी है।

जिस कार्य के लिए जिन्हें मैंने नियुक्त किया है, वे पूरी सतर्कता से उसे कर रहे हैं। जीवसिद्धि हमारा गुप्तचर है। राक्षस के विरुद्ध उन्हीं के इलाके में वह प्रचार कर रहा है, कि प्रच्छन्न रूप से उसके माध्यम से ही विषकन्या ने पर्वतेश्वर की हत्या की है। और इस हत्या के पीछे कार्यशील रहा है—राक्षस।

आम आदमी अपने छोटे से शत्रु की उपेक्षा कर जाते हैं और बड़े शत्रु को

समाप्त करने की तैयारियाँ किया करते हैं। लेकिन मैं छोटे से शत्रु की भी उपेक्षा करना नहीं जानता।

एक छोटी-सी सेंघ लगा कर मेरे दुर्ग में एक छोटा-सा दुश्मन भी आज तक पैठने में सफल नहीं हुआ है।

अमात्य राक्षस का परम मित्र शकटदास कायस्थ है। वह चन्द्रगुप्त के विरोध में जो कुछ कर रहा है, उसकी कड़ी निगरानी उसके परम मित्र सिद्धार्थक कर रहे हैं। सिद्धार्थक इसी काम के लिए नियुक्त है। एक दुर्बल है, दूसरा सबल। शकटदास के छोटे से छोटे कार्य की वही काट निकाल रहा है।

सिद्धार्थक मेरी बड़ी परिकल्पना का एक सार्थक योद्धा है। किसी भी दाँत निपोरने वाले कुचाली को ठीक करने के लिए वह काफी है।

लेकिन अपने यम बाबा ने एक सही दुश्मन की सही वक्त पर पहचान की है। मणियों का व्यापारी चन्दनदास कुसुमपुर का धनी व्यक्ति है। धनी व्यक्ति सम्मानित भी होता है और उसे छोटे-बड़े अनगिनत व्यापारियों, राजनेताओं और अधिकारियों के बीच आने-जाने का मौका भी मिलता है। वह अपनी इस सौदेबाजी में कुछ इस तरह की चालाकियाँ किया करता है, कि उसकी मणियों का भाव बाजार में बढ़ता-घटता रहता है। वह दूसरे व्यापार को भी अपने इशारे पर बाजार में सस्ते या महँगे भाव में गिराता-उठाता रहता है। यह व्यापारी, नगर की कई मंडियों पर अपना असर रखता है।

मेरे चर, यम बाबा ने इसे 'राक्षस का दूसरा हृदय' कहा है। ऐसे व्यक्ति जब अपने ही देश के दुश्मन हो जाते हैं, तो वे कुछ भी कर सकते हैं। वे मणियों का व्यापार ही नहीं करते, जिन्दगी का भी मूल्य गिराकर, अपना काम सिद्ध करना चाहते हैं। लेकिन यम बाबा ने इसे राक्षस का दूसरा हृदय कहा है।

यह नीतिजीवि व्यापारी है और नीतिजीवि व्यापारी अपने घर में राक्षस की स्त्री और पुत्र को छिपाये हुए है। वह राक्षस के अन्तरंग विश्वास का आदमी है। संकट के समय जब कुसुमपुर पर हमला हुआ था, राक्षस अपने षड्यन्त्र और नयी सन्धि की कोशिश कर रहा था। उसे अपनी चिन्ता नहीं थी। उसने अपने अभिन्न मित्र के यहाँ स्त्री और पुत्र को धरोहर की तरह छोड़ दिया था।

धरोहर की रक्षा करने वाला नीतिजीवि व्यापारी आम जनता में भागे हुए अमात्य राक्षस के प्रति सहानुभूति पैदा कर सकता है। वह मेरे ही घर में मेरी परिकल्पना को अपनी नीति या सदाशयता से आघात पहुँचा सकता है।

राक्षस ने कुसुमपुर से भागते समय अपने परममित्र का घर जिस बात के

लिए चुना था, वह घर उसकी रणनीति का हमारे विरुद्ध एक नया मोर्चा साबित हो सकता है।

चन्द्रगुप्त इस क्षेत्र में बिलकुल नया है। उसे जानने वाले लोग मेरी नीति या परिकल्पना से उसके प्रति आसक्त हुए है। लेकिन रत्न का व्यापारी यहाँ का स्थानीय आदमी है। जनता को उससे दुख-सुख में मदद मिलती रही है। आज यदि चन्दनदास राक्षस के परिवार को हमारे हाथ सौंप दे, तो हम राक्षस की ही भूमि पर उसे परास्त कर सकते हैं। उसके दूसरे हृदय को जीत सकते हैं। उसकी धरोहर के बदले चन्द्रगुप्त के शासन के लिए, उससे खुला समझौता कर सकते हैं।

लेकिन इन सारी बातों के लिए यम बाबा ने जो कुछ बताया है, उससे पूरी तरह आश्वस्त होना सम्भव नहीं है। मेरे इस सन्देह के उत्तर में उसने एक मुद्रा दी है।

'अँगूठी' या 'मुद्रा' हासिल कर यह बात पूरी तरह पता लग जाती है कि यम बाबा ने एक बहुत बड़ी लड़ाई जीत ली है।

चाणक्य के चेहरे पर प्रसन्नता है। और वे मुद्रिका में अंकित राक्षस का नाम पढ़ रहे हैं। उन्हें खुशी है कि आखिर राक्षस न सही, उसका नाम उनके हाथ में है। वे इस मुद्रा से कुछ भी कर सकते हैं। एक हद तक यह मुद्रा राक्षस को, उनके वश में कर सकती है।

चाणक्य की आँखों में प्रसन्नता है। उनके लम्बे चेहरे पर उल्लास झलक रहा है। नाक तोते की तरह उठी हुई अपनी प्रसन्नता को व्यक्त कर रही है। उनकी इस प्रसन्नता के पीछे उनके मन में नये से नये विचार बन रहे हैं। उन्होंने विस्तार से यम बाबा से इस अँगूठी को प्राप्त करने का किस्सा सुना है।

प्रजा की मनोवृत्ति को जानने वाला यम बाबा चन्दनदास की हवेली के सामने यम-पट लेकर घूम रहा था। उसके हाथ खड़ताल बजा रहे थे। और छोटे-छोटे बच्चे, राह चलते लोग, उसे अजीब उत्साह से देख रहे थे।

चन्दनदास के घर के नीचे एक चबूतरा था। तीन फीट ऊँचा और तीन फीट चौड़ा खुला चबूतरा संगमरमर का था। यह बाबा आलथी-पालथी मार कर उस पर बैठ गये थे। और यम की महिमा के गान गाने लगे थे।

चबूतरे से सटा हुआ एक दरवाजा था। दरवाजे के पास बाबा ने यम-पट बिछा दिया था। यम-पट को देखने वाले लोग, धीरे-धीरे उन तस्वीरों में खो गये थे। एक तस्वीर थी डाल पर लटके हुए आदमी की। चूहा उस डाल को काट रहा था। और डाल के नीचे आग की लपटें उठ रही थीं।

लोग नरक-यातना की इन तस्वीरों में उलझे हुए थे। एक पाँच वर्ष का बालक खुले दरवाजे से बाहर झाँकने लगा था। तुतलाती हुई आवाज में उसने

'जम' को याद किया था। और दरवाजे का पर्दा हटाया था। वह खूबसूरत बालक था। यम-पट बिछा था। डाल पर लटके हुए युवक की तस्वीर को बालक देखने लगा था।

उसने चूहे को डाँट कर भगाने की कोशिश की थी, ताकि डाल पर लटका हुआ युवक आग से बचा रह सके।

तभी दरवाजे का पर्दा किसी ने एक ओर खींच दिया था।

अन्दर से एक स्त्री ने बाहर मुँह निकाल कर बच्चे को पहले आँखों से डाँटा था। इस यम-पट पर अंकित नरक के चित्र को देख कर स्त्री एक बार घबराई थी। घबराया हुआ आदमी बेसब्र हो जाता है। उतावलेपन में पर्दे के पीछे से उस स्त्री ने हाथ बढ़ा कर बालक को पकड़ लिया था। उसे डाँटा था। और लड़का यम-पट के चित्रों के लिए जिद्द पकड़ रहा था। स्त्री थकी हुई थी। उसका शरीर मुरझाया हुआ और क्षीण हो चुका था। बच्चे से उलझते समय उसके हाथ से अँगूठी सरक कर यम-पट पर गिर पड़ी थी। यम बाबा अपने भजन में तल्लीन थे लेकिन उनकी आँखें उस चमकदार अँगूठी पर अटकी हुई थीं।

नयी दुल्हिन की तरह जैसे वह मुद्रा उन्हें ही प्रणाम करके उनके साथ चलने को तैयार हो गयी थी।

मुद्रा पर राक्षस का नाम अंकित था और यम बाबा के भीतर बैठा हुआ सतर्क गुप्तचर, अचानक दुःसाहसिक कार्यों के लिए बेचैन हो उठा था। उसे पता था कि उसके दुःसाहसिक कार्य से एक नयी परम्परा का आरम्भ हो रहा है।

उसने चाणक्य को अपनी मुद्रा प्राप्त करने की कहानी सुनाई थी। और यह सोच कर प्रसन्नता हासिल की थी कि उसके प्रयत्न से आचार्य को सन्तोष मिला था। उनकी आँखों में चमक कौंध उठी थी। वे दुश्मन को अपनी मजबूत रस्सी से बाँधने के लिए नयी तरकीबें खोजने लगे थे।

उन्होंने यम बाबा को आश्वस्त किया था कि तुम्हें, तुम्हारे परिश्रम का उचित फल मिलेगा।

बाद में एक चर के रूप में यम बाबा आचार्य के कार्य को पूरा करने के लिए एक नयी दिशा में निकल पड़े थे।

अपनी प्रसन्नता के इस अनोखे अवसर पर चाणक्य का दिमाग नयी से नयी तरकीबें सोच रहा था। उन्होंने अपने शिष्य को आदेश दिया था। और शांर्गरव उनके पास दवात और भूर्जपत्र रख गया था।

चाणक्य दवात और भूर्जपत्र को देख रहे थे। उन्हें युद्ध में फैले हुए अपने सैनिकों की व्यूह-रचना याद आयी थी। वे सोच रहे थे, इस बार कठिन चक्रव्यूह में

एक बड़ा योद्धा प्रवेश कर रहा है। एक ऐसा योद्धा जो प्रवेश करने की दुःसाहसिक ताकत रखता है, लेकिन जिस चक्रव्यूह से बाहर निकलने का रास्ता नहीं आता।

चाणक्य सोच रहे थे कि उनके बनाये हुए व्यूह में, इस बार अभिमन्यु को कौरवों ने नहीं पकड़ा है, बल्कि चाणक्य ने राक्षस को घेर लिया है।

वे सोच रहे थे, मात्र इस पत्र से राक्षस पर विजय पानी है। चाणक्य के चेहरे पर हर्ष था। विजयी योद्धा का हर्ष।

इसी क्षण प्रतिहारी ने प्रकोष्ठ में प्रवेश किया था, वह राजा का सन्देश लेकर आयी थी। उसने आचार्य की जय का उद्घोष किया था।

चाणक्य अपने भीतर चलते हुए युद्ध से एक बार बाहर आये थे। उन्होंने स्त्री के रूप में चन्द्रगुप्त की प्रतिहारी श्रोणोत्तरा को देखा था। अपनी जय का उद्घोष सुना था और स्वीकार किया था कि उन्होंने राक्षस पर विजय हासिल कर ली है। जय उन्हें मिल चुकी है।

श्रोणोत्तरा ने उन्हें प्रणाम किया था। और महाराज चन्द्रगुप्त की प्रार्थना उन्हें सुना दी थी।

चन्द्रगुप्त का सन्देश लेकर आयी हुई श्रोणोत्तरा ने यह बताया था कि आचार्य की आज्ञा से महाराजा पर्वतेश्वर का श्राद्ध करना चाहते हैं। पर्वतेश्वर के श्राद्ध में महाराजा चन्द्रगुप्त कुछ रत्न और अलंकार ब्राह्मणों को देना चाहते हैं।

चन्द्रगुप्त के इस सन्देश से अपने अन्तःकरण में विजय प्राप्त किये हुए चाणक्य को एक बार पुनः उत्साह और हर्ष मिला था। वह चन्द्रगुप्त की व्यवहार कुशलता पर और उनकी श्रद्धा पर सोचते हुए सन्तोष का अनुभव कर रहे थे। उन्हें यह विश्वास हो चुका था कि चन्द्रगुप्त की इस व्यवहार-कुशलता से कुसुमपुर की जनता में विशेष स्नेह पैदा होगा।

उन्हें प्रसन्नता हुई थी कि चन्द्रगुप्त ने उनके हृदय की बात कह दी है। सामान्य चिन्ता में व्यक्ति एक ही तरह की परिकल्पनाएँ करते हैं। एक व्यक्ति दूसरे के मन की बात इस तरह कह जाता है, जैसे दोनों ने मिल कर कोई मंत्रणा की हो।

श्रोणोत्तरा से चाणक्य ने कहा था कि तुम चन्द्रगुप्त को मेरी ओर से बता देना कि उसके इस लोक-व्यवहार से मुझे प्रसन्नता हुई है। उससे कहना कि वह लोक-व्यवहार में निपुण है और अपनी अभिलाषा को उसे पूरी तरह सम्पन्न करना चाहिए। परन्तु वह ब्राह्मणों को पर्वतेश्वर के रत्न और अलंकार देना चाहते हैं, इसके लिए गुणज्ञ ब्राह्मण की खोज करनी होगी। मैं ऐसे ही ब्राह्मणों को भेज रहा हूँ जो अच्छी तरह जाँचे-परखे हुए एवं गुणवान हों।

प्रतिहारी चली जाती है। वह सोचती चली जाती है, राजा को किसी उदार

ब्राह्मण की तरह रत्न मिले हैं। अलंकार मिले हैं। लेकिन रत्नों और अलंकारों की, ब्राह्मण को दान में मिली गाय की तरह, रक्षा करनी है। और रक्षा-नीति आचार्य चाणक्य ही जानते हैं। वह चोरों की गाय चुराने की इच्छा को भी समझ रहे हैं।

एक ओर राक्षस है, दूसरी ओर चोर। दोनों की निगाहें पर्वतेश्वर के रत्न-अलंकारों पर गड़ी हैं।

चोर सोच रहा है कि पहले मैं ब्राह्मण की दान में मिल हुई गाय चुरा लेता हूँ। और राक्षस इस उधेड़बुन में है कि पहले मैं ब्राह्मण को ही खा जाता हूँ।

चोर और राक्षस अपनी-अपनी तरकीबें भिड़ाते रहते हैं। चोर आहिस्ते से यह बता देता है कि ब्राह्मण अभी सो रहा है। इसके पहले मैं गाय चुराकर भाग जाऊँगा। राक्षस इस बात से पूरी तरह असहमति प्रकट करता है। उसे पता है कि गाय के खुरों की खटपटाहट सुन कर अचानक ब्राह्मण जाग जायेगा और मेरा परिश्रम व्यर्थ हो जायेगा।

श्रोणोत्तरा सोच रही है कि आज ब्राह्मण के घर में घुस कर चोर और राक्षस आपस में लड़ रहे हैं। वे मुगालते में हैं कि एक गाय हथिया लेगा और दूसरा ब्राह्मण के जान-माल पर कब्जा कर लेगा।

दुश्मन अक्सर वाणी से वीर होते हैं। क्षुद्र व्यक्ति यह सोच ही नहीं सकते हैं, कि यह समय सतर्कता का है और चाणक्य जैसा नीतिवान व्यक्ति, गाय को बाँध कर निश्चिन्त होकर सोता नहीं रहता है। वह चोर और राक्षस के आपसी तनाव के समय जागता रहता है। वह दैत्यों के नाश करने का मन्त्र जानता है।

अपने हैं आचार्य। हाथ में तलवार उठाकर चोर और राक्षस को उनकी हेकड़ी की सजा देना जानते हैं वह। आज, जब चोर और राक्षस आपसी झगड़े में, ब्राह्मण के घर में सेंध लगाकर लड़ाई लड़ रहे हैं, अपने आचार्य तलवार हाथ में लेकर पूरी तरह उनके आपसी झगड़े से फायदा उठा रहे हैं।

लोग समझते हैं कि अपना सीधा-सादा महामन्त्री कन्धे पर आई हुई जिम्मेदारियों को धूर्तों की चालाकी के लिए छोड़ देगा। अक्सर धूर्त इस तरह के षड्यन्त्र आपस में मिलकर कर रहे हैं। वे बकरे को कुत्ता बनाने पर आमादा हैं। कम से कम जो कुछ आज सुना जा रहा है, उससे यही खतरा नजर आता है।

बड़ी मेहनत से जिस ब्राह्मण ने एक बकरा खरीदा था, उत्साह के साथ वह उसे कन्धे पर रख कर घर जा रहा था। रास्ते में ठगों ने ब्राह्मण के बकरे को उड़ाने की नयी से नयी तरकीबें सोच ली थीं। ब्राह्मण निश्चिन्त था और गा रहा था। अपने बकरे को कन्धे पर बैठा कर अँधेरी रात का लम्बा रास्ता उसे पार करना था।

चार डग चलने के बाद पहला धूर्त ब्राह्मण के पास आया था। उसने घबराहट के साथ कहा था–''ब्राह्मण देवता, तुमने इस कुत्ते को कन्धे पर क्यों चढ़ा लिया है? इसे छोड़ दो।''

ब्राह्मण समझ रहा था कि अँधेरे में ऐसे ही लोग अक्सर मौके से फायदा उठाते हैं। वे झूठ को सच बनाने की चालें चला करते हैं। ब्राह्मण ने घबराहट से धूर्त की बात हँस कर टाल दी थी। और बिना उसकी परवाह किये वह अँधेरे रास्ते पर आगे बढ़ता गया।

जंगल में ब्राह्मण को एक साथ दो धूर्त मिल गये थे। दोनों उसके आसपास खड़े होकर उसे समझा रहे थे। वे विस्मय के साथ उस ब्राह्मण को समझाना चाहते थे कि यह गले में जनेऊ और कन्धे पर कुत्ते का स्वाँग ब्राह्मण को शोभा नहीं देता।

दोनों धूर्तों ने ब्राह्मण से विस्मय के साथ सवाल किया था, ''तुम जनेऊ और कुत्ते को एक साथ कन्धे पर रखे हुए हो। आखिर कैसे ब्राह्मण हो?''

जंगल और घना हो गया था। रास्ता ऊबड़-खाबड़ था। और रात काली परछाइयों से भयानक हो उठी थी। ब्राह्मण सन्देह में पड़ गया था। उसने बाजार से बकरा खरीदा था और लोग बार-बार उसके बकरे को कुत्ता समझ रहे हैं।

कन्धे पर चढ़े हुए बकरे को, उसने एक बार पूरी तरह टटोल कर देखा-परखा था। वहीं अँधेरे में तीन धूर्त उसे देख रहे थे। वह उसके पास आये थे।

''क्यों भाई, तुम बहेलिया हो? निश्चय ही तुम बहेलिया हो। ब्राह्मण नहीं हो। कुत्ते के जरिये तुम मृगों को मारते रहे हो, क्या?''

ब्राह्मण इस बार सोच में पड़ गया था। उसे लगा था, बाजार में बकरा खरीदते समय किसी ने उसे बुरी तरह ठग लिया है। किसी भूत ने उस समय मेरी आँखें चुरा ली थीं। मुझे धोखा दे गया। आखिर एक के बाद एक राहगीर इसी बकरे को कुत्ता क्यों बता रहे हैं?

धूर्तों की चाल सफल हो गयी थी। ब्राह्मण बकरे को कुत्ता समझ कर भरे जंगल में छोड़ गया था।

चन्द्रसर नाम के एक तालाब में उसने स्नान किया था और अकेले ही घर लौट गया था। उधर धूर्तों ने आनन्दपूर्वक बकरे का भोजन किया था।

कुछ लोग समझते हैं कि अपने देश का मुख्यमन्त्री आचार्य बार-बार धूर्तों के बहकावे में आकर बकरे को कुत्ता समझ लेगा। इन्हें नहीं पता कि क्षुद्र व्यक्ति अविश्वास पर चलते हैं और आचार्य चाणक्य इसे क्षुद्रों का पूरी तरह नाश करने पर आमादा हैं।

8

चन्दनदास अपने दरवाजे पर खड़े थे। संगमरमर के चबूतरे पर उसके सेवक ने यह सन्देश दिया था कि आचार्य चाणक्य उन्हें याद कर रहे हैं। चन्दनदास जानते थे कि आचार्य अपराधी के प्रति दया-माया नहीं दिखाते हैं।

वे सोच रहे थे कि आखिर मैं तो निरपराध व्यक्ति हूँ। मेरा मन क्यों सन्देह से भर रहा है। हो सकता है, सीधी बात को भी मैं उल्टा समझ रहा हूँ।

मेरे सेवक मेरी बात मानते हैं। लेकिन अक्सर सीधी बात को भी वे काफी टेढ़ी बना देते हैं। उस दिन यम बाबा के आने पर मैंने सेवकों को काफी कड़ाई बरतने का आदेश दिया था।

मैंने कहा था कि दरवाजे की रक्षा करना, मैं थोड़ी देर के लिए बाहर जा रहा हूँ।

मेरा मुँह लगा सेवक, दरवाजे को कन्धे पर लेकर नट का खेल देखने लगा था। नट खेल दिखा रहे थे। और मेरे घर के दरवाजे पर यम-पट बिछा कर यम बाबा भजन गा रहे थे।

मुझे उसी दिन सन्देह हुआ था कि कुछ गलत हो गया है। कुछ लोग मेरे घर की कड़ी निगरानी कर रहे हैं। मैंने अपने मुँहलगे मूर्ख सेवक को जब उस दिन डाँट लगायी थी, उसने मेरे सामने मेरा ही दरवाजा अपने कन्धे से नीचे फर्श पर रख दिया था। और मैं महसूस करने लगा था कि मूर्ख सेवक कभी घर की रक्षा नहीं कर सकेंगे।

मैं निरपराध व्यक्ति हूँ, लेकिन चाणक्य के द्वारा बुलाये जाने पर मेरे जैसा आदमी भी डरने लगा है। यदि मैं अपराधी होता, तब शायद मेरी हालत और भी दयनीय हो गयी होती। अपराधी आदमी, चाणक्य का नाम सुन कर काँपता है।

मैंने मण्डी में उस दिन धनसेन और दूसरे व्यापारियों से साफ-साफ कह दिया था कि यदि कभी दुष्ट चाणक्य मेरे घर की तलाशी लेने लगे तो स्वामी अमात्य राक्षस के कुटुम्ब को होशियारी के साथ तुम लोग कहीं छिपा देना।

धनसेन नये बन रहे चन्द्रसर नाम के तालाब को देखने चला गया था। वहाँ उसने एक वृक्ष पर बैठे हुए सोने की कलगी वाले पक्षी की परछाईं पानी में देखी थी। धनसेन सोच रहा था कि यह सोने की लाट है और अब वह लाट अकेले उसे ही मिल सकती है।

वह सोने की कलगी वाले पक्षी की परछाईं को सोने की लाट समझ कर तालाब में उतर गया था। उसके तालाब में उतरते ही तालाब का पानी चंचल हो उठा था और परछाईं लुप्त हो गयी थी।

धनसेन उस दिन तालाब में सोना खोजता रहा था। बार-बार वह जब तालाब के ऊपर आता, उसे सोने की लाट पानी में दिखाई देती और वह सोना पाने के लिए फिर तालाब में कूद पड़ता। झूठी तृष्णा में पड़ कर वह उस दिन मेरी बात भूल गया था।

अब जो भी कुछ अहित होगा, वह मैं सह लूँगा, लेकिन अमात्य राक्षस के कुटुम्ब को कभी संकट में नहीं पड़ने दूँगा।

धनसेन ने मुझे झूठी सांत्वना दी थी। और आज मैं उसकी झूठी, विचारहीन बातों में अपनी अज्ञानता का प्रदर्शन करने को लाचार हो उठा हूँ। लोग मुझे बकरे को कुत्ता मानने वाला मूर्ख समझ रहे हैं। सब मुझे उल्टी सीख दे रहे हैं।

लेकिन न मैं अन्धा हूँ न ही क्षुद्र। मैं अपना अहित स्वीकार कर लूँगा। लेकिन अपने जीते जी मित्र की धरोहर को दुश्मन के हाथ में नहीं जाने दूँगा।

चाणक्य का शिष्य मुझे 'सेठजी' कह कर रास्ता दिखा रहा है। मैं जानता हूँ, नन्द राजाओं की सदाशयता अब नहीं रही, तो भी मेरे जैसे व्यापारी चन्द्रगुप्त की कमजोरियों को जानते हैं। मैं जनता में उनकी कमजोरियों को फैला कर अपने स्वामी अमात्य श्रेष्ठ राक्षस का हित कर सकता हूँ।

क्रूर चाणक्य ने, मुझे अपने सामने उपस्थित होने का आदेश दिया है। मैं महसूस कर रहा हूँ कि युद्ध के समय अपने परिवार को मेरे पास छोड़ जाने वाले अमात्य श्रेष्ठ राक्षस की तरह मैं भी इस समय चन्द्रसर नाम के तालाब में शिली-मुख नाम के खरहों के राजा के हाथ फँस गया हूँ।

चन्द्रसर में अथाह पानी है। चारों ओर घने जंगल हैं। आसपास के प्रदेशों के तालाब अनावृष्टि के कारण सूख गये हैं। और मैं अमात्य श्रेष्ठ की तरह कुसुमपुर में रह गया हूँ।

उस दिन सभी प्रदेशों के सूखे हुए जलाशयों से हताश होकर चतुर्दन्त नाम का हाथ पानी पीने के लिए चन्द्रसर में आ गया था। हाथियों के झुंड का यह सरदार चतुर्दन्त, अमात्य श्रेष्ठ राक्षस की ही तरह उस दिन चन्द्रसर के छोटे-मझोले अनुचरों को कुचल रहा था। और उन खरहों का राजा शिलीमुख, अपने सामने, अपने अनुचर को कुचलते जाते या चूर्ण-विचूर्ण होते हुए या रौंदे जाते हुए देख रहा था।

अमात्य श्रेष्ठ, विरोध में उठे हुए छोटे-छोटे खरगोशों को कुचल कर कुसुमपुर से चन्द्रदन्त हाथी की तरह चला गया था। और मैं इन रौंदे या कुचले विरोधी खरहों की सभा में, दुखी शिलीमुख को देख रहा हूँ।

उस दिन खरहों की शोक सभा हुई थी। उसमें एक नीतिवान खरहा था, जो

इस सामूहिक खर-संहार से विचलित नहीं हुआ था। चन्द्रसर का वह खरहा आज के चाणक्य की तरह कुटिल था। उसका नाम था, विजय। उसने दुखी होते हुए शिलीमुख और उनकी सभा में अपनी बात कही थी।

खरहों ने विजय को अपना प्रतिनिधि बनाया था और उससे कहा था कि यह गजराज यहाँ जल का आनन्द पा चुका है। वह बार-बार यहीं आयेगा और धीरे-धीरे हम लोगों को निःशेष कर डालेगा।

विजय के कार्य और उपाय पर लोगों को भरोसा था। खरहों ने उसे अपनी ओर से कोई उपाय सोचने की जिम्मेदारी दी थी।

कुशल विजय, प्रसन्न होकर गजराज को देखने निकल पड़ा था। उसने पहाड़ की चोटी पर चढ़ कर सामने से आते हुए चतुर्दन्त से कहा था, "मैं राजा चन्द्रमा का दूत हूँ। उसने मुझे यह सन्देश दिया है। चन्द्रसर नाम का शीतल सरोवर मेरा निवास-स्थान है। वहाँ शशक रहते हैं। वे मेरे प्यारे हैं। इसीलिए मेरा नाम शितांशु और शशि है। तूने उस सर को गँदला कर डाला था और मेरे प्यारे शशकों को मार डाला था। यदि तुम फिर ऐसा करोगे तो उसका उचित फल तुम्हें मिलेगा।"

शिखर पर चढ़े हुए दूत के मुँह से सन्देश सुन कर गजराज भयभीत हो उठा था।

विजय ने रात्रि के अन्धकार में जल में चन्द्रमा की परछाहीं गजराज को दिखा दी थी और गजराज कुशल दूत के बहकावे में आकर भाग गया था।

कहीं मुझे भी अनुचित आदर देकर चाणक्य अधिक तिरस्कृत करने की तैयारी तो नहीं कर रहा है?

राजा ऐसा होना चाहिए, जिसके नाम से भी कोई कष्ट न दे। लेकिन यहाँ चन्द्रगुप्त के नाम से ही चाणक्य अपनी बात पूरी करता है। अपनी नीति कायम रखता है, और अपने व्यवहार को ही उचित समझता है। यह सब मेरे लिए अधिक दुखदायक है। शायद मुझे चाणक्य के हाथों अधिक यातना सहनी हो।

मुझे शिष्य ने जब चाणक्य के सामने उपस्थित कर दिया था, उस समय भी मैं तिरस्कार और दुख पर सोच रहा था। मैंने पास पहुँचकर आचार्य को प्रणाम किया था।

मेरा मन भीतर ही भीतर टूट रहा था। मेरी आस्था खंडित हो रही थी। मैंने "आर्य की जय हो" कहा था और महसूस किया था कि भीतर ही भीतर मैं अपनी पराजय को स्वीकार कर रहा हूँ।

आचार्य की आँखों में कुशल चन्द्रसर पर विजय की, दुश्मन पर अधिकार करने की, चालाकी भरी चमक थी।

व्यंग्य या उपेक्षा से या शायद मेरी अन्दरूनी कमजोरी को पहचान कर चाणक्य ने मेरा स्वागत किया था और मुझे ऊँचा आसन दिया था। अपने बराबर का आसन।

स्पष्टतः यह तिरस्कार का दर्जा था। मैं जानता था कि यह अनुचित व्यवहार मेरे साथ किन-किन बातों की वजह से किया जा रहा है।

मैंने अपने योग्य आसन की कामना की थी और आचार्य के सामने जमीन पर बैठ गया था। मैंने जमीन पर बैठे हुए यह समझ लिया था कि आचार्य मेरे इस व्यवहार से थोड़े सदय हुए हैं, मेरे प्रति।

लेकिन क्रूर नीतिज्ञ की थोड़ी-सी सहानुभूति भी आगे जाकर महँगी पड़ती है। मैंने भूमि पर बैठे हुए आचार्य से कहा था, "अनुचित आदर, तिरस्कार से भी अधिक दुखदायक होता है आचार्य!"

आचार्य अपनी भावी परिकल्पनाओं में उलझे हुए थे, तो भी उन्होंने मुझसे मेरे व्यापार की उन्नति के बारे में जानकारी चाही थी।

मेरा मन व्यापार की उन्नति से अधिक, अपने ऊपर आने वाली आपदाओं पर सोच रहा था। मैं समझ रहा था कि आचार्य का एक व्यापारी को या उसके व्यापार की उन्नति को आदर देना काफी गूढ़ है। और उनकी हर गूढ़ बात शंका से भरी हुई होती है। मैंने अपने अन्तःकरण में चलते हुए इस अंघड़ को भीतर ही दबा दिया था और कहा था, "आर्य, आपके अनुग्रह से मेरा व्यवसाय दिन-प्रतिदिन उन्नत हो रहा है।"

मैं जानता था कि आचार्य मेरी उन्नति के बारे में नहीं सोच रहे हैं। मैं उनकी आँखों में एक माध्यम हूँ।

वह मुझसे चन्द्रगुप्त के बारे में फैली हुई बातों की पड़ताल करना चाहते थे। वे मेरे माध्यम से मुझे ही चन्द्रगुप्त के राज्य में दोषी बना कर यह बताना चाहते हैं कि चन्द्रगुप्त, नन्द राजाओं से अधिक समर्थ है।

राक्षस और उसकी नन्दवंश को याद करने वाली जनता, यदि चन्द्रगुप्त में कुछ त्रुटियाँ देख रही है। तो उन्हें अपनी भूल सुधार लेनी चाहिए। मैं समझ रहा था कि आचार्य मेरे साथ दोहरा व्यवहार कर रहे हैं। वे एक स्तर पर मुझे सम्मान देकर ऊपर उठा रहे हैं, और दूसरे स्तर पर मुझे ठोकर मार कर यह याद दिला रहे हैं कि चन्द्रगुप्त पुराने राजाओं से अधिक जनता का प्रतिनिधि है। कुसुमपुर की जनता ने उसे सम्मान दिया है।

मेरे भीतर का चालाक व्यापारी यह जान रहा था कि आचार्य मेरे वचन को पकड़ रहे हैं। मैंने अपने कान ढक लिए थे।

यों मैं उनकी बात पूरी तरह सुन रहा था। उन्होंने कहा था, "सेठजी, क्या कभी चन्द्रगुप्त की त्रुटियाँ, जनता को उसके पूर्ववर्ती राजाओं का स्मरण कराती हैं?"

मैंने समझ लिया था कि यह एक बेढब सवाल है। और इस एक सवाल के साथ मैं अपने अमंगल को देख सकता हूँ।

मैंने कुशल व्यापारी की तरह आचार्य की ओर देखा था, और कहा था, "शरद ऋतु की तरह जनता में चन्द्रगुप्त का पूरा प्रभाव है। पूर्णिमा के पूर्ण बिम्ब वाले चन्द्रमा की तरह, चन्द्रगुप्त सबके प्रिय हैं। उनकी पूर्ण कान्ति और शक्ति से जनता काफी प्रसन्न है।"

मुझे पता था कि मेरी इस चालाकी से आचार्य मुझे लांछित करके रहेंगे।

आचार्य ने एक सीधा प्रश्न मेरे सामने रख दिया है, "चन्दनदास, यदि तुम सोचते हो कि चन्द्रगुप्त से सारी जनता प्रसन्न है, यदि वास्तव में ऐसा हो रहा है, तो अपनी सन्तुष्ट जनता से राजा किसी अभिलषित वस्तु की कामना करता है।"

मुझे पता था कि यह अकेला सवाल मेरे घर में छिपे हुए अमात्य श्रेष्ठ राक्षस के परिवार को अरक्षित कर रहा है। इस एक सवाल से आचार्य मुझे राजद्रोही बना कर अपनी प्रजा में अमात्य श्रेष्ठ के परिवार को उपस्थित कर अपनी अभिलाषा पूरी करना चाहते हैं। लेकिन मैं ठहरा व्यापारी। मेरे पेट में बड़ी-बड़ी कुचालें दबी रह जाती हैं।

मैंने कहा, "आर्य, आपकी आज्ञा मिलनी चाहिए। आप कितना धन मुझसे चाहते हैं?"

मैं जानता था, वे जनता की दया की बात करेंगे। उन्हें जनता के सुख-सुविधा की आड़ चाहिए। वे उसके माध्यम से चन्द्रगुप्त को और ऊँचा उठाना चाहते हैं।

आचार्य की आँखों में प्रतिकार की भावना चमक उठी है। वे यह बता रहे हैं कि नन्द केवल धन के लोभ से प्रसन्न होते थे और अब नन्द के लोभ का साम्राज्य नहीं है। यह राज्य चन्द्रगुप्त का है—"चन्द्रगुप्त की प्रसन्नता आप लोगों की सुख-सुविधा में ही है।" आचार्य ने आवेश और उत्तेजना में जो बात कही है, उसे मैंने विनय से स्वीकार कर लिया। स्वीकार करने वाला मेरा व्यापारी यह जान चुका है कि आचार्य मुझे इस नगर की खुली मंडी में नीलाम कर रहे हैं।

अपने प्रश्न की तीव्रता को समझते हुए आचार्य ने मुझे जो कुछ सीख दी है, वह पूरी तरह मेरा तिरस्कार कर रही है।

उन्होंने कहा, "जनता का क्लेश किस तरह दूर हो सकता है, यह तुमने मुझसे नहीं पूछा है।"

आचार्य मुझे नहीं देख रहे हैं। लेकिन मैं पूरी तरह स्वयं को उनके अधिकार

के नीचे रौंदा हुआ महसूस कर रहा हूँ। संक्षेप में, उन्होंने जनता के क्लेश को दूर करने की जो तरकीब बताई है, वह मेरे अपराध की खुली घोषणा है।

उन्होंने कहा, "प्रजा को राजा के प्रति विरोधपूर्ण व्यवहार नहीं रखना चाहिए।"

मैं समझ रहा था कि यह विरोधपूर्ण व्यवहार रखने वाला दुर्भाग्यशाली व्यक्ति मैं ही हूँ।

आचार्य ने स्पष्ट मेरी ओर उँगली उठा कर बता दिया कि सर्वप्रथम मैं ही विरोधपूर्ण व्यवहार रख रहा हूँ।

मेरा अमंगल मेरे सामने है। और मैंने कान बन्द कर लिए। यह मैंने स्वीकार कर लिया, "मेरे जैसा व्यापारी अग्नि के सामने एक तिनके की तरह असहाय है।"

मैंने विनय के साथ पूछा, "तिनकों का अग्नि के साथ विरोध सम्भव कैसे है, आर्य?"

समर्थ आदमी के लिए सब कुछ सम्भव है। आचार्य सामर्थ्यवान हैं। छोटे से आदमी को सशक्त सत्ता का प्रधान बनाकर उन्होंने अपनी कीर्ति स्थापित कर दी है।

अमात्य श्रेष्ठ राक्षस ने वाणी से इसी धीमान आदमी को बैरी बना लिया है। आज अमात्य श्रेष्ठ के वैरियों की संख्या बहुत है। सन्धि की बदौलत उन्होंने कई राज्यों में अपना प्रभाव बढ़ा लिया है। वास्तविक तौर पर वहाँ भी हमारा विरोध ही प्रबल है। अमात्य श्रेष्ठ से उनके दुश्मन संख्या में ही बहुत नहीं हैं, वे बलवान भी हमसे अधिक हैं। यह बात धीरे-धीरे साफ होती जा रही है कि युद्ध के द्वारा चन्द्रगुप्त को जीता जाना सम्भव नहीं है। अधिक संख्या वाले ही युद्ध में विजयी होते रहे हैं।

अमात्य श्रेष्ठ राक्षस की रणनीतियों को, अपने झूठे प्रचार से, अकेला यह आदमी नष्ट कर रहा है। और अब उसके परिवार को मुझसे छीनना चाहता है।

अमात्य श्रेष्ठ यहाँ से भागे थे। उस समय वे पूरी तरह स्वीकार कर चुके थे कि चाणक्य के साथ बहुत बड़ी प्रजा है और छोटे-छोटे राजा हैं।

इसी चिन्ता में वे रात-दिन सोचा करते थे कि बलवान के साथ विरोध, युद्ध के मैदान मे सम्भव नहीं है। और उनके विरोधी बहुत बड़ी संख्या में सन्नद्ध भी हैं। और बलवान भी हैं। वे दुर्जेय हैं।

लेकिन कुटिल और धूर्त आदमी को पराजित करने के लिए, युद्ध की तैयारी से अधिक उसकी आँखों का हरण करना पड़ता है। उसके सैनिकों का, गुप्तचरों और हितचिन्तकों को धोखा दिया जाता है।

बार-बार दुश्मन के सैनिक और गुप्तचरों के सामने झूठ को ही सत्य बताकर कहना पड़ता है। झूठ का सिलसिला उनके बकरों को कुत्तों में बदल देता है। और अफवाहों या धोखे की बदौलत बकरे, कुत्ते होने को बाध्य हो जाते हैं।

लेकिन यहाँ बात, उल्टे मुझी पर आ पड़ी है। मैं जितना ही अपनी नेक-नीयती का सबूत दे रहा हूँ, उतने ही जोर से आचार्य मुझे "राजा का द्रोही" बनाने पर आमादा हैं। मैं जिस बात को सर्वथा मिथ्या कहता हूँ और यह स्पष्ट करना चाहता हूँ कि अमात्य श्रेष्ठ का परिवार मेरे घर में नहीं है, आचार्य उसे बल देकर झूठा सिद्ध कर देते हैं। मैं स्पष्टीकरण देता हूँ कि किसी वंचक की यह असत्य सूचना है।

आचार्य मेरी अन्तःकरण की चालाकी को पकड़ लेते हैं। वे जान जाते हैं, मैं डर रहा हूँ।

क्रूरलोचन मन्त्री की नीति कठोर थी। बैरी के हित-चिन्तकों और सहायकों को वह बड़ी निर्ममता से नष्ट कर देने की सलाह दिया करता था। झूठी सांत्वना पर वह प्रसन्न नहीं होता है।

झूठी सांत्वना पर प्रसन्न होने वाला पर्वतेश्वर, अन्त में अपने ही अन्तरंग शयन कक्ष में विषकन्या के हाथों छला जाता है। अपनी नाक कटा कर झूठी प्रसन्नता चाहने वाले लोग, अपने आप विष्ठा खाने को बाध्य होते हैं। विषकन्या की बनावटी बातों ने पर्वतेश्वर को और नन्दवंश को भी बरबाद कर दिया।

और मैं तट के ढहते हुए कगार पर खड़ा हूँ। प्राचीनकाल में मुनि ने चुहिया पर दया करके उसे रूपवती कन्या बना दिया था। मेघ, वायु और पर्वत ने पत्नी के रूप में उसका वरण नहीं किया था। वह तरुणी, विवाह की कामना लेकर सबके दरवाजे से वापस लौट आयी थी। अन्त में उसे मुनि ने पहले के ही समान चुहिया बना दिया था।

सोचता हूँ मैं भी आचार्य के सामने अचानक एक अदना चूहा बन गया हूँ। एक प्रतिष्ठाहीन चूहा।

चिरजीवी के पंख नोच कर उसे एक पेड़ के नीचे खड्ड में फेंक दिया गया था। और उस असहाय अवस्था से उसने अपनी कुटिल बुद्धि से आक्रमण का भय दिखा कर सारे उल्लुओं को घास और सूखे पत्तों से ढक दिया था। उल्लुओं ने घास-फूस के घोंसलों के अन्दर अपने आपको सुरक्षित समझा था।

मैंने भी अपने विशाल महल और अनगिनत अनुचरों के बीच, राक्षस के परिवार को सुरक्षित समझने की भूल की थी।

आज लगता है, मैं भी उल्लुओं की तरह भ्रम में था।

जलती हुई चिता से एक-एक जलती हुई लकड़ी चोंच में लटकाये हुए चिरजीवी के सुझाव पर काकराज मेघवर्ण कौवों को साथ लेकर आया था। अपनी गुफा में उल्लुओं ने अपनी जिन्दगी सुरक्षित समझी थी। निश्चिन्त होकर घास-फूस से ढकी अपनी सुरक्षित सुरंगों में उन्होंने आराम की साँस ली थी। और कौओं ने गुफा के द्वार पर आग लगा दी थी।

एक-एक कौवा, एक-एक लकड़ी उठा कर ला रहा था और आग में डालता जा रहा था। इस प्रकार राजा सहित सभी उल्लुओं को अकेले चिरजीवी ने अपनी नीति से जला कर भस्म कर डाला था।

चन्दनदास के अन्तर में गहरी चिन्ता है। वे सोच रहे हैं, क्या एक-एक करके उनके साथ, नन्दवंश के राजा, यवनों की सेना के पाँच प्रधान राजा चित्रवर्मा, सिंहनाद, पुष्कराक्ष, सिन्धुषेण और मेघाक्ष, अमात्य श्रेष्ठ राक्षस का साथ देने के नाते जलकर भस्म हो जायेंगे।

मुझे अपने जलने का डर नहीं है। लेकिन क्या आचार्य के सीधे प्रश्नों के बार-बार अधूरे उत्तर देकर मैं यहाँ टिक सकूँगा?

आचार्य ने पुनः आगाह करते हुए कहा है कि डरे हुए अपने बन्धु-बान्धवों को उनके मित्र, पुरवासियों के न चाहने पर भी, अक्सर उन्हीं के घर में छोड़ कर चले जाते हैं।

मैं असहनीय पीड़ा से यह सब सुन रहा हूँ। और झूठ की आड़ लेकर अपनी रक्षा की कोशिश कर रहा हूँ। हताश आदमी झूठ की शरण में जाकर सन्तोष की साँस लेता है।

मैंने कहा, "पहले कभी मेरे घर में राक्षस का परिवार अवश्य रहा, लेकिन अब वे लोग मेरे साथ नहीं हैं।"

चाणक्य सब समझ रहे हैं। मैं एक साथ दो परस्पर विरोधी बातें कह रहा हूँ। मैंने इस दोष को अपनी वाणी की दीनता कहा है। संकट, फिर भी टला नहीं है।

आचार्य ने कड़ाई से उत्तर दिया, "सेठजी! चन्द्रगुप्त के राज्य में दोषों के लिए स्थान नहीं है।"

उनकी कड़ाई में स्पष्ट आदेश झाँक रहा है—"राक्षस के परिवार को समर्पित कर दो।"

मैं इस स्तर तक, मित्र-घात के लिए, तैयार नहीं हूँ। मैं राष्ट्रद्रोह की सजा काटने को तैयार हूँ, लेकिन मित्र की धरोहर को चाणक्य के हवाले करके निर्दोष कहलाने को प्रस्तुत नहीं हूँ।

आचार्य की खुली आँखों में अब खुली हँसी झलकने लगी है। वह हँसी मेरी

हीनता का उपहास उड़ा रही है। अपनी हँसी से आचार्य मुझे आघात पहुँचा रहे हैं। यह हँसी एक चुनौती भरी छेड़-छाड़ में बदल चली है।

—"अच्छा सेठजी, आपको राक्षस के कुटुम्ब का बिलकुल पता नहीं है।"

मैं इतनी देर तक इस चुनौती भरी छेड़-छाड़ का आदी हो चुका था।

—"सिर पर सर्प है, और विष झाड़ने वाला बहुत दूर है। नन्द की ही तरह विष्णुगुप्त.......।"

अधूरी चुनौती मेरे सामने है। अधूरा वाक्य, आचार्य ने आधे पर छोड़ दिया है। इस अन्दाज से वे मुस्कुराए हैं, जैसे बात पूरी कहते हुए उन्हें स्वयं अपनी बड़ाई करनी पड़ रही हो। और इस संकट से उन्हें लज्जा का बोझ ढोना पड़ रहा हो।

बड़े आदमी आत्मप्रशंसा स्वयं नहीं करते हैं। और कूटनीति का खिलाड़ी साँप होता है। वह धमकाता नहीं है, काट खाता है। राक्षस कुसुमपुर से दूर है। और वाकई साँप मेरे सर पर खड़ा है।

चन्दनदास सोच रहे हैं और उनकी आँखों में घबराहट बढ़ती जा रही है। ऊपर भयंकर गड़गड़ाहट हो रही है। और अपना आत्मीय बन्धु राक्षस दूर है। विषनाशक औषधियाँ हिमालय पर हैं। और सम्प्रति साँप सिर पर सवार है।

चाणक्य का कठोर दंड और उनकी निर्दयता जग-प्रसिद्ध है। वह विरह में निराश और असहाय स्त्री की तरह, मुझे आघात पहुँचा रहा है।

उसने साफ-साफ कह दिया है, "इस मुगालते में मत रहना कि अमात्य राक्षस, कभी चन्द्रगुप्त का पूरी तरह उन्मूलन कर सकेगा।"

राजा नन्द के जीवित रहने पर भी उनकी राज्यश्री स्थिर नहीं रह सकती थी। नीतिवान महामन्त्री वक्रनास भी चंचल लक्ष्मी को काबू में नहीं कर सके थे।

उस दिन वक्रनास बेहद उत्तेजित थे। भयंकर द्वेष से उनकी भौंहें आपस में मिल गयी थीं। उनका नीचे वाला होंठ कुछ लम्बा हो गया था। लेकिन वे नन्द के राज्य को लम्बे समय तक स्थिर नहीं रख सके थे।

चन्द्रगुप्त के अधीन अब राज्यलक्ष्मी स्थिर है। उसके राज्य में लक्ष्मी आकर्षक या कान्तिमयी स्त्री ही नहीं है, चन्द्रगुप्त ने उसमें जगत को आनन्द देने वाली शक्ति भी पैदा कर दी है। अब चन्द्रगुप्त की सत्ता स्थायी है। और चाणक्य के रहते, कोई उस पर आँख नहीं गड़ा सकता है।

चन्दनदास स्वयं यह जान चुका है। उसने देख लिया है कि एक-एक कर दूसरे राज्य चन्द्रगुप्त की अधीनता स्वीकार कर रहे हैं। आचार्य ने अपना कार्य पूरी तरह सम्पादित किया है। और कार्य-सम्पन्न करने वाले, नीतिवान की आत्मप्रशंसा या आत्मश्लाघा अच्छी भी लगती है।

इसी बीच कोलाहल सुनाई पड़ता है। आचार्य के कान चौकन्ने हो जाते हैं। आँखें सतर्क हो उठती हैं।

वे शार्गरव को बुलाते हैं। वह बाहर जाकर देखता है। कुछ राज्य कर्मचारी अपमानित करके 'जीवसिद्धि क्षपणक' को नगर से बाहर खदेड़ रहे हैं। निर्वासन की सजा पाये हुए अपराधी के पीछे कोहराम मचाती हुई प्रजा चल रही है। वह राजा के आदेश पर प्रसन्नता प्रकट कर रही है।

आचार्य प्रकोष्ठ में घूम रहे हैं। शिष्य उनको सब कुछ बता देता है। चन्दनदास सुन कर एक बार सोचता है—अब मेरी मौत करीब है। मुझे भी तिरस्कृत करके इस नगर से लोग खदेड़ देंगे।

आचार्य आवेश के साथ उत्तर देते हैं—"राज्यद्रोह का ही फल तो क्षपणक भोग रहा है। चन्दनदास, राजा विरोधियों के लिए बड़ा कठोर है। अब मेरी सलाह मान कर राक्षस के परिवार को हमारे अधीन कर दो और इसके बदले राज्य से मिले हुए प्रतापों का खुल कर तुम ऐश्वर्य भोगो।"

ऐश्वर्य आदमी की सीमा नहीं है। आदमी अपनी हद के आगे बढ़ना चाहता है। चन्दनदास सोचते हैं—यहीं मैं असहाय हूँ।

कोलाहल की आवाज एक बार पुनः चाणक्य को सतर्क कर देती है। शकटदास कायस्थ बाँध कर राजपथ से ले जाया जा रहा है। वह राजा का अकल्याण चाहता था और राजा ने उसी शूली पर चढ़ाने का आदेश दे दिया है। शकटदास के पीछे-पीछे चलने वाले लोग तालियाँ बजा कर खुशियाँ मना रहे हैं।

ये सारी बातें आकर आचार्य चाणक्य को उनका शिष्य सुना देता है। चाणक्य एक बार फिर चन्दनदास को याद दिलाते हैं कि राजा विरोधियों को कठोर दंड देने में पीछे नहीं हटता है।

चन्दनदास अपनी ही हद पर खड़ा होकर यह सोच रहा है कि आचार्य उसे भय दिखा कर, राक्षस का परिवार अपने कब्जे में करना चाहता है। उसे लगता है कि वह जिस हद तक पहुँच चुका है, उसके बाद किसी तरह की ढीलमढील नहीं चल सकती। यह हद उसके व्यापारी की हद नहीं है। एक मित्र के प्रति कठिन जिम्मेदारी की हद है, जहाँ दृढ़ निश्चय के बाद ही मित्र अपने मित्र के हित में सफल हो सकता है। आचार्य उससे दृढ़ निश्चय और कठोर निर्णय की बात पूछते हैं। चन्दनदास अपनी जमीन पर खड़ा हो जाता है, और स्वीकार करता है कि यही मेरा निश्चय है।

आचार्य की आँखों में एक अतिरिक्त कान्ति झलक उठती है। अपने अब तक के सवाल और प्रतिकार के बावजूद, उनका मन एक हद तक मानवीय

करुणा के प्रति, मानवीय सदाशयता के प्रति, पूरी तरह सतर्क हो उठता है। वे मित्र के प्रति चन्दनदास की निष्ठा को एक दुष्कर कार्य समझ रहे हैं। वे इस बात पर चिन्तित हैं कि यह धन प्राप्ति की अभिलाषा रखने वाला वणिक एकाएक अपने भीतर एक मानवीय दायित्व की दृढ़ता के प्रति समर्पित हो उठा है।

अपने अन्तःकरण में आचार्य इस दुष्कार्य के लिए चन्दनदास की सराहना कर रहे हैं। वह उनके मन में सब कुछ उत्सर्ग करने वाला, राजा शिवि की तरह, एक समर्थ इंसान हो उठा है।

लेकिन उनका कुशल शासक उनके भीतर यह सर्तकता बनाये हुए है कि एक छोटा-सा बनिया राजा के क्रोध की उपेक्षा कर रहा है। उनका कुशल प्रशासक यह जानता है कि सत्ता कितनी भी समर्थ क्यों न हो, उसके आदेश की उपेक्षा करने वाला, हर समय उसके लिए खुली चुनौती बन कर खड़ा रहता है। और किसी की उपेक्षा चाणक्य ने कभी बर्दाश्त नहीं की।

क्रोध में आचार्य के होंठ फड़क रहे हैं। उन्होंने आवेश में कहा, "दुष्ट बनिये, राजा के क्रोध का अब तू अनुभव कर।"

अपनी हद पर खड़ा हुआ चन्दनदास इस आवेश के लिए पूरी तरह उद्यत है। उसने हाथ फैला दिये हैं।

आचार्य को अपने अधिकार के अनुसार उसकी उदासीनता की सजा देनी है। शार्गरव उनके आदेश के लिए खड़ा है।

वे कालपाशिक और दण्डपाशिक के लिए आज्ञा प्रेषित कर रहे हैं। उनके आदेश पर कालपाशिक और दण्डपाशिक चन्दनदास जैसे सेठ को शीघ्र पकड़ लेते हैं। लेकिन आवेश में चाणक्य कभी अपना सन्तुलन नहीं खोते हैं। वे अपने ही आदेश पर विचार कर रहे हैं। और वे सोच रहे हैं कि इस सेठ की आत्मा दूषित है। यह धन पर अधिकार करने के बाद, राजा के दुश्मनों से गूढ़ समझौते कर सकता है। वे इन्हीं सारी चिन्ताओं में उलझे हुए हैं।

आचार्य सोच रहे हैं कि चन्दनदास के धन पर अधिकार कर लिया जाय। उसकी स्त्री-पुत्रों को पकड़ लिया जाय। और जब तक वे चन्द्रगुप्त से विचार-विमर्श नहीं कर लेते, इस वणिक को कारागार में बन्द रखा जाये।

अपने ही निर्णय पर आचार्य ने बार-बार विचार किया है। दुर्गपाल और विजयपाल को उन्होंने अपने आदेश से अवगत करवाया है। और अपने विचार को कार्य रूप में परिणत करने के लिए उन्होंने यह सब चन्द्रगुप्त के माध्यम से पूरा करवाने का निर्णय लिया है।

वे जानते हैं कि इस तरह के निर्णय मन्त्री से विचार-विमर्श के बाद राजा आम सभा में सुनाया करता है।

उन्होंने चन्दनदास को कारागार में ले जाने का आदेश दिया, और कहा कि इसके प्राणदंड की आज्ञा चन्द्रगुप्त ही देंगे।

शिष्य ने गुरु के आदेश का पालन किया और चन्दनदास यह सोच रहा है कि मैं चाणक्य के सामने एक छोटा चूहा ही रह गया हूँ, लेकिन मेरा सौभाग्य छोटा नहीं है। मैंने मित्र की मित्रता को कलंकित नहीं किया है। मित्र के विनाश के लिए मुझे प्राणदंड की सजा नहीं मिली है। मेरे व्यापारिक कौशल की वजह से मुझे कारागार में बन्द नहीं किया जा रहा है। मैं चोर नहीं हूँ। मेरा दोष, मित्र के प्रति अप्रिय नहीं है। मेरा त्याग हीन नहीं है।

आचार्य अकेले प्रकोष्ठ में टूटे पत्थर पर पैर रख कर खड़े हैं। उनकी पूरी देह हर्ष से भरी हुई है। वे सोच रहे हैं कि चन्दनदास की विपत्ति का समाचार सुन कर राक्षस अपने आपको पीड़ित महसूस करेगा और उसकी पीड़ा अपना कार्य सिद्ध करेगी। उसे मित्र के प्रति अपना यह कठोर व्यवहार कभी प्रिय नहीं लगेगा। जिस व्यक्ति ने, मित्र की विपत्ति में सब कुछ सह कर प्राणदंड की आज्ञा को स्वीकार कर लिया है, उसके बारे में समाचार सुन कर राक्षस कभी शान्त नहीं रह सकेगा।

आचार्य सोच रहे हैं, अब राक्षस मेरे वश में है। मैंने उसे पकड़ लिया है। मेरी बुद्धि ही मेरी शक्ति है, और अब मेरी शक्ति से बच कर राक्षस बहुत दूर नहीं जा सकेगा। उसकी स्वच्छन्दता, उसकी मस्ती और उसका आवेश, अब उसे यवनों और पाँच राजाओं से पृथक कर देगा। और अकेला झुंड से भटका हुआ हाथी उसी तालाब में आएगा। और उसे विजय के हाथों मेरी बुद्धि बाँध लेगी। चन्द्रगुप्त के लिए उसका आवेश, उसका मद और उसकी स्वच्छता उपयोगी रहेगी। मुझे कमल को रौंदने वाले हाथी पर और राक्षस की निरंकुशता पर अंकुश लगाना है।

9

राजपथ है। और यहाँ पिटारियों में साँप हैं। मदारी भरे-पूरे पथ पर बीन बजा रहा है। राजपथ में रौनक है। मदारी के कन्धों पर लम्बे झोले हैं। और उसकी पिटारियाँ काफी बड़ी हैं।

लड़के-बच्चे उसे घेर कर चिल्ला रहे हैं, "नाग लाया, साँप लाया।"

मदारी के कन्धे पर एक लम्बा नाग है। और दर्शकों के बीच में वह बीन बजा रहा है। कुछ लोग तन्त्र की जानकारी चाहते हैं, और कुछ झाड़-फूँक की

औषधि के प्रयोग करने का विधि-विधान उससे पूछते हैं। वह गूढ़ हँसी हँसता है। उसकी हँसी आकर्षक है।

लोग सोच रहे हैं, सर्पों की सेवा करने में यह समर्थ है। उसके तन्त्र-मन्त्र की चर्चा फैल रही है।

उससे, उसके बारे में, उसके काम के बारे में और उसकी पिटारियों के बारे में, जानने को लोग-बाग बेहद उत्सुक हो उठे हैं। मदारी बीन बजाता जा रहा है। और अपनी जान-पहचान बढ़ाने में उसे आनन्द आ रहा है।

उसने अपना नाम जीर्णविष बताया है। पेशे से वह सँपेरा है। वह साँपों का मन्त्र जानता है और खतरनाक से खतरनाक साँपों से खेलने में उसे बड़ा सुख मिलता है। समय की आवश्यकता के अनुसार वह राजसेवक भी है और राजनीति के गूढ़ रहस्यों को कौंच कर छेड़ता है। उसका खास मनोरंजन होता है सोये हुए साँप को भड़काना।

जीर्णविष लोगों की उत्सुकता को जगाता है। अपनी जीविका के लिए पाले हुए साँपों को एक-एक करके निकालता है, और पिटारियों में दबा देता है।

देश के सभी खतरनाक इलाकों में, वह हो आया है। बड़े-बड़े राजपुरुषों के बीच, अपनी जीविका की बदौलत वह निधड़क पहुँच जाता रहा है।

खतरनाक साँपों को वश में करने वाले मदारी तन्त्र-मन्त्र में, जड़ी-बूटी के जानकार होते हैं। मतवाले हाथी को हाथीवान ही अपने अंकुश से कब्जे में रखते हैं। नये अधिकार के संग्राम में, राजा अपने सेवकों की बदौलत विजयी होता है।

नये अधिकार का संग्राम आज भी छिड़ा हुआ है। राजा, हाथी और साँप ही इस संग्राम में स्वतन्त्र हैं। राजा से उसका सेवक उदासीन हो गया है। मदारी के मन्त्र बेअसर हो गये हैं। और हाथीवान के अंकुश में हाथी नहीं रह गये हैं।

यह समय ही विश्वस्त सेवकों के प्रति, अविश्वास का है।

सँपेरा सोच रहा है। उसके करीब एक हवेली है। उसमें जाना चाहता है। और हवेली के सेवक, उसे रोकते हैं। वे बताते हैं, "यहाँ हमारे स्वामी राक्षस मन्त्री रहते हैं। इसमें तुम्हारे जैसे मदारी-फदारी नहीं जा सकेंगे।"

यहाँ के सेवक भी अकड़बाज हैं। वे यह नहीं जानते हैं कि अपनी जीविका ही अजीब है। बेधड़क सभी घरों में आता-जाता रहा हूँ। पर नये सेवक अक्सर अपनी ही अकड़ में रहते हैं और खतरों के समय चलने वाली बारीक लड़ाई को वे अक्सर नजरन्दाज कर जाते हैं।

चाणक्य को मैं जानता हूँ। वह अपनी बुद्धि की रस्सी से बड़े से बड़े विषैले साँपों को कस देता है।

मेरे जैसा यायावर जब साँपों की लड़ाई में चन्द्रगुप्त के राज्य में बीन बजाता था, तब चन्द्रगुप्त की रक्षा के लिए, चाणक्य की सतर्कता को देख कर अचम्भे में यही सोचने लग जाता था कि अब इस राष्ट्र पर चन्द्रगुप्त ही शासन करेगा। वही समर्थ है।

जब से यहाँ आया हूँ, यहाँ की हालत पर सोच रहा हूँ। और राक्षस की रक्षा में मलयकेतु की सतर्कता देख कर यह दिखाई देने लगता है कि चन्द्रगुप्त का राज्य अब डूबने ही वाला है।

संकट के समय मेरी बुद्धि भी सठिया जाती है। चाणक्य ने मौर्य कुल की सत्ता को अपनी नीति से स्थायी बना दिया है। उसकी बुद्धि की डोर से अचल रहने वाली लक्ष्मी भी चन्द्रगुप्त के राज्य में बँध गयी है। और अपनी चातुरी से राक्षस उसे अपनी ओर खींच लाया है।

मुझे अक्सर ऐसी परस्पर विरोधी स्थितियों में रहना पड़ा है। लक्ष्मी है तो राक्षस के हाथ में, पर संचालित चाणक्य के संकेतों पर हो रही है। बेचारी चंचला, चाणक्य और राक्षस की परस्पर नीति की चपेट में कभी इधर खिंच आती है और कभी उधर झटका खा जाती है।

इस खींचतान में मेरी तरह के अनाम लोग हताश हो जाते हैं। हमारे हाथ में लक्ष्मी कभी नहीं रही।

सत्ता के द्वार तक पहुँचने के लिए हमें बड़ी-बड़ी सरफोड़ तरकीबें भिड़ानी पड़ती हैं। मन्त्री के सेवक की कभी सेवा अतिरिक्त भी करनी पड़ती है।

चाणक्य और राक्षस दोनों नीति चतुर हैं। दोनों मन्त्रियों की टक्कर में अपनों की गत बन रही है। कभी एक चोट चाणक्य की झेल जाते हैं और कभी दूसरी चोट राक्षस की सहने को मजबूर किये जाते हैं। यही अपनी विडम्बना है।

और दोनों की चोटें चलती भी खूब हैं। इन दोनों की चपेट में ही नन्दकुल की सम्पदा खुले हाथ लुढ़काई जा रही है। और जिसके पास धन है, वह भी संशय में सोचता रहता है, पता नहीं कौन उसे हथिया ले?

जंगल में बराबरी के दो हाथी लड़ रहे हैं। और बेचारी हथिनी, हमारी तरह इधर और उधर झोंका खा रही है।

अभी मैं मन्त्री के दरवाजे के बाहर अटका हूँ। सेवक ने मुझे बाहर ही चपेट दिया है। देखें कब मन्त्रीजी की कृपा दृष्टि होती है?

× × ×

हवेली बड़ी है।

आसन में आकर बैठने वाला राक्षस ऐश्वर्य से भरा-पूरा नहीं लगता है। वह अपनी चिन्ताओं में, वैभव से उदासीन-सा लग रहा है। उसके साथ खड़ा सेवक प्रियंवदक, असमंजस में एकटक अपने स्वामी को देख रहा है।

आँगन में लाल फूलों का वृक्ष है। उसके फूल झालरदार हैं। और मैना उस वृक्ष के भीतर कहीं छिप कर गा रही है।

आसन पर बैठा राक्षस उसी ओर देख रहा है। उसकी आँखों में नीति, पराक्रम और सन्धि की सतर्कता है। शत्रु की नीतियाँ उसको थका रही हैं।

यह बार-बार सोचता है, और नये मित्र-राज्यों से सन्धि करके शत्रुओं के दुर्ग पर जब आक्रमण करता है, अचानक उसका षड्यन्त्र खुला जाता है। जीतने को भेजी हुई उसकी नीति की सेना, पराजित होकर वापस उसके पास लौट आती है।

नन्दवंश की समृद्धि का संगीत अभी भी राक्षस के मन में गूँजता है। वह लाल फूलों की झालर को निराशा से देखता है और मैना का संगीत उसे कष्ट पहुँचाने लगता है।

कुलूतदेश के चित्रवर्मा, मलय देश के सिंहनाद, कश्मीर के पुष्कराक्ष, सिन्ध के सिन्धुसेन और पारस के मेघाक्ष अब उसके सलाहकार हैं और उसे यह बात बार-बार बता चुके हैं, अतीत का गुण वापस नहीं आता है। अतीत की नीति, आज के सम-सामयिक युद्ध में बेमानी है। और गई हुई समृद्धि का बल बलवान आदमी को कभी शोभा नहीं देता है।

समृद्धि की लालसा केवल गुणी आदमी को सालती रहती है। विधाता की दृष्टि नन्दवंश पर से उठ गयी है।

वह सोचता—मेरे स्वामी की आँखें स्वर्ग से इसी वंश पर अटकी हुई हैं। मैं उन्हीं आँखों से डरने लगा हूँ। वे आँखें मेरी जासूसी कर रही हैं। वे मेरे सीने में सुई की तरह गड़ रही हैं।

मेरी प्रतिष्ठा संकट में है। प्राणों के भय की चिन्ता न करने वाला मेरा विवेक सन्देह में है। स्वामी के प्रति आसक्त मेरी भक्ति, और निःस्वार्थ और उनके प्रति मेरा लगाव, सब कुछ मुझे साल रहा है। सब कुछ सन्देह में है।

यह हवेली खाली है। यहाँ थिरकने वाली लक्ष्मी मेरे विरोध में चली गयी है। लक्ष्मी भी गुणग्राहक की ही उपेक्षा करती है।

मैं विरोध में रात-दिन जागते हुए सोच रहा हूँ। अपने अपमान में सब कुछ निराधार प्रतीत हो रहा है। नन्द स्वर्ग में है और मैं दूसरों का दास बन कर उनके लिए अपनी नीति आदि तत्वों का प्रयोग कर रहा हूँ।

लेकिन न तो मैं स्वामी की श्रद्धा को भूला हूँ और न ही साम, दाम और

दंड के प्रयोग में मैं अपनी अज्ञता के चलते पाँच राजाओं की दासता को स्वीकार कर रहा हूँ।

मुझमें प्राणों का भय और यशोलिप्सा नहीं है। मैं जो कुछ कर रहा हूँ, सब कुछ स्वर्गीय नन्द की आत्मा के सन्तोष के लिए कर रहा हूँ। मेरी एकमात्र अभिलाषा है कि उनकी आत्मा प्रसन्न हो।

आनन्द के इस 'नन्द-धाम' को ठुकरा कर, चंचला लक्ष्मी भी चन्द्रगुप्त में अनुरक्त हो गयी है। मुझे चिन्ता इसी बात की है कि मत्त गज जब प्राण त्यागता है, तब मद की धार उसके मस्तक को भेद कर बह जाती है। लेकिन लक्ष्मी आज भी अपनी निर्लज्जता से दुश्मन के साथ रमण कर रही है।

मैं अब कुलटाओं की जड़ ही काट दूँगा। चंचलता की नीच संगत को ही मैं बर्बाद कर दूँगा।

चाणक्य सोचता है, वह कुसुमपुर का निर्द्वन्द्व शासक है। उसकी सेना देखती रह जायेगी और मैं उसके राज्य में उसे मात दे दूँगा।

आज भी वहाँ की जनता, महाराज नन्द के प्रति निष्ठावान है। और निष्ठावान प्रजा हमारे सभी उद्योगों में सहायक होगी।

मैंने शकटदास को धन और पूरे साधनों के साथ कुसुमपुर में छोड़ दिया है। धन और ऐश्वर्य की लालसा बड़े-बड़ों को मरकट की तरह नचाती है।

मेरे चर मेरे संकेतों पर चल रहे हैं। मेरे आदेश पर विषारिक चन्द्रगुप्त के साथ रह रहे हैं। वे मौके पर विष देकर उसका नाश कर देंगे। और चन्दन से लिपटा साँप एक न एक दिन अवश्य मारा जायेगा। उसकी फूत्कार व्यर्थ हो जायेगी। उसके दाँव, उसकी ही पराजय का मुख खोल देंगे।

मेरे गुप्तचर, कुसुमपुर के तालाबों, महलों और गुफाओं में छिपे हैं। वे छिप कर सिर्फ अपनी जान ही नहीं बचा रहे हैं, वे प्रतिपक्ष के शत्रुओं का भेद ले रहे हैं।

सँपेरों के भेष में और कवि के रूप में आम जनता में मेरे आदमी रह रहे हैं। और चन्द्रगुप्त के सारे उद्योगों को असफल करने की कोशिश कर रहे हैं।

अपना सुहृद बन्धु जीवसिद्धि शत्रु के भेद की सूचना भेजने में सतर्क है।

सब सतर्क हैं, चन्द्रगुप्त को जला कर भस्म करने के लिए। सब मिल कर पूरे उत्साह से कार्य कर रहे हैं। विषैले पदार्थों के भंडार के साथ, शटकदास शत्रु के बीच रह रहा है।

कभी व्याघ्र के बच्चे को पाल-पोस कर बड़ा किया गया था। महाराज नन्द ने अपने वंश में उन्हें आत्मीयता दी थी। अब उसी खूँखार को मैं अपनी बुद्धि के बाण से आहत कर दूँगा।

अगर मेरी उन्नति चाहने वाली नियति ने मेरा साथ दिया, तो मेरा पाला हुआ व्याघ्र, चन्द्रगुप्त, मेरे बाण से ही मरेगा। उसके एक-एक अंग काट-काट कर मेरे बाण उसे बिखेर देंगे।

क्या मैं कल्पना में शत्रु का वध कर रहा हूँ? और यह मैना उदासी के गीत गा रही है? और कंचुकी किसी चिन्ता में मेरी ओर देख रही है।

× × ×

अलंकारहीन बनवासी महामन्त्री को कंचुकी एकटक देख रही है। वह अफसोस में है। चाणक्य ने अपने नीतिबल से महाराज नन्द का मर्दन किया। चन्द्रगुप्त को अधिपति पद पर अभिषिक्त किया—कंचुकी सोच रही है।

मैं सत्ताओं के स्थानान्तरण को देखते हुए अब बूढ़ी हो गयी हूँ। मेरा शरीर शिथिल पड़ गया है। लेकिन काम वासनाओं के न समाप्त होने वाले तनाव से छुटकारा पाकर मुझमें धर्म की भावना पैठ रही है।

अभी भी सत्ता का सहायक है लोभ। मलयकेतु महाराजा की शह उसे मिल रही है। लुटी हुई सत्ता को जीतने की लालसा राक्षस में भड़क रही है। वह लोभ की भूमि पर, लोभ के लिए लड़ाई लड़ रहा है।

महाराजाओं का लोभ कभी शमित नहीं हुआ। उन्नतिशील राजा धर्म और लोक के अभ्युदय की सीढ़ियों पर एक-एक डग ऊँचे उठ रहे हैं।

राक्षस के भीतर लोभ ही प्रबल है। और प्रबल लोभी, धर्म को भी अपने अधीन करना चाहता है।

चन्द्रगुप्त अपना है। वह हमारे साथ खेला है। और हमारे बीच बड़ा हुआ है। उसके सीने में अपनों के प्रति लगाव है।

संदेशवाहक मैं महाराजा मलयकेतु की हूँ, लेकिन मेरा दिल कहता है, धर्म को जीतना है। आज सिर्फ लोभ की अन्धी दौड़ चल रही है। लेकिन आदमी की भावना की विजय निश्चित है। लोभ की अन्धी सभ्यता के इस युद्ध में, जीत मानव धर्म की होगी। मनुष्यता जीतेगी।

लेकिन मैं क्या सोचने लगी? सोचना मेरा काम नहीं है। मैं राजसत्ता की एक साधारण चर हूँ। और यहाँ मैं मनुष्य को विजयी बनाने नहीं आयी हूँ। मैं आयी हूँ—महाराज मलयकेतु के दुख का भार कम करने के लिए। अपनी राम-कहानी अब काफी पुरानी पड़ गयी है।

महाराजा मलयकेतु ने कहा है कि महामन्त्री ने बहुत दिनों से अपने शरीर का सब शृंगार छोड़ दिया है। उन्हें देख कर दुख होता है। महामन्त्री वाकई उदास

हैं। वे किसी गम्भीर षड्यन्त्र में उलझे हैं।

× × ×

राक्षस आँगन में बैठे हैं। और सोच रहे हैं कि वे भूषण और वसन मेरी शोभा नहीं हैं। महाराज नन्द के बाद मैं शोभाहीन हो गया हूँ।

मैंने वस्त्र, भूषण और अलंकार का त्याग कर दिया है। लेकिन स्वामी के गुण ही मेरा अलंकार रहे हैं।

और आज राज्य स्वामीहीन है। मैं सम्पदा और प्रतिष्ठा सबसे हीन हूँ। कुमार ने अपने अंग से उतार कर जो भूषण भेजे हैं, उनकी सद्भावना से बार-बार यही सोचने को विवश होता रहा हूँ कि मलयकेतु के गुणों के आगे मैं, स्वामी स्वर्गीय नन्द के गुण भी भूल गया हूँ।

कंचुकी ने मलयकेतु की ओर से जो कुछ कहा है, वह मेरी मर्यादा को बढ़ाता है। मुझे सम्मान और अलंकार नहीं, युद्ध में विजय चाहिए। यह मैं किसी से नहीं कह सका हूँ। जिस दिन पाटलीपुत्र पर फिर अपनी विजय पताका फहरेगी, मैं उसी दिन अलंकृत होऊँगा। योद्धा का अलंकार युद्ध की भूमि है।

मैंने मलयकेतु की आज्ञा मानकर अलंकार धारण कर लिए हैं। कंचुकी शान्त है।

वह प्रणाम कर चली गयी है। और मैं उन अलंकारों को धारण कर कहीं अधिक लघु हो गया हूँ। मेरी बाईं आँख फड़क रही है।

प्रियंवदक आया है। वह किसी सँपेरे के करतब की बात कर गया है।

मैं पहले ही साँपों के बिल में बैठा हूँ। साँपों का और खेल मुझे नहीं देखना है। पर आजकल, ज्यादातर आदमी अपने में कुछ अतिरिक्त छिपाये हुए हैं।

मैं अपने में चलते हुए अपने कौतुक को छिपा लेता हूँ। और योद्धा का करतब दिखाने लगता हूँ।

अपने अन्तःकरण में सँपेरा भी कुछ और ही है। वह कुछ धन लेकर विदा नहीं हो रहा है। सँपेरे का अतिरिक्त व्यक्तितत्व, देशी भाषा के कवि का व्यक्तित्व है। उसने जो पत्र भेजा है, वह कुसुम रस का पान करने वाले सुहृदयों का संकेत देता है। लगता है यह कुसुमपुर का सन्देश जानने वाला अपना कोई दूत है।

× × ×

विरोधगुप्त आकर सामने बैठ गया है। और वह सोच में है। हर समय काम में व्यस्त रहने की वजह से महामन्त्री काफी खिन्न लग रहे हैं।

व्यग्र आदमी भुलक्कड़ होता है। महामन्त्री नीतिवान है। और उसके पास लक्ष्मी भी आधे मन से आती है। उसका आधा मन चन्द्रगुप्त में अटका रहता है। भय से जिसे देख कर लक्ष्मी स्वयं त्रस्त हो जाती है, उसे एक सँपेरा क्या पूरी तरह पहचान सकता है? अपने एकान्त में, विरोधगुप्त व्यग्रतापूर्वक राक्षस को देख रहा है।

प्रियंवदक चला जाता है। संकोच की छाया हट जाती है। सँपेरा अपने असली रूप में आ जाता है।

विरोधगुप्त सोचता है, राक्षस ने ठीक ही प्रियम्वदक से कहा था—"यह आदमी साँपों से ही अपना जी बहलाता है।" चमकदार साँप हैं। धारीदार साँप हैं। चकत्तेदार और बहुरूपियों की चाल चलने वाले साँप हैं। महामन्त्री आज भी मलय, सिन्धु, कश्मीर और आने वाले विदेशी यवनों से खेल रहा है। सभी उसके नशे में हैं। सबको अपने तन्त्र से इसने साध लिया है।

मैं कभी नन्द का आश्रित था। अब साँपों की मंडली में अपना जीवन काट रहा हूँ। अपनी जीविका वाकई पालतू साँपों पर चल रही है। पराश्रित आदमी असहाय होता है।

महामन्त्री शायद मेरी दीनता पर ही सोच रहे हैं। महानन्द के बाद उनके आश्रित लाचार हैं।

राक्षस ने अपने भीतर चलती हुई लड़ाई पर सोचा है—और महसूस किया है कि सँपेरे के पेशे में घूमने वाला विरोधगुप्त, कुसुमपुर की लड़ाई में हिस्सा लेकर आया है। इसके वृतान्त आँखों देखे होंगे।

अनुभव की आँखें हैं। खुले आकाश के नीचे, सब कुछ लम्बा और चौड़ा लगता है। किसी लम्बे और चौड़े राजपथ में उस दिन व्याघ्र विजयी योद्धा की पोशाक पहन कर कुसुमपुर के राजपथ पर आया होगा। और मेरे चर राजपथ की लम्बी दूर तक फैली हुई बस्ती को नयी आँखों से देख रहे होंगे।

मेरे भेजे हुए चर चन्द्रगुप्त के पीछे छाया की तरह चल रहे होंगे। उनके हाथ में विष का प्याला होगा।

मैं फिर कल्पना करने लगा। कल्पना युद्ध के मोर्चे की वास्तविकता नहीं होती। वास्तविकता कटु होती है। अपने ही हाथ धड़ से अलग हो जाते हैं। अपने ही बनाये हुए दरवाजे आग की लपेट में जल जाते हैं। वास्तविकता खंडित भी होती है और दबाव में भी रहती है।

विरोधगुप्त वास्तविकता की आग के दरवाजे के बीच से आया है। उसने जो पहला आघात दिया है, मेरी आँखें उसकी आदी हैं।

मैं कृपाण खींच कर क्रोध में खड़ा हो जाता हूँ। विरोध के अनुभव का कुसुमपुर यहाँ नहीं है, जिसे मैं ध्वस्त करना चाहता हूँ। लेकिन मेरी आँखें उस कुसुमपुर को देख रही हैं।

शक, यवन, किरात, कम्बोज, पारस और बाल्हीक आदि देशों के मित्र राजाओं की सहायता से कुसुमपुर चारों ओर से घिर गया है। और मैं हर मोर्चे पर लड़ रहा हूँ।

हर सिपाही के हाथ, मेरे हाथ हैं। हर खतरे के बिन्दु पर मैं उपस्थित हूँ। मेरे जीते जी कौन कुसुमपुर को घेर सकता है। यह आघात मेरे लिए असह्य है।

शक, यवन, किरात, बाल्हीक और कम्बोज देश के राजा चाणक्य के मित्र हैं। चन्द्रगुप्त उस घिरे हुए समुद्र के बीच अपने आपको विजयी-योद्धा समझ रहा है।

नहीं विराघ। यदि यह सन्देश, आधा भी सत्य है, तो और सुनने का धैर्य मुझ में नहीं है।

अब शब्दों की नहीं, अस्त्रों की जरूरत है। सन्देश नहीं चाहिए, युद्ध का मोर्चा मजबूत करो।

सिपाहियों से कह दो कि वे कुसुमपुर की ओर बढ़ जायें। वे घटा की तरह कुसुमपुर पर छा जायें। द्वार-द्वार पर लड़ने वाले योद्धा मुझे चाहिए।

धनुर्धरों से कह दो कि प्राचीर के चारों ओर खड़े हो जायें।

हाथियों का मर्दन करने वाले हाथी चाहिए। ऐसे योद्धा चाहिए, जो मरने और जीने की शंका को छोड़ कर केवल शत्रु पर आक्रमण करने को उद्यत हों। केवल ऐसे योद्धा चाहिए जो मेरे साथ मर कर कीर्ति चाहते हों, पूर्ण कीर्ति। खुला युद्ध।

विराध समझ रहा है कि शत्रु को आघात देने वाला महामन्त्री इस समय आवेश में है। वह युद्ध की भूमि पर पहुँच गया है।

वास्तव में महामन्त्री युद्ध में ही सोता है और युद्ध की ही भूमि पर उसकी आँखें खुलती हैं।

लेकिन अभी शस्त्र उठाने का समय नहीं है। यह समय आँख भर कर आघात को बर्दाश्त करने का समय है। और मैं देख रहा हूँ....।

आवेश में कृपाण खींचने वाला महामन्त्री अब पश्चाताप की मुद्रा में ढल गया है। उसके मन का बदलाव, शायद नन्दवंश के आवेश का बदलाव है। राक्षस आज भी इस बदलाव के बीच नन्द को याद कर रहा है। वह दुख और युद्ध के बीच, खाली अन्तराल में अकेला खड़ा है। और बीते हुए अतीत को याद कर रहा है।

जहाँ काले मेघों के समान हाथियों की सेना रहा करती थी, राक्षस वहीं

अपनी कल्पना से उपस्थित है और अत्यन्त चंचल जल के समान, तेज घोड़ों के समूह पर राक्षस का नियन्त्रण है।

नन्द के ऐश्वर्य के समय महामन्त्री का भी ऐश्वर्य था। आज वे भीगी आँखों से अपने आन्तरिक स्नेह की हजारों भूली-बिसरी स्मृतियों में खोये हुए हैं।

मन में खोया हुआ आदमी, वर्तमान का सतर्क योद्धा नहीं हुआ करता।

लेकिन मैं कुसुमपुर के वृत्तांत सुना रहा था। मुझमें योद्धा बनने की क्षमता नहीं है।

मैंने एक के बाद एक समाचार सुना दिये हैं। कुसुमपुर घिरा हुआ है चारों ओर से। नगरवासी भीतर ही भीतर घिरे हुए हैं।

घिरे हुए लोग घबरा रहे हैं। कुछ लोग घेरे में उदास लोगों को देख कर अपनी हिम्मत छोड़ देते हैं।

उस दिन सर्वार्थसिद्ध घबराये हुए नगरवासियों को देख रहा था और उदास हो गया था। उदास आदमी कमजोर होता है। और कमजोर आदमी सुरंग की खोज में रहता है।

सुरंग के मार्ग से उस दिन सर्वार्थसिद्ध तपोवन में चला गया था और उसके आगे लड़ने वाली सेना हताश होकर लौट पड़ी थी। तपोवन में गये हुए निराश स्वामी के बारे में सोच कर सब शिथिल हो गये थे। सैनिकों का मनोबल टूट गया था। टूटे हुए मनोबल के सिपाही शत्रु के आगे झुक गये थे।

चन्द्रगुप्त के योद्धा नगर में जय की डोंडी पीट रहे थे। सारा नगर जय के उद्घोष से गूँज उठा था। और आपके भेजे हुए विश्वस्त गुप्तचर इधर-उधर सुरंग में छिप गये थे। जिस विषकन्या को आपने चन्द्रगुप्त के शयनकक्ष के लिए नियुक्त किया था, वह पर्वतेश्वर के अंतरंग कक्ष में पहुँचा दी गयी थी। और चन्द्रगुप्त के नाश की कामना से भेजी गयी विषकन्या के हाथों तपस्वी पर्वतेश्वर को जान से हाथ धोना पड़ा था।

× × ×

उदासी और युद्ध के बीच है अन्तराल। मैं शायद, सचमुच आघात सहने के लिए बच गया हूँ। राक्षस अपनी उदासी में एक ही बात सोच रहे हैं।

चाणक्य की शक्ति अपराजेय है। चाणक्य की बुद्धि सब कुछ उलट देती है। विराध जिसे भाग्य की विडम्बना कह रहा है, मैं जानता हूँ पर्वतेश्वर की मृत्यु मेरी नीति की पराजय है। विषकन्या ने अन्तरंग कक्ष में पर्वतेश्वर को विष की मार से आहत नहीं किया है, बल्कि मेरी एक भुजा व्यर्थ कर दी गयी थी।

विराध, अपनी आँखों के दौड़ते हुए चित्रों को एक-एक कर रोप रहा है। और यह महसूस करता जा रहा है कि यह एक-एक चित्र है या स्वयं घायल वंश का योद्धा है। खुद आहत नन्दवंश है।

पर्वतेश्वर के वध के बाद, कुमार मलयकेतु डर गया था। उसे हर कहीं सन्देह के खतरनाक चेहरे दिखाई देने लगे थे। वह महसूस करने लगा था कि कोई भी उसके ओठों पर एक जहर का चुम्बन आँक सकता है। और वह अपने ही आत्मीय कक्ष में पिता की तरह अकारण ही मार दिया जायेगा।

भय के बीच से बाहर निकलने का एक ही रास्ता रह गया था मलयकेतु के लिए। और उसने पिता की कीर्ति के कुसुमपुर का सर्वदा के लिए त्याग कर दिया था। वह डर कर कुसुमपुर से चला गया।

कुसुमपुर में पर्वतेश्वर के भाई वैरोचक अकेले रह गये हैं। मरे हुए भाई के राज्य के उत्तराधिकारी।

चन्द्रगुप्त नगर के भीतर प्रवेश कर चुका था। और दुष्ट चाणक्य मौके की तलाश में था। ज्योतिषियों के अनुसार, आज आधी रात को नन्दभवन में चन्द्रगुप्त उपस्थिति होगा।

पर्वतेश्वर के भाई वैरोचक पर चन्द्रगुप्त ने अपना विश्वास जमा लिया था। बाहर भीतर से नन्दभवन की जाँच कर ली गयी थी।

बढ़ई और लोहारों की मदद से थोड़े समय में गृह-प्रवेश की तैयारी हो गयी थी।

चन्द्रगुप्त के गृह-प्रवेश का मुहूर्त ज्योतिषियों ने निकाल दिया था।

दारुवर्म ने पहले से ही प्रवेश-द्वार बना दिया था। द्वारा पर सोने की पच्चीकारी की गयी थी। तोरण बाँधे गये थे। बिना कहे ही, दारुवर्म ने जिस होशियारी का परिचय दिया था, चाणक्य ने उसे उसकी अतिरिक्त चालाकी का पारितोषिक दिलाने की आज्ञा दी थी।

कुटिल और दुष्ट आदमी की प्रसन्नता भी खतरनाक होती है। राक्षस सोच रहे हैं। यह चाणक्य कहीं दारुवर्म के यत्न को जान तो नहीं गया था।

दुश्मन से पारितोषिक लेने वाला हमारा गुप्तचर, क्या अपनी बुद्धि खो चुका है? चाणक्य प्रसन्न है, इसका यही अर्थ समझ में आता है कि हमारा यत्न या तो उल्टा हो गया है, या हमारा सार्थक कदम निष्फलता में बदल गया है।

आज मेरे भीतर सन्देह और विकल्प उत्पन्न हो रहे हैं। मेरी आत्मा पीड़ित है। मेरी शक्ति को राज्य के मोह में फँसा कर क्या यह दुष्ट नीतिज्ञ, मुझे हाथ-पैर हीन बना देना चाहता है? क्या मेरी सामर्थ्य, सर्वथा व्यर्थ होते जाने के लिए ही है।

विराध ने बताया है—

आधी रात ढल चुकी थी। सारा नगर स्तब्ध था। और अपनी पूर्व-योजना के अनुसार आधी रात को पृथ्वी को आधे-आध विभाजित कर दिया गया था। एक हिस्से का शासक पर्वतेश्वर का भाई वैरोचक बनाया गया था और पृथ्वी के दूसरे हिस्से पर चन्द्रगुप्त को आसन दिया गया था।

आधी रात के समय सारे नगर-निवास आधे-आध बँट गये थे। वे आधे खुश से और आधे पीड़ित थे। आधे चेहरे पर घृणा थी और आधा चेहरा हँस रहा था।

आधी रात में सब कहीं आधा दबाव था और आधी स्वाधीनता थी।

चाणक्य ने आधा राज्य पर्वतेश्वर के भाई वैरोचक को दिये जाने की घोषणा पहले ही कर दी थी।

रात का दूसरा प्रहर था। वृक्षों में घोंसले थे। और चिड़ियाँ अपने-अपने अंडे सेती हुई, सो गयी थीं।

केवल सियार स्वतन्त्र थे। कभी-कभी कूकुर भूँक रहे थे। अँधेरे में खुसुर-फुसुर की आवाजें रेंग रही थीं।

और आधी पृथ्वी के शासक वैरोचक का अभिषेक कराया जा रहा था। उसके अभिषेक में कोई कमी नहीं थी। उसे बड़े-बड़े बहुमूल्य स्वच्छ मोतियों का कवच पहनाया गया था। अनेक रत्नों का जड़ाऊ सुन्दर मुकुट उसके सिर पर रखा गया था। गले में सुगंधित फूलों की कई मालाएँ पहनाई गयी थीं। वह आकर्षक लग रहा था।

शृंगार में आदरी, अपनी असली पहचान खो देता है । जिन्होंने वैरोचक को देखा-जाना था, वे भी आधी रात में, आधी पृथ्वी के राजा का आकर्षण देख कर विस्मित हो रहे हैं।

उधर चन्द्रगुप्त के लिए उस दुष्ट मन्त्री ने चन्द्रलेखा नाम की हथिनी का प्रबन्ध किया था। हथिनी सजी-धजी थी। और चन्द्रगुप्त उस पर बैठा था उसके आगे और पीछे बहुत से मनुष्य थे। सभी उत्साह में थे। और सतर्क थे।

सब कुछ विद्युतगति से हो रहा था। हथिनी पर बैठे हुए चन्द्रगुप्त को शीघ्रता से 'नन्द-मन्दिर' में प्रवेश कराया गया था।

आपका बढ़ई दारुवर्म, घबराया हुआ सब कुछ देख रहा था। वैरोचक जब मन्दिर में प्रवेश करने लगा, उसने घबराहट में उसे ही चन्द्रगुप्त समझ लिया।

गलत समझ का आदमी अक्सर मौके पर चूक जाता है। भौचक दारुवर्म ने विशेष तौर पर जो तोरण कल सजाया था, उसकी डोर उसने खींच दी।

सावधानी में आदमी कभी-कभी अतिरिक्त सतर्कता दिखा जाता [illegible] तोरण

के खींचे जाते ही, मुख्यद्वार बन्द हो गया। चन्द्रगुप्त के अनुयोयी राजा बाहर खड़े रह गये।

चन्द्रगुप्त के वध के लिए हथिमी पर बैठे हुए बर्बरक ने, आपके आदेश का पालन करते हुए, अपने आपको तैयार कर लिया। बर्बरक आधी रात में शायद आपका आधा पाठ भूल गया था।

हथिनी पर सोने की शृंखलाओं की सुवर्णा यष्टि थी। बर्बरक वहीं बैठा था। उसकी सोने की गुप्ती थी। हथिनी पर बैठे चाणक्य के गण काफी सतर्क थे। बर्बरक ने चन्द्रगुप्त पर वार करने के लिए, अपनी छोटी कृपाण, गुप्ती से निकाल ली थी।

अपनी लड़ाई में सब व्यर्थ हो रहा था। पौरुष व्यर्थ हो गया था। रणनीति व्यर्थ हो गयी थी। कौशल व्यर्थ हो गया था। और राक्षस महसूस कर रहे हैं, उनकी अस्मिता और उनका युद्ध, व्यर्थ में समाप्त होने जा रहा है।

आघात से वे जर्जरित हो चुके हैं। उनके कान नये आघात के खतरे के लिए फिर भी सतर्क हैं। वे सोच रहे हैं, यह सब चाणक्य की वजह से हो रहा है।

पर्वतेश्वर के वध से वहाँ की प्रजा उसको कलंकित समझने लगी थी। लोगों की आँखों से घृणा चमक उठी थी। चाणक्य ने अपने कलंक को धोने के लिए यह सब चाल पहले ही रच ली होगी। प्रजा का विश्वास जीतने के लिए ऐसे दुष्ट व्यक्ति सब कुछ करते हैं। वे गलत-सलत लोगों से मेल-जोल कायम करते हैं। महा गठबन्धन बाँधते हैं और प्रजा में झूठ को सच साबित करने की पूरी तैयारी करते हैं।

और इसी षड्यन्त्र ने, मेरी शक्ति को काट-पीट कर व्यर्थ कर दिया है। मैं अपनी ही भूमिका में हार गया हूँ। विराधचक मेरे दोनों बाण बेठिकाने पर लगे। गलत संतुलन की बदौलत समय से पहले ही मैं मात खा गया।

मर्मस्थल पर हथिनी को चोट लगी थी। घायल हथिनी दूसरी दिशा में भाग पड़ी थी। और द्वार के यन्त्र को अचानक खींच देने की वजह से बर्बरक मारा गया।

द्वार गिर गया था। और बर्बरक की लाश वहीं पड़ी थी। दारुवर्म को अपनी मौत दीख रही थी। काली मौत उसे अपने पंजों में कस रही थी। वह डट कर द्वार से ऊपर की ओर भागने लगा था। भागने वाला योद्धा लक्ष्य से च्युत हो जाता है।

दारुवर्म लक्ष्य चूक जाने के बाद द्वार के ऊपर कसी हुई कील को घुमाने लगा। यन्त्र से कसा हुआ द्वार ढीला हो कर भहरा पड़ा। और हथिनी पर बैठे वैरोचक उसके नीचे दब गये।

बोधगुप्त समाचार सुना रहे हैं। और राक्षस हताशा में अपनी व्यर्थता पर सोच रहे हैं।

दोनों का अपना-अपना अनिष्ट सामने खड़ा था। और यह सब अचानक हो गया था। चन्द्रगुप्त बच गया था। और उसको मारने वाला बर्बरक योद्धा मर गया था। आधी पृथ्वी का आधा राजपाट भोगने के पहले ही वैरोचक को आधी दुनिया से विदा मिल गयी थी।

और वैरोचक के अनुयायियों ने आपके बढ़ई दारुवर्म को घेर लिया था। शान्त वातावरण में ढेले-पत्थर चलने लगे थे। देखते-देखते दारुवर्म वहीं ढेर हो गया था। अपने एक-एक लक्ष्यवेधी योद्धा, लक्ष्यच्युत होने के बाद, धराशायी हो गये। और आपकी तरह, हम लोग, दर्शक की तरह, अपनी पराजय को देखते रह गये थे।

हमारी सुरंगों के मुँह घास-फूस से ढक दिये गये थे। और भगोड़ों के लिए छिपने का स्थान भी नष्ट हो गया था। दुश्मन के चालाक आदमी ने हमारी सुरंगों के मुँह पर आग लगा दी थी। और मैं आपके भेजे हुए अभयदत्त की तलाश में भटक रहा था।

यह समय तलाश का नहीं था। प्रसन्नता का समय नहीं था। अपनी नीति, अपनी योजनाएँ लाख का घर रह गयी थीं। और उसमें जलने और तड़प कर पीड़ा को बर्दाश्त करने के लिए, हम रह गये थे।

प्रयत्न अपनी ओर से पूरा था। अभयदत्त ने एक चूर्ण बनाया था। चूर्ण को सुवर्ण-पात्र में रखा था।

संशय-पुत्र, हर कहीं सतर्क होता है। चाणक्य ने सुवर्ण-पात्र से उलट कर दूसरे पात्र में उसकी परीक्षा की थी, और चूर्ण का रंग बदल गया था। चाणक्य की आँखें बदले हुए रंग को पहचानती थीं। उसने चन्द्रगुप्त को बता दिया था कि यह विषैली औषधि है।

दुष्ट ब्राह्मण की पहचान भी दुष्ट होती है। उसके मस्तिष्क में खतरनाक साँपों का घर है। और अपने वैद्यराज अभयदत्त अपने ही विष की खोज में, साँपों के बिल में पहुँचा दिया गया। विज्ञानवेत्ता को अपनी खोजी हुई औषधि का घूँट पिला कर मार डाला गया।

अपने ही योद्धा, एक-एक कर आत्मविनाश के कगार पर पहुँच गये थे।

प्रमोदक, चन्द्रगुप्त के शयन कक्ष के अधिकारी थे।

चौंकने और घबराने की अब कोई बात नहीं रह गयी है। अब समय को धीरे-धीरे सरकते हुए महसूस करना है। जीना है। और आने वाले आघातों को सहने के लिए सीने को मजबूत करना है।

प्रमोदक हर समय प्रमाद में रहता था। कुसुमपुर के सम्पन्न लोगों के बीच उसने अच्छी मित्रता कायम कर ली थी। शान से वह रहता था।

धन ने उसकी आँखें बदल दी थीं। जितनी अधिक संख्या में वह हम लोगों से धन लेने लगा था, उसने अधिक खुले ढंग से वह मदिरा और राग-रंग में उसे फूँकने लगा था। उससे घर की रंगीन रातों की कहानियाँ, सबकी जुबान पर थीं।

कुटिल स्त्रियों का वहाँ जमघट लगा रहता था। वे अपने प्रभाव को बढ़ाने की नयी-नयी तरकीबें सोचती थीं। विलास की उच्छृंखल रंगरेलियाँ चला करती थीं। सत्ता के उच्च अधिकारियों की आँखों में अपने को चढ़ाया जाता था। उन्माद की स्वच्छन्दता थी।

यह समय खुशहाली और सौदेबाजी का था। रमणियाँ देह को बेच रही थीं। वे सभ्यता के रंगमंच पर, मौके पर, अपनी देह को धन और राज्यभक्ति के तराजू पर चढ़ाकर, अधिक लाभ उठाने की होड़ बद रही थीं।

दिमाग और दिल का सौदा करने वाला प्रमोदक अकेला नहीं था। खुले अवसर से अपनी अंजुलि भरकर और लोग भी मौज में आ रहे थे।

लम्पट थे। दुराचारी थे। भ्रष्ट थे। और क्लीवों की सभ्यता का असर ही बढ़ रहा था। प्रमोदक इसी सभ्यता का जाना-माना धनिक था।

उसकी परस्पर-विरोधी बातों पर कुसुमपुर में सन्देह फैल रहा था। एक दिन चाणक्य ने उसे पकड़ लिया। जाँच-पड़ताल के बाद उसकी पोल खुल गयी। उससे पूछा गया था कि उसे इफरात खर्च करने के लिए इतना धन कहाँ से मिला है?

उसके पास कोई संगत उत्तर नहीं था। उसकी प्रमाद में बहकी हुई बुद्धि अपनी तीक्ष्णता खो चुकी थी।

दुष्ट चाणक्य ने उसे कारागार में डलवा दिया था। उसके सिर पर साँपों और बिच्छुओं की टोकरी उलट दी गयी थी। और मगर से युद्ध के लिए उसे तालाब में फेंक दिया गया था।

राक्षस विस्मय के साथ सोच रहे थे।

यातना प्रमोदक को नहीं दी गयी थी। मेरी नीति को खूँखार जानवरों के पिंजड़ों में उस दुष्ट ने छोड़ दिया था—राक्षस सोच रहे थे—विराध जो कुछ कह रहा है, वह सब मैं झेल रहा हूँ।

प्रमोदक की रंगरेलियों में बिना-दाम मैं ही बेचा गया था।

मैंने अपनी ही हार के लिए एक खतरनाक सभ्यता का अन्वेषण किया था। और उस विषैले अन्वेषण में, मेरी ही साँसों में जहर भर गया था।

चन्द्रगुप्त पर आक्रमण करने के लिए वीभत्सक को नियुक्त किया था। क्या वह भी अपनी वीभत्सता के नीचे, रेंग कर गल-खप गया? क्या गली हुई सभ्यता की सड़ाँध ही अपने मस्तिष्क की रचना है?

अपने से घबराया हुआ आदमी, अपने हाथों अपनी चिता तैयार करता है। रेंगने वाले कीड़ों से रणनीति का संचालन नहीं होता है।

वीभत्सक चन्द्रगुप्त के महल के नीचे रहता था। नीचे सुरंग थी। वह उसी में रहता था। सुरंग में रेंगकर सरकता था। और उसके लिए सुरंग में सब-कुछ सुरक्षित था। अन्न का भण्डार था।

शयनगृह में चन्द्रगुप्त अभी नहीं आया था। दुष्ट चाणक्य उसके पहले मौके की जाँच-पड़ताल करने आया था। उसे अचानक शयन-गृह की दीवार में चढ़ती हुई चींटियों की कतार दिखाई दी थी।

चींटियों ने अपने लिए दीवार में छेद कर लिए थे। पके चावलों को पहचान कर चाणक्य यह समझ गया था कि यहाँ खतरा है। कोई महल के नीचे रह रहा है।

प्रत्युत्पन्नमति के कूटनीतिज्ञ सोचने में समय नहीं गँवाते हैं। उस दुष्ट ने, तत्काल शयन-गृह को जलाने का आदेश दे दिया। सुरंग में रेंगता हुआ वीभत्सक सतर्कता से समय का इंतजार कर रहा था। एक के बाद एक, धुएँ की बारीक रेखाएँ सुरँग में सरक रही थीं। रेखाओं के गुंजलक में उस दिन वीभत्सक सचमुच भयानक हो उठा था।

शयन-गृह की धरती लपटों में नीचे धँस रही थी। और वीभत्सक के साथ सुरंग में प्रतीक्षा करते हुए अपने लोग, एक के बाद एक झुलस रहे थे। तड़प रहे थे।

केवल जले हुए मांस की गन्ध और झुलसे हुए मुख की दो-एक आकृतियाँ सुरंग में बच गयी थीं।

मैं जो कुछ देख रहा था, सब वीभत्स था।

वीभत्सता घृणा पैदा करती है। और मैं वहाँ वीभत्सता और हिंसा के खुले वातावरण को केवल देख रहा था। आपकी ही तरह अपनी आँखें भीगी थीं। लेकिन आँखों के आँसुओं से हम खुले उन्माद, खुली विलासिता और अन्धी सभ्यता के प्रमाद को धो नहीं सकते थे।

प्रमाद का प्रदर्शन गलत था। और वीभत्सता की हमारी रणनीति गलत थी।

समय बीत जाता था। और दुश्मनों का कार्य, हमारी उल्टी चालों से स्वयं सिद्ध हो रहा था।

राक्षस सोच रहे थे कि उनकी सारी नीतियाँ चन्द्रगुप्त का कल्याण-साधन करने में खप गयीं। अब अपने कार्यों और दर्शन की नयी व्याख्या की आवश्यकता है। अपने गतिरोध को, बड़े सामर्थ्य की तैयारी में खपाना है–

"रोक दो विराध, रोक दो, हमें समीपवर्ती अतीत की नहीं, भविष्य की

पहचान करने के लिए, नये संकल्प की, इसी संकट के समय में और इसी वर्तमान में खोज करनी है।"

× × ×

रोक देने से संकल्प नया नहीं हो जायेगा। इतिहास हमारे अनुकूल नहीं ढलेगा। लक्ष्य ठहर नहीं जायेगा।

जो छोटे हैं, जिनकी अस्मिता पर संकट आया हुआ है, वे किसी भी कार्य का आरम्भ नहीं कर सकेंगे।

छोटी सभ्यता का माध्यम छोटा व्यक्ति होता है। और माध्यम का छोटा व्यक्ति, संकट या विघ्न के सिर पर मँडराने पर बचाव के कार्य को आरम्भ करके उसे बीच में छोड़ देता है। लेकिन धीमान व्यक्ति विघ्न-बाधाओं का बारम्बार सामना करते हैं।

राजनीतिज्ञ आरब्ध कार्य को अधूरा नहीं छोड़ते हैं। उनकी ऊँचाई ही उनके लक्ष्य को सफल बनाती है।

पृथ्वी को धारण करने वाले शेष ने, आपसे और हमसे कहीं अधिक क्लेश झेला है। वे आज भी भार का वहन कर रहे हैं।

जिनकी भुजाओं पर पृथ्वी का भार है, जिनका मस्तक पृथ्वी को सँभाले हुए है, वे संकट के समय हारते नहीं हैं। वे पृथ्वी को फेंक कर अपनी सुरंगों में मुँह नहीं छिपाते हैं।

सारी दुनिया की परिक्रमा करने वाला सूर्य, सबके लिए श्रम करता है। थकने पर बैठता नहीं है।

धीमान आदमी अनवरत यात्री होता है। वह सूर्य की तरह निश्चल नहीं रहता। प्रशंसा न मिलने पर वह शुरू किये हुए कार्य का त्याग नहीं करता।

सूर्य की तरह वह अहर्निश चलता है। अँधेरे में, रात में और दिन में वह चलता ही रहता है। वह अपनी कार्यशीलता से लज्जित नहीं होता है।

इतिहास से मिले हुए कार्य का वह बड़ी सतर्कता से संचालन करता है। उनकी परम्परा कर्मवीरों की परम्परा है। उनका कुल, धीमानों का कुल है। वे ठहरते नहीं हैं, बदले हुए समय पर सोचते हैं। झूठे युद्ध, सड़ाँध, विलासिता और गतिरोध से पूरे राष्ट्र को सूर्य की तरह, वे अँधेरे से बाहर लाते हैं।

× × ×

शुरू किया हुआ कार्य पूरा करना है, राक्षस सोचते हैं। पूरी तत्परता से कार्य का संचालन करना है।

"ठीक है विराध, यही मानव-धर्म है। मैं समय के रथ को रोक नहीं रहा हूँ।"

लेकिन जीवसिद्धि क्षपणक तिरस्कृत किया गया है। उसे नगर-निर्वासन का अपमान सहना पड़ रहा है। मुझे उसके निकाले जाने का दुख नहीं है। बिना घर का आदमी योगी होता है। उसे एक नगर से निकाल कर कोई बड़ा आघात नहीं सहना पड़ता है।

जीवसिद्धि क्षपणक अनिकेतन रहा है। विषकन्या की नियुक्ति मैंने की थी। लेकिन दोषी जीवसिद्धि क्षपणक को ठहराया गया।

उसके साथ विषकन्या गयी थी। और उसने पर्वतेश्वर को मरवाया। यह कुटिल बुद्धि कौटिल्य की ही है। अपने कलंक को उसने मिटा दिया। और उल्टे मुझे ही अपयश से कलंकित होना पड़ा।

आधी पृथ्वी का भोग करने की लालसा अपने सीने में दबाये हुए वैरोचक अधूरे जीवन में ही नष्ट हो जाता है। यह सब एक ही नीति का चामत्कारिक फल है।

मन ही मन राक्षस, चाणक्य की सफलता की सराहना करता है। नीतिवान, नीतिवानों का सम्मान करते हैं।

और शकटदास पर यह दोष लगाया गया है कि इसने चन्द्रगुप्त को मारने का षड्यन्त्र दारुवर्म के साथ मिल कर रचा था। एक ही तीर से दोनों का काम निपटा दिया। सूली पर शकटदास चढ़ा दिया गया।

महामन्त्री राक्षस शान्त बैठे हैं। उनका सब कुछ भस्म हो गया है। वे जैसे अपने ही जले हुए दुर्ग के अवशेषों को देख रहे हैं।

उनका अपना लोभ सीमित नहीं था। राजा नन्द के कार्य को पूरा करने का वह एक साधन था।

मैं उसके लिए जी रहा हूँ। और मेरे कान सब कुछ सुनने को आज भी सतर्क हैं। मेरे समर्थ योद्धा बड़ी ही अयोग्य मौत मरे।

× × ×

सत्ता से बिगाड़ करने की राय आप भी चन्दनदास को नहीं देते, विराध तर्क देता है। लेकिन वह चाणक्य के हाथों विवश हो गया था। चाणक्य के विरोध को स्वीकार कर उसने आपके कुटुम्ब को बचाया। उसने सौदा नहीं किया। प्रबल माँग के समय भी वह सौदागर नहीं, आदमी ही रहा। आपका मित्र, आदमी के स्तर पर स्वाभिमान से जी रहा है।

स्वाभिमानी दृढ़ होता ही है। उसे बंदीघर में ठूँस दिया गया है। उसकी सम्पत्ति जब्त कर ली गयी है।

× × ×

"और अब राक्षस कष्ट सहने को प्रस्तुत हो जाओ। बंधन में यातना चन्दनदास नहीं भोग रहा है। विराध, यह मैं प्रताड़ित किया जा रहा हूँ। मुझे चाणक्य ने लांछित किया है। मन्त्री राक्षस अपने कुटुम्ब के साथ उसके बन्दीगृह में सड़ रहा है।"

प्रियम्वदक, क्या आशा है? कुछ आघात क्या अभी और सहने हैं? कुछ मर्मान्तक धक्के और बर्दाश्त करने हैं? आश्चर्य है।

क्या सारा युद्ध झूठ पर लड़ा था? क्या शकटदास शूली पर नहीं चढ़ा है? क्या मेरी ही तरह विराध भी दिवास्वप्न देखने लगा है? नहीं, अभी मेरी सामर्थ्य की अन्तिम लड़ाई बाकी है। अन्तिम विजय हमारी ही होगी।

शूली देने वाले को हटाकर सिद्धार्थक ने तुम्हें चाणक्य के जबड़े से बचा लिया है। खून से भरे जबड़ों से तुम बाहर आ गये। ये आभूषण सिद्धार्थक तुम्हारे हैं। लो, यही मेरी आन्तरिक प्रसन्नता का अंश है।

शकटदास के साथ आया हुआ सिद्धार्थक सोच रहा है, राक्षस के आनन्द का यह आवेश खाली बुदबुदों का भराव है। भीतर से खाली, ऊपर से भरा।

"नयी जगह पर आया हूँ। मुझे कोई नहीं जानता है, महाराज! अभी आपके दिये हुए आभूषण, आपके यहाँ ही छोड़े जा रहा हूँ। प्रमाण के लिए यह अँगूठी है, इससे मुहर करके, इसे अपने पास रख लो। मुझे जब काम होगा, ले जाऊँगा।"

शकटदास राक्षस के आदेश पर मोहर करने के लिए मुद्रिका में अंकित राक्षस का नाम पढ़ता है।

एक बार राक्षस अपने झालरदार लाल फूलों को देखता है। एक बार मैना के पास जाकर मुद्रिका को देखता है।

क्या ब्राह्मणी ने मुझे याद किया है? मैना, उसे विदा होते समय मैंने उसे यह मुद्रिका दी थी। अशोक के फूलों की तरह आघात सहकर उसकी देह आकर्षक हो उठी थी। फूले हुए अशोक-सी प्रिया को मैं दुष्टों के बीच, इसी मुद्रिका के सहारे छोड़ आया था।

मैना गा रही है। शायद, प्रिया मुझे याद कर रही हो। मेरी अहर्निश चिन्ताओं में वह एक बार, हर समय, जब पास आ जाती है, मैं मैना से बोलने लगता हूँ।

मैना अभी भी बोल रही है। तो यह मुद्रिका चन्दनदास के द्वार पर पड़ी थी। लूट-पाट के समय वह अभागी इतनी बेसुध हो गयी थी।...तुम्हें बेसुध होना ही था प्रिया! हम सब सुध खो रहे हैं।

नहीं, नहीं, यह मुद्रिका मेरी है, तो भी मैंने यह सिद्धार्थक को दी है। वह इससे अपना काम करे।

नहीं, यहाँ विनय का काम नहीं है। सिद्धार्थक, यह स्थान तुम्हारा है। चाणक्य से बुराई ले करके तुम्हें कुसुमपुर वापस जाने की आवश्यकता नहीं है। तुम्हें यहीं रहना है।

लोग आराम करने गये हैं। लोगों ने अपने-अपने कसे हुए कवच ढीले कर लिए हैं। और मैं रात होते ही और विचलित होने लगा हूँ।

विराध ने कहा है, अभी भी कुसुमपुर में लोग मेरे अनुयायी हैं।

चाणक्य को चन्द्रगुप्त ने कुछ चिढ़ा दिया है। चिढ़ा हुआ राजा उदासीन हो जाता है। वह मन्त्री की बात टाल जाता है। मन्त्री की बात वह नहीं सहता है। जानकर मन्त्री को दुख देता है। "विराध! जो-कुछ मैं सुन रहा हूँ, क्या सत्य है?"

× × ×

"महाराज! सत्य भ्रम नहीं होता। वह स्वयं प्रकाशित होता है। मलयकेतु को चन्द्रगुप्त अपना समझता है। कुसुमपुर से निकाले जाने की बात सुन कर उसे आघात लगा था।

चाणक्य को चन्द्रगुप्त की स्वाधीन रुचि पसन्द नहीं है। उसने उसे अपने नियन्त्रण में बाँध दिया है। और बँधे हुए राजा की आशा को भंग करके चाणक्य ने अपनी ओर से उसे एक धक्का पहुँचाया है।"

धक्के और तनाव की ही भाषा मैंने सीखी है। अब समय कम है। कुसुमपुर को दो हिस्सों में चीर देना है। और दोनों हिस्सों को एक दूसरे के विरोध में, तनाव के स्तर तक, उत्तेजित रखना है।

तुम सपेरे के रूप में वहीं रहोगे। पिटारी में खतरनाक साँपों को पालोगे। और तुम्हारा सहयोगी होगा स्तनकलश नाम का कवि। वह चाणक्य की आज्ञा भंग किये जाने के कवित्त रचेगा।

और चन्द्रगुप्त को बढ़ावा देता रहेगा। तुम्हें सतर्कता से करभक के द्वारा सूचना भेजनी है।

जाओ।

शकटदास, आभूषण खरीद लो। अब खरीदने की ही लड़ाई जीतनी है। सब खरीदना है।

चन्द्रगुप्त का चाणक्य से बिगाड़ हो जायेगा। दोनों का बल टूट जायेगा।

आपस में लड़ाई होगी। और राजा के प्रताप की उसी के मन्त्री की नीति से टक्कर होगी। दोनों एक दूसरे को प्रथक कर देंगे।

10

रूप और रस मेरे झुर्रीदार चेहरे में खो गया है। बहुत देर से दर्पण में उसी की खोज कर रही हूँ। अपना काम आदेश ग्रहण करना है। सर झुकाकर बाअदब सब कुछ।

झेलते हुए आँखें शिथिल हो गयी हैं। आँखों में रस नहीं है। चेहरे पर रूप की कान्ति नहीं है। गन्ध फूलों में नहीं रह गयी है। केवल कोयल जब कभी कूकती है, मैं अपनी इन्द्रियों की सहायता करने के लिए गुनगुनाने लगती हूँ।

आज केवल हाथी मदमाते हैं। केवल स्पर्श के अर्थ को आज योद्धा ही जानते हैं।

मेरे लिए गन्ध मर चुकी है। कानों में संगीत नहीं बजता है। पायजेब की झनक नहीं सुनाई देती है। सितार के तार उदास हैं। केवल युद्ध में नगाड़े की धमक सुनाई पड़ती है।

और यह महल, मेरी ही तरह भाँय-भाँय कर रहा है।

रूपहीन। रसहीन। मदहीन। सिर्फ आज्ञाकारी रक्षक की तरह ऊँची दीवारें, ऊँचाई पर टँगी हैं और नीचे के सारे कक्ष अनुभवहीन गन्ध से व्यर्थ हो रहे हैं।

मैं सुगांग प्रासाद पर खड़ी हूँ। दूर तक आकाश फैला हुआ है। कुसुमपुर के जलाशयों में जल की तरगें उठ रही हैं।

क्या अभी ऋतुओं में वसन्त का असर कहीं फूट रहा है? क्या तालाबों में जल तरंग कहीं बज रहा है? या मेरे भीतर कौमुदी महोत्सव के बीते हुए स्वर टकरा रहे हैं?

महाराज चन्द्रगुप्त ने आदेश दिया है और मैं सुगांग प्रासाद के नियुक्त सेवकों को खोज रही हूँ। महाराज चन्द्रगुप्त ने आज्ञा दी है कि वे कौमुदी महोत्सव देखना चाहते हैं। वे सजी हुई अटारियाँ देखना चाहते हैं। पुष्पित वृक्षों की शोभा देखना चाहते हैं। महाराज कुसमपुर के कौमुदी महोत्सव के रंग में हैं।

चन्द्रमा की किरणों की कान्ति महाराज के चँवरों में है। महाराज शोभा चाहते हैं। वे धूप से सुगन्धित वातावरण चाहते हैं। मालाओं से विभूषित स्तम्भों को देखने की उनके मन में अटूट लालसा है।

युद्ध है। उन्माद है। उत्तेजना है। अशान्ति है। सिंहासन इन्हीं अशान्त लहरों के नीचे दबा हुआ है। आज का सिंहासन दबाव में है।

वसुन्धरा मूर्च्छित है। केवल आकाश शान्त है और दिशाएँ पहरा दे रही हैं।

महाराज मूर्च्छित वसुन्धरा को चन्दन के जल से सींचना चाहते हैं।

—सुगांग प्रासाद के सेवको, सुन रहे हो! महाराज वसुन्धरा के लिए सुगन्धित पुष्प चाहते हैं।

मार्ग दुर्गम है। अपनी पृथ्वी है। अपने विश्वस्त मन्त्रियों के साथ महाराजा हैं। वे इस पृथ्वी का भार हल्का करना चाहते हैं। इस पृथ्वी के लिए वे तत्पर हैं। प्रजा की रक्षा के लिए वे चिन्तित हैं।

—सुगांग प्रासाद का कोई सेवक, सुन रहा है? महाराज वसुन्धरा को सुगन्धित पुष्पों से आकर्षक देखना चाहते हैं। उन्हें मूर्च्छित वसुन्धरा के लिए चन्दन का लेप चाहिए।

थकी हुई वसुन्धरा की तरह महाराज क्लान्ति अनुभव कर रहे हैं। वे दुखी नहीं हैं। वे कुसुमपुर को सुन्दर देखने के लिए विह्वल हो उठे हैं। वे कौमुदी महोत्सव की प्रतीक्षा में हैं।

महाराज प्रासाद की ओर आ रहे हैं।

कंचुकी अपनी भूली-बिसरी दुनिया में खोई है। वह नंद के समय के कौमुदी महोत्सव पर सोच रही है।

× × ×

सुगांग प्रासाद की सीढ़ियाँ चढ़ते हुए महाराजा चन्द्रगुप्त उदासीन हैं। उनका चित्त स्थिर नहीं है।

अपनी अस्मिता पर उनके मन में सन्देह है। उन्हें अपनी स्थिति में असन्तोष है। वे सोच रहे हैं कि उनकी अपनी कोई स्वतन्त्रता नहीं है। असल में राजा परतन्त्र मनुष्य होता है। अत्यन्त कठोर हृदय का आदमी ही राजा होता है। अपमान के डर से कमजोर रहने वाला मनुष्य।

जंगल में दो मदमस्त हाथी लड़ रहे हैं। और बौद्ध और ब्राह्मणों की लड़ाई है। नीतिवान हाथियों के इस युद्ध में मैं एक परतन्त्र मनुष्य हूँ।

वे सोच रहे हैं—मैं व्यर्थ हो रहा हूँ।

सुगांग प्रासाद के खाली कक्ष की तरह मैं अपने ही खालीपन को देख रहा हूँ। महोत्सव से हीन चारों ओर ऊँची दीवारें हैं। उन दीवारों के बीच मैंने व्यर्थ रहने के लिए इतनी बड़ी प्रतिष्ठा अर्जित की है।

सुगांग प्रासाद की सबसे बड़ी व्यर्थता मेरी अस्मिता है।

वर्षा से मलिन गंगा है। वह अधिक क्षीण हो गई है। क्षीण होती हुई गंगा को शरद ऋतु महासमुद्र के पास ले जा रही है।

मैं आधा योद्धा हूँ और आधा शासक। आधा नन्दवंशी हूँ और आधा वृषल या शूद्र।

पृथ्वी एक पर्वत से घिरी है। उसके एक ओर लोक है और दूसरी ओर अलोक। जिधर लोक है उधर उजाला है, जिधर अलोक है उधर अथाह अँधेरा।

मैं उजाले और अँधेरे के बीच का अन्तराल हूँ।

पुराने खगोल विज्ञान का मैं एक पर्वत हूँ। जिसे पृथ्वी कहते हैं, मैं उसका सम-विभक्त लोक हूँ।

कोरा पंडित नहीं हूँ। भीरु राजा भी नहीं हूँ। ऋतुओं के आक्रमणों से आशंकित होकर मैंने अपना विवेक नहीं खोया है। मेरी शूरता का भय प्रजा को आशंकित नहीं करता है।

फिर भी अत्यन्त कठिन स्थिति में आचार्य चाणक्य ने मुझे समेट दिया है। मैं योद्धा होते हुए भी अपनी सत्ता का बन्दी हो गया हूँ।

और आचार्य चाहते हैं, उनसे मैं दिखावटी कलह कायम रखूँ। मैं उनकी सत्ता को अस्वीकार करने का प्रहसन करूँ।

स्वतन्त्रतापूर्वक व्यवहार के लिए, मैं स्वाधीन नहीं हूँ। लेकिन उनका आदेश है, मैं स्वाधीनता की कामना करूँ। वे कहा करते हैं, "शुभ कार्यों का सम्पादन करने के लिए मैं स्वाधीन हूँ।"

लेकिन वास्तव में, मैं मानसिक कारावास में पड़ा हूँ। अपनी स्वतन्त्रता का विसर्जन कर रहा हूँ।

आचार्य की विलक्षण बुद्धि है। वे कूट राजनीति के साथ हर समय खेलते रहते हैं। क्या मैं भी उनके खिलवाड़ का एक साधन हूँ? वे राजाओं का नियमन करते रहे हैं।

मुझे राजा बना कर आचार्य, अपने धर्म और आर्यावर्त के गौरव की परीक्षा ले रहे हैं।

किसी बड़े उलटफेर के लिए बहुत बड़े सत्य की परीक्षा ली जाती है। आचार्य से मेरी दिखावटी कलह का परिणाम वही होकर रहेगा जिसे उन्होंने विचार करके ठीक कर लिया है।

वे चाहते हैं लोक और अलोक के बीच, मैं दिखावटी कलह करता रहूँ। और अन्तराल में अटका रहूँ। अन्तराल ही मेरा निकेतन हो।

जब कभी मैं आवेश में रहा हूँ, आचार्य कर्त्तव्य से मुझे बाँधते रहे हैं।

प्रजा पीड़ित है। आघात-जर्जर समय है। और उसी पद्दलित प्रजा का मैं नाममात्र का संरक्षक हूँ।

मेरी व्यक्तिगत स्वतन्त्रता की हद प्रासाद की दीवारें हैं। आचार्य के लोक में, व्यक्तिगत स्वतन्त्रता वहीं तक दी जाती है, जहाँ दूसरों की स्वतन्त्रता निर्बन्ध रह सके।

मेरी स्वतन्त्रता दूसरों की बाधक नहीं है।

राष्ट्रीय नियमों का आधार स्वेच्छाचार की छूट नहीं देता है।

प्रजा, मन्त्री और राजा, कोई निर्बन्ध नहीं है। नन्द के स्वेच्छाचार को हटा कर मैंने यह अपनी सत्ता का नियमन किया है। फिर भी मैं स्वतन्त्र नहीं हूँ। मैं समुद्र की तरह मुक्त नहीं हूँ। पर्वत की तरह स्थिर नहीं हूँ। नदियों की तरह तरंगित नहीं हूँ।

मैं डरता हूँ। मेरी व्यक्तिगत स्वाधीनता बन्दी है। वह आचार्य चाणक्य के अन्तःकरण के दुर्नाम मनुष्य से भय भी रखती है।

आचार्य को जानता हूँ। उनके अन्तःकरण का आदमी निर्भय है। उनका कठोर नियंता, बार-बार मिलने के बावजूद कहीं अपरिचित रह जाता है।

अनजाने में मुझे उनके अदृश्य हाथ चलाते हैं। अदृश्य हाथ तर्कातीत होते हैं। उनसे तर्क करते हुए मैं काँप जाता हूँ।

क्या कभी उनकी नीति, कुसुमपुर के जलाशयों को सोख सकती है? उत्साह को बन्दी बना सकती है?

आर्य वैहीनर शान्त है। उसकी आँखों में बदले हुए मौसम का उत्साह नहीं है।

कुसुमपुर में संदेह और आशंका भर गयी है। शरत्कालीन दिशाओं की रमणीयता फीकी पड़ गयी है। आकाश में विस्तार है। कान्तिहीन शरद् का फैलाव प्रभावहीन लग रहा है।

कंचुकी ने मेरे प्रभाव की बात की है। उसने कौमुदी महोत्सव के निषेध में जो कुछ संकेत दिया है, उससे मेरी अक्षमता का पता लगता है। मैं स्वयं हीन हो उठा हूँ।

महोत्सव का खुलापन, अपने समय में कहीं नजर नहीं आ रहा है। बातचीन करने में पटु वारांगनाएँ नहीं हैं। उनका स्थूल जघन के भार से मन्द-मन्द चलना, धूर्त गणों की उनसे छेड़छाड़ और मांसल सौन्दर्य का आकर्षण। आँखों के सन्तोष के लिए यहाँ कुछ नहीं रह गया है। वे धनी नहीं रह गये हैं जो अपने-अपने वैभव से निःशंक होकर परस्पर-प्रतिस्पर्धा करते हैं। उनकी आपसी प्रतिस्पर्धा में मनोरंजन का आकर्षण होती हैं उनकी प्रियतमाएँ।

कुसुमपुर के वैभवशाली लोग दबाव महसूस कर रहे हैं। मैं स्पष्ट रूप में कौमुदी महोत्सव के निषेघ करने वाले को जानता हूँ।

क्या प्रजा की आँखों का उल्लास आचार्य को प्रिय नहीं है? क्या उत्सव के समय अपनी प्रजा के खुले उत्साह पर भी वे अपना नियन्त्रण चाहते हैं? क्या आर्यावर्त का भविष्य वे कुचक्रों और प्रताड़नाओं से लिखना चाहते हैं?

म्लेच्छ इस देश में अपना साम्राज्य बना रहे हैं और हम उदास रहने को विवश हो चुके हैं।

क्या आत्मसम्मान को मिटा कर हम स्वाधीन रह सकेंगे? क्या मालव और मगध के अवसान के नीचे दबा हुआ पूरा आर्यावर्त स्वतन्त्र राष्ट्र रह गया है? क्या अतीत के उत्साह को जलाकर, हम अनागत का निर्माण कर सकते हैं? क्या भविष्य के आतंक के नीचे घिनौने कीड़ों की तरह, अपना वर्तमान रेंग-रेंग कर समाप्त नहीं हो रहा है? क्या मैं वर्तमान को अपने अनुकूल बना सकूँगा?

नागरिकों ने जो आयोजन अपने लिए किया है, उसे मैं कायम रखूँगा। कुंज में मदिरापान चलेगा। मदिरा-कलश और चषक वहाँ पहुँचाये जायेंगे। यौवन जकड़ा नहीं जायेगा। सौन्दर्य का संवाद कायम रहेगा।

लालसा में खोई हुई मदहोशी और सुन्दरियों के कुटिल-कटाक्ष पर राष्ट्र गर्व करता है। वसन्त के उत्सव का गायन केवल अभिनय नहीं होता, वह नागरिकों की वास्तविकता है। इसी वास्तविकता में मेरा जन्म हुआ है। मेरी स्निग्ध स्मृति में वसंतोत्सव की सहस्त्रों कल्पनाएँ लिपटी हुई हैं।

मैं आचार्य चाणक्य से मिलना चाहता हूँ। मैं अपने प्रश्नों का उत्तर चाहता हूँ। मैं सीमाहीन दबाव से बाहर निकलना चाहता हूँ।

कंचुकी महाराज का आदेश स्वीकार करती है। कंचुकी जाती है।

× × ×

चाणक्य अधीर हैं। वे क्रोध और चिन्ता में हैं।

नन्द निष्ठुर था। वह नीति पर नहीं, अपनी मूर्खता पर टिका था। उसके आस-पास चापलूसों की सभा जुटी रहती थी और चापलूस राजा को प्रजा से दूर कर देते हैं। वे राजा और प्रजा के बीच, केवल त्रासजनक स्थितियाँ पैदा किया करते हैं।

मुझे चन्द्रगुप्त को जनता का प्रतिनिधि बनाना है। उसका बल गणतन्त्र है। उसकी बुद्धि, इस समय की पहचान करने वाली है।

पाटिलपुत्र की सीमा उत्तर में गंगा है और पश्चिम में सोन। मुझे इन दो नदियों के बीच एक नये आर्यावर्त की तलाश है। गंगा और सोन के तट पर मौर्य राजधानी स्वयं एक प्रयोगशाला है।

इस प्रयोगशाला में सत्य की लड़ाई कायम है।

पाटलिपुत्र का यह बड़ा दुर्ग, अपनी आस्था का एक विशाल दुर्ग है। पत्थर, ईंट तथा लकड़ी के बने सुदृढ़ प्राचीर, मानवीय धैर्य, सत्य और नीति की मजबूत नींव पर खड़े हैं।

जब कभी कुसुमपुर की अस्सी स्टेडिया (मील) लम्बी राजधानी में घूमता हूँ, मुझे दूर से ही इस दुर्ग के पत्थर, ईंट और लकड़ी के बने सुदृढ़ प्राचीर आकर्षित करते हैं।

तीस स्टेडिया चौड़ा यह नगर है। और मैं दुर्ग के चौंसठों दरवाजों पर खड़ा होकर दुष्ट राक्षस के खतरनाक इदादों का सामना कर रहा हूँ। हर दरवाजे पर मैं पहरा दे रहा हूँ।

दुर्ग के 570 बुर्ज हैं। और हर बुर्ज पर मेरे सतर्क सैनिक हैं। शौध-श्रौणी, राजमार्ग और सुविस्तृत पर्ण्य वीथि का यह नगर, मेरा नगर है।

व्यापारियों की दुकानें और उनकी मंडियाँ सुशोभित और सुसज्जित हैं। यह मेरी व्यावसायिक सतर्कता का सबूत है, कि यहाँ व्यापारी राजसत्ता के बदले हुए दौर को स्वीकार कर रहे हैं।

कुसुमपुर का वसन्त उत्सव ही लोगों की आँखों का आकर्षण नहीं है। यहाँ हर आदमी एक नये उत्सव को जन्म दे रहा है। एक नये वसन्त के लिए संघर्ष कर रहा है।

जिन राजमार्गों से सुसज्जित तरंगों पर कल तक धनाढ्य लोग यातायात किया करते थे, वहाँ आज मेरे सतर्क सैनिक रथों, घोड़ों और हाथियों पर कार्यशील हैं।

उनकी कार्यशीलता को सुगांग प्रासाद में रहने वाला राजा नहीं समझ सकता है।

उसका प्रासाद सुन्दर राजमंदिर है। उसके पास गंगा का तट है। गंगा में लहरों की गति और प्रवाह है।

कोई भी राजा, चाहे वह कितना ही प्रबल क्यों न हो, अपने आवेश की शक्ति से पूरे राष्ट्र को गतिशील नहीं बना सकता है।

मैंने जिन सीमाओं में चन्द्रगुप्त को बाँधा है, वे सीमाएँ राष्ट्र के कर्त्तव्य की सीमा हैं।

चन्द्रगुप्त इस सीमा में प्रजा का आवेदन सुनता है। प्रतिदिन वह एक बार जनता के आवेदन पर निर्णय लेता है। तुरंग पर सजा हुआ चन्द्रगुप्त उस समय न्यायाधीश होता है। उसके तुरंग आभूषणों से सजे रहते हैं। वह प्रतिदिन न्याय के लिए जनता के पास आता है।

कुसुमपुर की जनता महसूस करती है कि उसका न्याय हो रहा है, प्रजा का शासन राजा कर रहा है।

राक्षस चन्द्रगुप्त की राज्यश्री का अपहरण करना चाहता है। बौद्धमत उसकी दार्शनिक सीमा है। उसके लिए संसार दुखमय है।

मैंने सीमाओं में सोचना नहीं सीखा। मेरी चेतना असीम है।

चन्द्रगुप्त धर्मावलम्बी है। धर्मनिष्ठा के उत्सव में वह अपनी खुली हुई शिविका पर आरोहण करता है। मुक्तागुच्छ से शोभित उसकी शिविका आकर्षक होती है।

हाथी, पहलवान, मेंढा और गैंडों की लड़ाई राजा और प्रजा दोनों बड़े उत्साह से देखते हैं।

राजा के समीप प्रहरी स्त्रियाँ होती हैं। वे राजा के शरीर की हर समय रक्षा करती हैं। इन प्रहरी स्त्रियों को मैंने ऊँचे दामों पर खरीदा है। लेकिन ये मोल ली हुई प्रहरी स्त्रियाँ हर समय राक्षस की कुचालों का ध्यान रखती हैं।

राक्षस सोचता है, वह सर्प की तरह कुसुमपुर के प्रासाद और यहाँ के दुर्ग पर और कुसुमपुर के राजपथ पर फैल जायेगा।

वह सोचता है कि अपनी बुद्धि से कुसुमपुर के बाहर रह कर मुझे नीचा दिखा देगा।

साँप की तरह, वह अपने क्रोध से मेरी बुद्धि को पराजित कर देगा। नहीं राक्षस, तुम्हारी यह कुचेष्टा सफल नहीं होगी।

तुम्हारी सारी मेहनत अकारथ जायेगी।

मृगया खेलने के लिए चन्द्रगुप्त की सवारी कुंजर पर निकलती है। उस समय भी मेरे गुप्तचर उसे घेरे रहते हैं। धनुर्वाण लिए हुए एक-एक स्त्री-गण उसके शरीर की रक्षा करते हैं।

उस समय राजमार्ग डोरी से घेर दिया जाता है। कोई उसके भीतर नहीं जाने पाता।

राक्षस, तुम्हारी कुचेष्टा कभी सफल नहीं होगी। अब कुसुमपुर का संचालन नन्द के मन्त्री नहीं कर रहे हैं। अब चन्द्रगुप्त दंभी नहीं है। उसके राज्य का निरीक्षण मैं कर रहा हूँ।

राज्यसभा में जब चन्द्रगुप्त उपस्थित होता है, चार सेवक आबनूस के बेलन से उसका अंग-संवाहन करते रहते हैं।

वह कभी अरक्षित नहीं रहा। मुझसे तुम्हारी समानता नामुमकिन है राक्षस।

मैं खिन्न नहीं हूँ। तुम्हारे षड्यन्त्रों से हर समय शंकित रहने वाला चाणक्य, चन्द्रगुप्त को एक स्थान पर नहीं रहने देता है।

राज-दरबार का आडम्बर आकर्षक होता है। जो दर्शनीय स्थान है, उसमें भी राक्षस को सेंध लगाने में कभी सफलता नहीं मिलेगी।

कुसुमपुर का शासन-प्रबन्ध मेरे हाथ में है।

विक्रेय वस्तुओं का मूल्य निर्धारण करने वाले मेरे कर्मचारी तुम्हारे कुचक्र को कभी सफल नहीं होने देंगे। वे श्रमजीवियों के वेतन और शिल्पियों का शुल्क निर्धारण करते हैं। पाँच सदस्य इस कार्य का निर्वाह करते हैं। यह विभाग हर स्थिति का निरीक्षण करता है। खतरनाक शिल्पी को यह विभाग अंग-भंग कर कठोर दंड देता है।

बहुत से विदेशी, कुसुमपुर में आया करते हैं।

प्रजा के मरण और जन्म की गणना करने वाले कर्मचारी अपने विभाग में सतर्क हैं।

मंडियों में व्यापारियों के व्यापार की तुला तथा नाप का निरीक्षण करने वाले विभाग के कर्मचारी अपने कार्य में दक्ष हैं।

राक्षस की क्रूर चालों के बावजूद अपार राजकीय कोष मेरे हाथ में सुरक्षित है। वहाँ द्रव्य ढाले जा रहे हैं। और सब कुछ रक्षित है।

सावधान कर्मचारी व्यापारियों के लाभ से दशमांश राज्य के लिए कर उगाह रहे हैं।

चाणक्य कठोर दंड देना जानता है।

राज्य कर्मचारी भूमि की नाप कर रहे हैं। उस पर कर-निर्धारण कर रहे हैं। कृषकों के लिए जल की नहरों का समुचित प्रबन्ध है।

मेरी बराबरी में आना राक्षस, खतरनाक बैर सिद्ध होगा।

मैं तुम्हें पहचानता हूँ।

मेरे गुप्तचर पर्वतेश्वर के पुत्र मलयकेतु को अपने वश में कर लेंगे।

सिद्धार्थक आदि मेरे दूत, मेरी आज्ञापालन करने के लिए हर क्षण तत्पर हैं।

राक्षस! मेरी भेद नीति तुम्हें मलयकेतु से पृथक कर देगी। और तुम इस मुगालते में रहोगे कि चन्द्रगुप्त मेरे साथ उलझ रहा है।

आज किसी बहाने से वह मेरे साथ कलह कर रहा है।

और राक्षस बहाना ढूँढ़ता रहेगा। पर ऐसे बहाने सफलता के लिए नहीं होते। उसे चाणक्य से मात खानी होगी।

× × ×

कंचुकी विचार में खोये हुए अधीर आचार्य को देखती है। वह महसूस करती है कि सेवा बड़ी क्लेशकारणी होती है।

एक ओर उपलों को फोड़ने के लिए पत्थर का टुकड़ा पड़ा है। दूसरी ओर ब्रह्मचारियों द्वारा लायी हुई कुशाओं का ढेर है।

महाराज के महामन्त्री का घर अनाकर्षक है। सूखी हुई समिधाओं से दबे हुए छज्जे हैं। टूटी-फूटी दीवारें हैं।

कंचुकी सोचती है, उसका क्लेश चाणक्य से कितना भिन्न है। चाणक्य कितने अश्रान्त रहते हैं। वे सत्य भाषी हैं। विद्वान हैं।

मैं एक निरीह व्यक्ति हूँ। महाराजा के समाने फेंका हुआ एक साधारण तिनका।

मेरे भीतर हर समय डर रेंगता रहता है। सबसे पहले मेरा दिल राजा से डरता है। फिर मन्त्री से डरता है। राजा के अपने प्रिय मित्र होते हैं। मैं उनसे भय खाती हूँ। प्रासाद में राजा का विशेष अनुग्रह पाकर रहने वाले हैं। उनका डर हर समय मुझे लगा रहता है।

इसी पेट को भरने के लिए, मेरे पास एक अपना टूटा हुआ दिल है। दीनता से भरा हुआ एक अपना चेहरा है, जो अक्सर दीनता से ऊपर देखता है और गिड़गिड़ाता रहता है।

मन्त्री के आगे गिड़ड़िाता है। राजा के प्रिय मित्रों के आगे गिड़गिड़ाता है। राजा के प्रासाद में अनुग्रह पाये हुओं के सामने गिड़गिड़ाता है। मेरी गिड़गिड़ाहट के शब्द मेरी तरह तुच्छ हैं। वे मेरे छोटेपन को बनाये रखते हैं।

गिड़गिड़ाते हुए शब्द मेरे जैसे मनुष्य को तुच्छ बनाये रखते हैं। मेरी सेवा और दीनता सिर्फ मेरे गिड़गिड़ाहट भरे शब्दों में बसी हुई है। विद्वानों ने मेरे लिए एक शब्द गढ़ लिया है–"श्ववृत्ति।"

सेवा करने वाले आदमी की हीनता ही उसका नाम बन जाती है। और मैं वाकई हीन हूँ।

न मैं पराक्रमी हूँ। और न ही सूर्य की तरह यात्री हूँ।

घुटने के बल भूमि पर बैठी हुई, "आर्य की जय" बोलने वाली, मैं एक साधारण स्त्री हूँ।

आचार्य क्रोधित हैं। और मैं डर रही हूँ। पता नहीं क्या हो जाय? कौमुदी महोत्सव का स्वयं आचार्य ने निषेध किया है, और जब महाराज ने सुगांग प्रासाद के शिखर पर चढ़ कर स्वयं नगरवासियों के उत्साहहीन समाज को देख लिया है, तो अब हमारी मलामत कर रहे हैं।

छोटों की सेवा ही घटिया होती है। हम सबने मिलकर आचार्य की अनुपस्थिति में महाराज को भड़का दिया है। भला आचार्य से कौन तर्क करे! हम तो खुद राख में दबे हुए कीड़े हैं।

हमारे समझाने से अप्रस्तुत उत्साह कैसे प्रस्तुत हो जायेगा। जो है ही नहीं, उस पर संशय कैसा? लेकिन आचार्य की नीति की थाह नहीं है।

अब वे अपने 'वृषल' के पास चल रहे हैं। देखें! राजा के कौन-कौन परिजन आचार्य के साथ द्वेष करने का दंड भोगते हैं?

11

चाणक्य सोच रहे हैं। वे सोच रहे हैं, यह तिरस्कार और द्वेष का ही समय है। मुझे भयभीत रोगी की शल्य चिकित्सा करनी है। सड़े हुए उसके अंश को काटना है। यही अनिवार्यता, अपने अघोषित युद्ध का यही कारगर अस्त्र है।

सिंहासन आकर्षक है। और महाराज चन्द्रगुप्त सुगांग प्रासाद के अपने सिंहासन पर विराजमान हैं। उनका मन अस्थिर है। एक ओर स्वाधीनता के लिए शरदोत्सव है, और दूसरी ओर कर्त्तव्य के लिए आचार्य का निषेध। एक गहरे अन्तर्विरोध की धारा उनके सीने में टकरा रही है।

नन्द का वध हो चुका है। चन्द्रगुप्त का कुसुमपुर में अभिषेक हो चुका है। आचार्य प्रसन्न हैं और सोच रहे हैं कि यह संयोग आकस्मिक नहीं है।

आज एक उपयुक्त सिंहासन पर एक योग्य राजा शोभित है, गणतन्त्र का जिसे बल मिला है और कुबेर को भी तिरस्कृत कर देने वाले नन्द का ऐश्वर्य जिसके आगे बिछा है।

'वृषल की जय' कह कर मैं वास्तव में अपने पुरुषार्थ की सहाहना कर रहा हूँ।

सिंहासन से उठ कर चन्द्रगुप्त ने मेरा चरणस्पर्श किया है। और मैं आह्लाद से भरा उठा हूँ। मेरा मन आशीर्वाद से झुक गया है।

अंधड़ और ताप में आर्यावर्त झुलस रहा है। हिमालय में आज भी शीतलता है। और वह शीतल जलकण भागीरथी की विशाल धारा का रूप ले चुका है। पत्थरों और शिलाखंडों से टकरा कर गिरने वाली भागीरथी, आज देश की तेजस्विता, स्वाधीनता और गणतन्त्र की शोभा बन गयी है।

सारा दक्षिणापथ यवनों से आक्रान्त है। दक्षिणी समुद्र में छोटे-बड़े राजा भयभीत हैं। लेकिन भागीरथी के जल में छोटे-बड़े गणों और राजाओं की रंग-बिरंगी मणियाँ शोभित हैं। सैकड़ों राजा आज भागीरथी की विशाल जल धारा को स्वीकार कर चुके हैं। वे अपने-मुकुट मणियों की किरणों से, अपने नये अभ्युदय का चरणस्पर्श कर रहे हैं।

चन्द्रगुप्त! ये तुम्हारे चरणों की अँगुलियों के छिद्रों में शोभित सैकड़ों मणियाँ

तुम्हारी कान्ति बढ़ा रही हैं। वास्तव में तुम्हारे बराबर का कोई राजा इस आर्यावर्त में नहीं रह गया है। इसे सब ने स्वीकार कर लिया है।

आचार्य भावों में भरे हैं। लेकिन उनकी आँखें सतर्क हैं। वे आसन पर बैठ जाते हैं।

एक-एक छिद्र में एक-एक राक्षस बैठा है। और ये छिद्र केवल व्यवस्था के छिद्र नहीं हैं। ये आदमी के आन्तरिक स्खलन के खतरनाक रास्ते हैं।—आचार्य सोच रहे हैं।

राजा की नम्रता भी अकारथ नहीं होती। वृषल, बसन्त का स्वागत केवल उत्सव के माध्यम से करना चाहता है। मैंने लोक-परम्परा में एक नया गतिरोध देख लिया था। रूढ़ियों को धक्का देकर या बाधा डालकर मैं उसका संस्कार बदल रहा हूँ।

वृषल यही समझता है कि मैं व्यक्ति की स्वाधीनता का वध कर रहा हूँ। मैंने सामूहिक उत्साह की बाढ़ मार दी है। केवल उपालम्भ देकर बदले हुए संस्कार को स्वीकार नहीं किया जाता है।

मुझे उसने यहाँ बुलाया है। शिष्य, गुरु के उद्‌देश्य पर सन्देह कर रहा है। उसे याद नहीं है कि स्वामी किसी कार्यकर्ता या मन्त्री को व्यर्थ ही अपनी सेवा में आमन्त्रित नहीं करते हैं।

मैं जानता हूँ, उसका निवेदन शंका से दबा है। वह मुझ पर सन्देह कर रहा है।

संशय-पुत्र कभी भी यह नहीं समझ सकेगा कि अकारण मैं किसी कार्य में कभी प्रवृत्त नहीं हुआ। स्वप्न में भी बिना किसी प्रयोजन के मैंने कोई चेष्टा नहीं की है। लेकिन वृषल संशय-पुत्र है। प्रयोजन जानने की उसमें इच्छा जाग उठी है।

केवल संदेह उत्पन्न हो जाने से कार्य-सिद्धि का रास्ता नहीं मिल जाता है। नीतिज्ञ, सिद्धियों का पथ निर्धारित करते हैं। राजा के अधीन सिद्धि है। मन्त्री के अधीन सिद्धि है। कुछ स्थितियों में राजा और मन्त्री के सहचिन्तन से दोनों के अधीन भी सिद्धियाँ रहती हैं।

मैं यहाँ का सचिव हूँ। सत्ता की सिद्धि मेरे अधीन है। और सचिवात्त सिद्धि के फल जान कर भी राजा का लाभ नहीं होगा। मैं जिस कार्य के लिए नियुक्त हूँ उसे मैं ही जानता हूँ।

चन्द्रगुप्त सिंहासन पर बैठा है। लेकिन उसे साफ-साफ लगने लगा है कि यहाँ वह सिंहासन पर नहीं है। नियन्त्रण उसके हाथ में नहीं है, वह एक मुहर है, जिसे जहाँ चाहते हैं, जैसे पसन्द करते हैं, आचार्य उसका प्रयोग कर लेते हैं। वह अपनी हीनता पर सोचता है।

× × ×

आचार्य ने जो कुछ कहा है, उससे मेरी अस्मिता को नकार दिया गया है। मैं अपनी पीड़ा, अपनी असहायता और अपनी उपेक्षा को स्वीकार करने को विवश हूँ। मेरे सीने में क्रोध भभक उठा है। लेकिन सामने आचार्य शान्त बैठे हैं। उनकी शान्त आँखों में स्पष्ट संकेत है। और वे स्पष्ट आदेश के नीचे दबे हुए हैं।

आचार्य ने महसूस कर लिया है कि मेरा सन्देह अनाम है। मेरा अस्तित्व प्रयोजन को जानने की इच्छा भी नहीं कर सकता है। मैं बेचैनी भरे अपने क्रोध को दबाने की कोशिश करता हूँ। पर मैं सोचता हूँ। आचार्य की आँखें उसे सतर्कतापूर्वक पहचान रही हैं। मैं हठात् मुँह फेर लेता हूँ।

आचार्य सोचते हैं, मुँह फेर लेने से, सत्य झुठलाया नहीं जाता है।

सुगांग प्रासाद का एक हिस्सा खुला हुआ है। उधर दो वैतालिक एक दूसरे की ओर देख रहे हैं। एक वैतालिक राजपथ के बाएँ हिस्से पर खड़ा है और दूसरा वैतालिक एक घने वृक्ष के नीचे गा रहा है।

उसके गीत में दूर से आये हुए यात्री राजहंसों की माला है। एक दूसरे से ताल मिलाती हुई राजहंसों की पाँत। आकाश कास-कुसुम के समान शरद् ऋतु से भर गया है। कास-कुसुम के समान आकाश में भभूत पुते हुए मेघ हैं। हवा में गन्ध और तरलता भर गयी है। आकाश में कृष्ण वर्ण है। झुके हुए मदमस्त हाथी। आकाश में विचरण करते हुए हाथी। बादलों में तरलता है। झुके हुए हाथी की सूँड़ से जल की फुहार बरस रही है। आकाश में अट्टहास करते हुए शिव की आकृति है। उनके गले में कौमुदी के समान श्वेत मुंडों की माला है।

सतर्क रहने वाली आचार्य चाणक्य की आँखें चमक रही हैं। मेघ चन्द्रमा के किरण-जाल से हैं। पर उनके कान चौकन्ने हो उठे हैं। वे सोच रहे हैं, यह कृष्ण वर्ण का अँधेरा और चन्द्रमा की किरणों पर काले मेघों का गजचर्म, किस अनागत की ओर संकेत कर रहा है।

वे सोच रहे हैं कि यह सिर्फ शरद् ऋतु का गीत नहीं है। यह श्वेत मुंडों की माला पहनने वाले शंकर का अट्टहास, किसी अनहोनी घटना का संकेत है। अपने समय के आकाश पर यह कास-पुष्पों की शोभा, केवल मेघों की शोभा नहीं है।

चन्द्रिका को धारण करने वाली राजहंसों की शरद् ऋतु दूर से आये हुए गुप्तचरों का सन्देश है।

यह कापालिक, कपालों की श्वेत माला के समान अपने चन्द्रगुप्त को कौमुदी महोत्सव के लिए उत्साहित कर रहे हैं। यह शरद ऋतु का उत्साह नहीं है। यह

चन्द्रगुप्त की कुंठा को गीले मेघों के गजचर्म से ढाँकने का एक अलिखित संकेत है।

वैतालिक गा रहा है। लोग शरद ऋतु के उल्लास की कामना करते हुए अट्टहास कर रहे हैं। एक वैतालिक इकतारा बजा रहा है। दूसरा वैतालिक एक नये तर्ज का गीत गा रहा है। उसके गीत में अलसाई आँखों के भगवान विष्णु हैं। नागराज का विस्तृत शयन है। शयन के सिरहाने फणों के समूह का तकिया है।

अपनी शैया का परित्याग करने के लिए विष्णु उद्यत हैं। अभी-अभी उन्होंने आँखें खोली हैं। अलसाई हुई उनकी आँखों के सामने फणों के समूह पर चमकती हुई मणियाँ झिलमिला रही हैं। चौंधियाई हुई आँखों से विष्णु चमकती हुई मणियों की कान्ति को देख रहे हैं। आलस्य को दूर करने के लिए उन्होंने अँगड़ाई ली है। आँखों में दो एक कण जल के झलक आये हैं। निद्रा में विघ्न पड़ने की वजह से उनकी अधखुली आँखों में लाल डोरे उभर आये हैं।

सावधानी के बावजूद चाणक्य चन्द्रगुप्त को देख रहे हैं। क्या चन्द्रगुप्त नागों की शैया का परित्याग करना चाहता है? क्या वह विष्णु की तरह अलसाई हुई अवस्था में है? तात्कालिक राजनीति से उसका मन क्या खिंचने लगा है? नन्द के सामन्ती विलास और ऐश्वर्य की पहचान करने में क्या चन्द्रगुप्त असमर्थ है?

आखिर विघ्न, अलसायापन और प्रासाद के अलगाव का यह सिलसिला उसके मन में किसकी रक्षा कर रहा है?

क्या दुरात्मा राक्षस श्याम रंग के गजचर्म को ओढ़कर कौमुदी महोत्सव का कोई नया स्वाँग रच रहा है?

शरद् ऋतु का आगमन केवल अनिद्रा का संकेत नहीं है, केवल आलस्य को दूर करने के लिए ली हुई अँगड़ाई का यह सुख नहीं है।

यह उजले आकाश पर भस्म पुता हुआ मेघ, चन्द्रगुप्त के प्रभाव को धूमिल करना चाहता है।

शरद ऋतु किसी राष्ट्र के अनिश्चय की ऋतु नहीं है। मुझे देवता विशेष की स्तुति से परहेज नहीं है। मुझे अनिश्चय, अस्थिरता और अन्धकार में भटकने की स्वाधीनता नहीं चाहिए। मैं स्थिर निश्चय का स्वागत करता हूँ। शरद् ऋतु के राजहंस की यात्रा नये संकल्प की यात्रा है। मुझे निश्चय करना है।

आचार्य की आँखों में आस्था की चमक है। चन्द्रगुप्त अपने सिंहासन पर बैठा हुआ महसूस कर रहा है कि कोई सार्वभौम आधार उनके नीचे से खिसक रहा है। उनका मन इन सीमाओं के उल्लंघन के लिए बेचैन हो उठा है।

चिन्ता उनकी आँखों में झाँक रही है। वे इस राष्ट्र के युद्ध के प्रति प्रतिश्रुत हैं और प्रतिश्रुत व्यक्ति आधारहीन व्यक्ति नहीं होता है। वह राष्ट्र की, व्यक्ति

की और समूह की आधार-भूमि पर अपनी अस्मिता की पहचान करता है। अपने अतुलित पराक्रम से ही वह सार्वभौम होता है।

वैतालिकों ने एक नये सहगान की शुरुआत कर दी है। उनकी मुद्राओं में लास है। उनकी अँगुलियाँ चंचल हो उठी हैं। वे युद्ध के बीच मतवाले हाथियों की तरह नृत्यगीत में संलग्न हैं। उनके सहगान में पराक्रम का एक नया आधार है। और इस आधार पर ब्रह्मा की मूर्ति है। ब्रह्मा नरेश्वर हैं। वे सृष्टि को उत्पन्न करने वाले हैं।

सहगान के ओजस्वी ब्रह्मा, मतवाले हाथियों को जीतने के बावजूद किसी दूसरे के आदेश का उल्लंघन करने में विचलित हो उठे हैं। आदेश का उल्लंघन करने की वजह से उनका पराक्रमी मन अपराधी बन गया है।

सृष्टि का निर्माता, नरेश्वर शिरोमणि स्वयं को अपराधी समझ रहा है। अतुलित पराक्रमी राजा सिंह की दाढ़ उखाड़ने में हिचकिचा रहा है। उसके मन में संशय है। सिंह की दाढ़ उखाड़ने से पराक्रमी राजा की भी मृत्यु हो सकती है।

चाणक्य के कान चौकन्ने हो उठे हैं। सिंह की दाड़ उखाड़ने की दलील यह बताती है कि कापालिक कुसुमपुर का अजनबी यात्री नहीं है। उनका लास मेरी बुद्धि को चुनौती दे रहा है। यह गूढ़ संकेतों में मेरी आज्ञा को टाल जाने की कुचेष्टा कर रहा है। इसे पता है कि कौमुदी महोत्सव का निषेध मैंने किया है। और मेरी आज्ञा का उल्लंघन करने वाले पराक्रमी राजा को भी अपराधी की तरह दंड भोगना पड़ेगा।

× × ×

चन्द्रगुप्त महसूस कर रहा है, उसे सिंह की दाढ़ उखाड़नी है। उसे मतवाले हाथियों को जीतना है। उसे चाणक्य की आज्ञा का उल्लंघन करना है।

शरद् ऋतु के मेघ किसी के निषेध से नहीं रुकते। वैतालिक मेरी ही भाषा में सोच रहे हैं। मेरे ही अन्तःसंघर्ष को गा रहे हैं। वे मेरी ही तरह पीड़ित हैं।

केवल आभूषण ग्रहण करने से ही कोई महत नहीं बनता। राजा अलंकार का स्वामी नहीं होता। राजा आज्ञा का अनुल्लंघन करता है। दूसरों के द्वारा शासित नहीं होता। मैं हीन शासक नहीं हूँ। मेरा पद कुंठित नहीं है। मैं गतिरुद्ध योद्धा नहीं हूँ।

अपनी अस्मिता को पहचानने वाला राजा अपने अधिकार के लिए सतर्क हो जाता है। वह आर्य वैहीनर को आदेश देता है। इन वैतालिकों को दो सहस्र मुहर दिलवा दो।

सेवा के लिए झुकी रहने वाली कंचुकी आज्ञा पालन करती है।

आचार्य चाणक्य अपने निश्चय पर अडिग हैं। वे सोच रहे हैं कि मेरे और चन्द्रगुप्त के बीच यह तनाव पैदा किया जा रहा है। ये वैतालिक राक्षस के चर हैं। राक्षस सोचता है, चाणक्य सो रहा है। उसे वैतालिकों के खतरनाक इरादों का पता नहीं है।

मैं राक्षस के प्रयोगों को देख रहा हूँ। मेरी आँखें सचेत हैं। अन्तर्विरोधों और तनाव की इस घड़ी में भी मैंने अपना धैर्य नहीं खोया है। वे वैहीनर को आदेश देते हैं, "ठहरो।"

वैहीनर एक बार आचार्य के आदेश पर सोचती है। और एक बार महाराज की आज्ञा के लिए आगे बढ़ती है। वह महसूस करती है कि उसके लिए दोनों ओर खतरा है। राजा की आज्ञा न मानना प्राणदंड है। और मन्त्री का आदेश न मानना घोर संकट को आमन्त्रित करना है।

आचार्य दृढ़ निश्चय के साथ एक बार पुनः कंचुकी को आदेश देते हैं—"मत जाओ।"

और थोड़ी सहानुभूति के साथ वे चन्द्रगुप्त को यह समझाना चाहते हैं कि राज्य की नीति अपव्यय के लिए नहीं है। वे पूछते हैं—"वृषल! अनुचित स्थान में इतना धन क्यों व्यय किया जा रहा है?"

आचार्य का प्रश्न चन्द्रगुप्त के मर्म पर आघात करता है। वे सोचते हैं कि यह अनुचित-उचित का विधान, यह व्यय और अपव्यय का बजट, मेरी अस्मिता पर बढ़ते हुए दबाव का संकेत है। मैं कुछ भी करने को स्वतन्त्र नहीं हूँ। यह मेरी इच्छा का व्याघात है।

आहत है चन्द्रगूप्त! एक बार सीधे आसन पर बैठे हुए वह आचार्य को देखता है। वे पीड़ा के साथ स्वीकार करते हैं कि यह राज्य मेरे लिए बन्धन के समान है।

—वृषल, राज्य के कार्यों में ऐसे दोष उन राजाओं में पाये जाते हैं, जो अस्वतन्त्र रहते हैं। यदि तुम्हें मेरा आदेश सहन करने में आपत्ति हो रही हो तो तुम स्वयं राज्य कार्य करो। मुझे छोड़ दो।

—मैं अपनी सीमा में रह कर अपना कार्य कर रहा हूँ।

—यही उपयुक्त है। मैं भी अपने कार्य में ही संलग्न हूँ।

—कौमुदी महोत्सव के निषेध का प्रयोजन क्या है? मैं सुनना चाहता हूँ।

—वृषल! तुम्हारे प्रश्न की प्रतिक्रिया स्वरूप मैं तुमसे यह जानना चाहता हूँ कि कौमुदी महोत्सव मनाने का फल क्या है? वास्तव में मैं यही जानना चाहता हूँ।

—कौमुदी महोत्सव के लिए मेरी आज्ञा थी। और मैं सर्वप्रथम अपनी आज्ञा का पालन चाहता हूँ।

—वृषल, तुम्हारी आज्ञा का उल्लंघन करना मेरे कार्य या प्रयोजन पर निर्भर करता है। कौमुदी महोत्सव के निषेध से ही मेरा कार्य सिद्ध होता है। और राज्य की सिद्धि सचिव के हाथ में होती है।

चाणक्य चन्द्रगुप्त की उधेड़बुन को पूरी सतर्कता से पढ़ रहे हैं। वे सोच रहे हैं कि यह आदमी अपने प्रभुत्व पर अभिमान करने लगा है। इसे समुद्र की चपल मछलियों का ध्यान नहीं है। यह अपने फैले हुए विशाल प्रभाव में, साधारण आदमी के प्रयत्न को भूल गया है।

उसकी प्रसिद्धि का विशाल समुद्र कई राजाओं ने मिलकर रचा है। और उनको मिलाकर मैंने समुद्र में जो चपल मछलियों को माला में गूँथ कर इसके प्रभुत्व को बढ़ाया है, अब यह अपनी प्रसिद्धि में मेरे अस्तित्व पर ही सन्देह करने लगा है।

तमाल के नव किसलय दलों की तरह छोटे-छोटे राज्य इस देश में विघटित हो रहे हैं। वे चपल मत्स्य की तरह इस आर्यावर्त के विशाल जन समुद्र में विलीन हो जाते, यदि मैंने इन्हें संघटित नहीं किया होता।

वृषल कारण जानना चाहता है। वह जानना चाहता है कि चन्द्रगुप्त के प्रति अनुरक्त रहने वाले व्यक्ति इस नगर से धीरे-धीरे भाग क्यों रहे हैं?

श्रोणोत्तरा से मैंने अचलदत्त कायस्थ का पत्र मँगवाया है।

मैं जानता हूँ उस पत्र में चन्द्रगुप्त की अस्थिरता का, उसके मानसिक विलास का और उसके विघटन का संकेत है।

नगर से पलायन करने वाले व्यक्ति केवल चन्द्रगुप्त के प्रति उदासीन ही नहीं हो चुके थे। मलयकेतु के आश्रय में रहने वाले मलयभट्ट आज नगर से भाग कर एक नये आन्तरिक विघटन की शुरुआत करना चाहते थे। और हर शुरुआत शुभ नहीं होती। हर विघटन भविष्य का द्वार नहीं खोलता है।

यह पत्र अब मैं वृषल के सामने रख देना चाहता हूँ। उसे अपने आन्तरिक स्खलन का आभास मिल चुका है। गजाध्वज, भद्रभट्ट, अश्वाध्यक्ष, पुरुषदत्त, प्रधान द्वारपाल, चन्द्रभान का भांजा हिंगुरात, महाराज के सम्बन्धी बलगुप्त, बालपन के उनके सेवक राजसेन, सेनापति सिंहबल का छोटा भाई भागुरायण, मालवनरेश का पुत्र रोहिताक्ष और क्षत्रिय श्रेष्ठ विजय वर्मा चन्द्रगुप्त के साथ उठने-बैठने वाले थे। गज सेना का अध्यक्ष उनका सहायक था।

अश्व सेना का अध्यक्ष राजा का सहयोगी होता है। लेकिन संशय और स्वार्थ के बीच एक ही रास्ता बच जाता है—पलायन का रास्ता। यह पत्र पलायन के रास्ते पर बढ़ने वालों की स्वार्थपरता का खुला दस्तावेज है। यह पत्र आत्मीय सम्बन्धों और विश्वस्त अधिकारों के बीच, स्वार्थ की सेंध लगाने वालों का

घिनौना आख्यान है। ये सम्बन्धी, ये बालपन के सेवक, और विश्वस्त अधिकारी के नातेदार, इस राज्य के कार्य में दत्तचित्त नहीं थे। वे यहाँ रह कर मलयकेतु के आश्रय में जाने का कुचक्र चल रहे थे। ये सब चन्द्रगुप्त के साथ रहते हुए, उससे विरक्त थे।

चन्द्रगुप्त काफी हताश हो चुके हैं। उन्हें सन्देह होने लगा है कि उनके पास का व्यक्ति, उनका आत्मीय नहीं है। वह एक खतरनाक कुचक का नायक है।

वे हठात् आचार्य से सवाल पूछ बैठते हैं—"आर्य, मैं भद्रभट्ट, पुरुषदत्त, हिंगुरात, बलगुप्त, राजसेन, भागुरायण, रोहिताक्ष और विजय वर्मा के वैराग्य का कारण जानना चाहता हूँ। कौन-सी बात उन्हें मेरे कार्य से, मेरी नयी आस्था से, और मेरे नये संघर्षपूर्ण दायित्व से, उदासीन कर रही है?"

आचार्य नगर से भागे हुए एक-एक गैर-जिम्मेदार व्यक्तियों पर सोच रहे थे। उन्होंने कहा था—"वृषल, गजाध्यक्ष तथा अश्वाध्यक्ष, भद्रभट्ट और पुरुषदत्त दोनों अपने कर्त्तव्य से च्युत हो चुके थे। इनका समय रमणियों के विलास में और मद की मूर्च्छना में ही बीतता था। ज्यादातर समय ये मृगया में बिताते थे। वारांगनाओं और मद में अनुरक्त रहने के कारण, हाथी और घोड़ों के निरीक्षण में, ये लोग असावधान रहने लगे थे। असावधान व्यक्तियों के लिए मेरे शासन में कोई स्थान नहीं है।

"मैंने इन्हें इनके पद से च्युत कर दिया। ये जीविका से छूट कर रमणियों, मद्य और मृगया के विलास से हतोत्साहित हो चुके थे। कुसुमपुर में इनके विलास के साधनों का अभाव था।

"निराश आदमी भागने की तरकीबें सोचा करता है। आजकल के भगोड़े अब मलयकेतु के यहाँ रह रहे हैं। और अपने पद का वहाँ पूरी तरह दुरुपयोग कर रहे हैं। हिंगुरात और बलगुप्त अधिक धन का लोभ संवरण नहीं कर सके।

"लोभी आदमी कर्त्तव्य और निष्ठा पर नहीं टिकता। वह अधिक धन के लोभ में बड़ी उछाल लेता रहता है।

"ये लोग कुसुमपुर से छलाँग मारकर, अधिक धन अर्जित करने के लिए मलयकेतु के आश्रित हो गये हैं।

"बचपन का तुम्हारा सेवक राजसेन, तुम्हारे अनुग्रह से कुछ अधिक ढीठ हो गया था। अपने लिए वह राज्य की सम्पत्ति का खुल कर उपयोग किया करता था। राज्य के कोष को वह पानी की तरह बहाता था। राज्य के हाथी और घोड़े का मनमाना उपयोग करता था। मुझे तुम्हारे सेवक का यह व्यवहार कष्ट पहुँचाता रहा। मैंने उसका अधिकार छीन लिया था। वह शंका से पीड़ित रहने

लगा था कि उसकी पोल तुम्हारे सामने खुल जायेगी। यह सोचकर आज वह भी मलयकेतु के आश्रय में है।

"सेनापति सिंहबल का छोटा भाई भागुरायण पर्वतक का मित्र बन गया था। वह मलयकेतु को अक्सर यह सिखाया करता था कि तुम्हारे पिता को चाणक्य ने मरवा दिया है। गुप्त मन्त्रणा करने वाले लोग, भयभीत रहते हैं। और भय में आदमी अपना विवेक खो देता है। भागुरायण मलयकेतु को यहाँ से भगा ले गया।

"तुम्हारा अमंगल चाहने वाले, चन्दनदास को जब मैंने दोषी ठहराया, जब उसे उसके दोष के लिए बन्दी बना लिया, भागुरायण जैसे लोग आशंका से भर उठे थे। वे यहाँ अपना जीवन अरक्षित समझने लगे थे।

"मलयकेतु के आश्रय में रह कर आज भागुरायण यह सोच रहा है कि मेरा जीवन यहाँ अधिक सुरक्षित है। लेकिन कृतज्ञता दिखाकर या स्वार्थ का सौदा करने वाला व्यक्ति, कभी आरक्षित नहीं रह सकता। उसके सर पर सन्देह का नंगा खड्ग हरदम झूलता रहेगा।

"आज भागुरायण, मलयकेतु के आश्रय में मन्त्री नियुक्त कर दिया गया है। वह यहाँ से उदासीन हो चुका था। और तुम्हारा अमंगल करने वालों से समझौता करने को विवश था।

"रोहिताक्ष और विजय वर्मा तुम्हारी शह पाकर यहाँ के हर आदमी से अकड़ दिखाया करते थे। उनका गर्व बेहद बढ़ चुका था। तुम्हारे द्वारा दिये हुए दायादों के धन से वे भीतर ही भीतर कुढ़ा करते थे। अपने अभिमान में वे अपने नातेदारों का आदर भी सहन नहीं कर सकते थे। ऐसे असहनीय दम्भियों के लिए कुसुमपुर में स्थान नहीं था। वे यहाँ से भाग गये हैं। और मलयकेतु के आश्रय में हैं।

"ये लोग उदासीन थे अपने कर्त्तव्य से। इनका वैराग्य, इन्हें यहाँ से भगाने की सलाह दे रहा था।"

—आर्य, आपको इन लोगों की उदासीनता का संकेत मिल चुका था, फिर भी आपने शीघ्र इनके प्रतिकार की कोशिश क्यों नहीं की?

—प्रति-विधान या शीघ्र प्रतिकार करना उचित नहीं था।

—यह उचित इसलिए नहीं था कि इसमें आपकी ओर से कुशलता का अभाव था। या इसके पीछे कुछ और प्रयोजन रहा है।

—अकौशल या असमर्थता मेरी ओर से क्यों रहेगी? मैंने जो कुछ किया था, उसके पीछे संगत प्रयोजन के कारण रहे हैं।

—प्रति-विधान न करने का कारण सुनना चाहता हूँ, आर्य!

—वृषल, केवल सुनना ही संगत नहीं होता। समझना भी आवश्यक है।

चाणक्य सोच रहे थे। सोचने वाला आदमी अपनी परीक्षा करता रहता है। वह तर्कों से खेलता नहीं है। तर्कों से वह अपने ही गले-सड़े अंशों की शल्यक्रिया करता रहता है।

अगम्भीर राजा तर्कों को भी हल्का-फुल्का बना देता है। वह नीतियों से खिलवाड़ करता है, और उनसे खेलने वाला राजा प्रजा से दूर हो जाता है। वह तर्कों या शब्दों से जिस प्रजा को बाँधना चाहता है, वह शब्दों की निरर्थकता पर ऊबने लगती है तथा तर्कों की असंगति निर्णय और दृढ़ता से उसे विचलित कर देती है।

प्रजा में आज व्यर्थता और असंगति फैल रही है। वह अनुराग-शून्य है। उसका लगाव भविष्य से कट चुका है। अतीत के प्रति उसका विश्वास खंडित हो चुका है। और वर्तमान उसके लिए एक सिलसिलाहीन अँधेरा है। हमें इसमें प्रवेश करना है।

चाणक्य उत्तर देते हैं, "मैं इन सवालों पर सोचता रहा हूँ। मुझे पता है कि अनुराग-शून्य प्रजा का प्रति-विधान संगत नहीं होता। ऐसी रोक-टोक ऐतिहासिक असंगति को भी ज्नम दे सकती है।

"प्रति-विधान के आज दो ही रास्ते हैं। एक रास्ता अनुग्रह या दया का है और दूसरा निग्रह का। यदि मैं अधिकार-च्युत भद्रभट्ट, पुरुषदत्त को पुनः उनका अधिकार वापस कर देता या उन पर दया करता, तो दया या अनुग्रह का यह सँकरा रास्ता, धीरे-धीरे व्यवस्था को खोखला बना देता।

"अपने पद पर वापस लौटा हुआ स्वार्थी अधिकारी, खुले हाथों राज्य की सम्पत्ति का दुरुपयोग करने लगता। राज्य की अमूल्य सम्पत्ति, हाथी और घोड़े नष्ट हो जाते।

"अधिकार-च्युत व्यक्ति व्यसनी होता है। और व्यसनी तथा अयोग्य अधिकारियों के हाथ में राष्ट्र खोखला और दिवालिया हो जाता है।

"सम्पूर्ण राज्य हिंगुरात और बलगुप्त जैसे लोभियों को सौंप देने के बाद भी, उनके लोभ का संवरण नहीं होता। अत्यन्त लोभी अधिकारी अत्यधिक असन्तुष्ट होता है।

"उस पर दया या अनुग्रह करने का अर्थ था, कि पूरी व्यवस्था को ढीला-पोला छोड़ दिया जाय। दया चाहने वाला व्यक्ति या अधिकारी अधिक धन चाहता है और जब उसे अधिक धन नहीं मिलता है, वह औरों पर दबाव डालता है। और जब धन हासिल करने के लिए उसका दबाव सफल नहीं होता है, उसे हर क्षण जीवन के नाश के दिवास्वप्न दिखाई देते हैं। उसके सामने, उसके कातर दिमाग की कहानी रहती है।

"राजसेन और भागुरायण ऐसे ही भयभीत अधिकारी थे। उन पर दया करना, सत्ता को कमजोर करना था। यह समय उन पर दया का नहीं है। अनुग्रह या दया की प्रीति मुझमें नहीं है।

"अपने सम्बन्धियों के धन से, उनके विकास या उन्नति से ईर्ष्या करने वाले रोहिताक्ष और विजय वर्मा पर अनुग्रह करना असम्भव था।

"लेकिन तुम वृषल! दया के साथ निग्रह या दंड की भी मुझसे उम्मीद रखते हो। मैं दंड देने के पहले हर मुमकिन या नामुमकिन आशंकाओं पर सोच लेता हूँ। ये सभी लोग जिन्हें मैंने सतर्कतापूर्वक पहचानने के बाद भी दंड नहीं दिया, इसका स्पष्ट कारण था।

"हमारे एक-एक सहायक या प्रधान-पुरुष नन्द के ऐश्वर्य की कामना कर रहे थे। उनसे, उनके प्राप्त ऐश्वर्य की सुविधाएँ छीन लेना, नन्दवंश के प्रति अनुरक्त प्रजा के मन में अपने शासन के प्रति अविश्वास पैदा करना होता।

"मैं नन्दवंश के प्रति अनुरक्त प्रजा का विश्वास चाहता था। ऐश्वर्य और सुविधा में पलने वाले नन्दवंश के सहायकों को मैंने छोड़ दिया था। उन्हें इस बात की छूट दी थी कि वे अपनी औकात और अहमियत को स्वीकार करें। और उन्होंने यह जान लिया था कि उनके दम्भ, उनके लोभ, उनके स्वार्थ और उनके अविश्वास पर वृषल का शासन नहीं टिका हुआ है।

"कल तक जो हमारे नौकर थे, आज राक्षस की नीति के अधीन वे मलयकेतु के भृत्य हैं। अविश्वासी व्यक्ति, हर समय एक के बाद दूसरे आश्रयदाता की तलाश में रहता है।

"मलयकेतु पिता की मृत्यु से क्रोधित है। उसके क्रोध को राक्षस ने और भड़का दिया है। लेकिन केवल उत्तेजना या आवेश में, हिंसा पर उतारू हो जाने से सफलता या विजय नहीं मिलती।

"राक्षस अब मलयकेतु के साथ और हमारे ही पदच्युत अधिकारियों के सहारे, वन-सेन के साथ मेल-जोल कायम कर रहा है। ये लोग राष्ट्र को, उसके गौरव को और उसके स्वाभिमान को, उसके आन्तरिक विघटन के समय, नीलाम कर देने पर आमादा हैं। ये म्लेच्छ या यवन सेना के साथ हमारे ऊपर भीषण आक्रमण करने के लिए उद्यत हैं।

"वृषल, यह समय पुरुषार्थ का है। वारांगनाओं के साथ, प्रकृति की उन्मुक्त ऋतु के साथ और धनियों के मुक्त-विलास का उत्सव मनाने का समय नहीं है। तुम्हारे सामने युद्ध और नये संघर्ष का सवाल है। यह समय दुर्ग की तैयारी का समय है। कौमुदी महोत्सव से तुम्हारा या इस नये संकल्प का पुरुषार्थ, संगत

नहीं होता है। इससे दुश्मन लाभ उठा रहा है। मैंने कौमुदी महोत्सव का निषेध इन्हीं संगत स्थितियों की वजह से किया है।

"मैं जानता हूँ, वृषल, तुम्हारे मन में और भी सवाल पैदा हो रहे हैं। तुम्हारे विश्वास पर ही मेरी नीति की परीक्षा हो रही है। तुम विश्वस्त होकर उस सिलसिले में कुछ भी पूछ सकते हो।"

चन्द्रगुप्त सोचता है–आचार्य मेरे विश्वास की परीक्षा ले रहे हैं। लेकिन जब एक-एक कर मेरे प्रधान सहायक, मेरे बालपन के साथी, मेरे आत्मीय व्यक्ति इस कठिन चढ़ाई में फिसलते या गिरते जा रहे हैं, मैं कहाँ तक अपना संतुलन कायम रख सकता हूँ।

चन्द्रगुप्त काफी उद्विग्न हैं। उनकी वाणी में कम्पन है। वे महसूस कर रहे हैं कि अनर्थ का मूल कहीं और है। या तो पूरी तरह मैं अनर्थ के केन्द्र में हूँ, या आचार्य अपने तर्क की लड़ाई में कहीं मात खा रहे हैं। और मात खाया हुआ व्यक्ति, अपने लिए एक प्रसन्न लेकिन उपयुक्त बहाना गढ़ लेता है।

आचार्य स्वयं में एक के बाद एक दीवार उठा कर क्या मेरे और सत्ता के बीच में, जिसके स्वयं वे सचिव हैं, इस भ्रम का निर्माण कर रहे हैं? जनता और जनता के बीच में, वे अपनी नीति की दीवार खड़ी कर रहे हैं। कुछ जनता नन्दवंश में अनुरक्त है और कुछ मेरे नये पुरुषार्थ के प्रति उत्साहित है। यह जनता को जनता से विभाजित करने की दलील ही शायद अनर्थ का मूल है। शायद दंडनीति की असफलता का यही सबूत है। अपने दुख-शोक में इस राज्य की जनता हमारी जनता है।

आवेश में आये हुए योद्धा की तरह चन्द्रगुप्त आचार्य से प्रश्न पूछते हैं।

–मलयकेतु हमारे अनर्थ का मूल कारण रहा है। जब वह छिप कर भाग रहा था, उस समय आपने उसकी उपेक्षा क्यों की?

आचार्य का गम्भीर मुख अचानक अट्टहास से खिल उठता है। उनकी आँखें अट्टहास कर रही हैं। उनके होंठ फड़फड़ाते पक्षी की तरह अट्टहास कर रहे हैं। वे शिव की तरह नृत्य की प्रसन्न मुद्रा में हैं। वे सोच रहे हैं कि प्रश्न रख कर प्रति पक्षी को घेरने की योजना, शायद चन्द्रगुप्त के मन में भी जाग उठी है।

वह उपेक्षा और अनर्थ के अधूरे अंश का ही साक्षी है। आधी पृथ्वी उसके लिए अँधेरे में है। आधा अर्थ जानने वाला व्यक्ति अँधेरे में तीर चलाता है।

लेकिन मुझे चन्द्रगुप्त की कूट चालों में नहीं आना है। आशंकाओं से विचलित नहीं होना है। मैं युद्ध में पूरी वास्तविकता और पूरे सत्य से लड़ रहा हूँ।

–वृषल! मलयकेतु की उपेक्षा न करने पर दो ही रास्ते रह जाते थे। या तो

मैं उसे पकड़ लेता, या उस पर दया करता। दया समझौते पर ही होती है और हम आधे राज्य के लिए पहले से प्रतिबद्ध हैं। हमने आधा राज्य देने की मलयकेतु से पहले प्रतिज्ञा की हुई थी। उस पर दया करने का अर्थ था उसे आधे राज्य में निर्द्वन्द्व विस्तार की छूट देना।

"मैंने उस पर दया नहीं की, उसकी उपेक्षा की।

"दूसरी ओर कुसुमपुर में और आस-पास यह बात फैला दी गयी है कि पर्वतक को हमने मारा है। यदि हम पर्वतक के पुत्र मलयकेतु की उपेक्षा नहीं करते, उसे दंड देते, तो हमें इस कृतघ्नतापूर्ण कलंक का सामना करना पड़ता।

"हमारी ही प्रजा हमें घृणा से देखती। हमें सत्ता का लोभी और कृतघ्न समझकर उपहास का साधन बनना पड़ता। और यदि हम दया के नाते, अपनी प्रतिज्ञा के अनुसार उसे आधा राज्य दे देते, तो भी हम कुसुमपुर की जनता पर और यहाँ के वातावरण पर अपना असर पैदा नहीं कर सकते। लोग तब भी दबी जबान यही कहा करते कि पर्वतक की मृत्यु पर हमने थोड़ी उदारता का परिचय दिया। और हमारे हाथ थोड़ी कृतज्ञता ही आती। थोड़ी कृतज्ञता बड़े लक्ष्य को फलदायी नहीं बनाती है। मैंने मलयकेतु की उपेक्षा की और उसे भागने का अवसर दिया।"

चन्द्रगुप्त आचार्य के तर्कों से यह सोचने को विवश हो चुके हैं कि उनकी स्वाधीनता एक मोहक बहाना था। वे स्वाधीनता के लिए होने वाले अन्तःसंघर्ष से अभी तक दूर थे। केवल उनका मन विलास की सुविधाओं को ही अपनी स्वाधीनता का मुक्त-क्षेत्र समझने लगा था।

वे सोच रहे थे कि जिन्हें दंडनीति के अधीन इस समय मेरे सामने न्याय के कटघरे में होना चाहिए था, वे उपेक्षा, पलायन, अनर्थ के मूल और कलंक जैसे शब्दों की नाकेबन्दी से बच कर निकल चुके हैं। अब ये सारे शब्द, दोषी या अपराधी की तरह मेरे सामने खड़े कर दिये गये हैं। और आचार्य मुझे यह समझाना चाहते हैं कि मैं इन आहत शब्दों का न्यायाधीश हूँ।

जिन्दगी की लड़ाई से अधिक आचार्य ने मुझे शब्दों की लड़ाई में उलझा दिया हैं और ये सारे शब्द उपेक्षा से मेरी ओर देख रहे हैं।

चन्द्रगुप्त उपेक्षा के साथ आचार्य की ओर देखते हैं। आचार्य उसी तरह मुस्कुरा रहे हैं।

कंचुकी दो योद्धाओं के बीच झुकी हुई खड़ी है और सोच रही है कि यह लड़ाई अधिकार की लड़ाई है। मन्त्री के अधिकार की और राजा के अधिकार की। और इन दोनों अधिकारों के बीच, मेरे जैसे लोग डर कर सेवा कर रहे हैं।

डर के साथ सोच रहे हैं। भय के बीच, अपने अधिकार को और झुका रहे हैं। और स्वयं को झुका हुआ महसूस कर रहे हैं।

चन्द्रगुप्त एक बार सेवा के लिए उद्यत कंचुकी को देखता है और दूसरी बार उसकी आँखें, मुस्कुराती हुई आचार्य की आँखों से मिलती हैं। चन्द्रगुप्त सोचता है कि आचार्य की हँसी उसके अधिकार का मजाक उड़ा रही है। इन आँखों में विद्रूप की हँसी है। ये आँखें, मेरी विडम्बना की कथा कह रही हैं। वह आहत होता है। और आहत आदमी अपने से बड़े गुणज्ञ से आँख मिलाते हुए डरता है।

उसने पूछा है, "आचार्य, आपके उत्तर संगत हैं। लेकिन इसी नगर में राक्षस भी रह रहा था। आपने उसकी उपेक्षा क्यों की? क्या इस विषय में मैं कुछ जान सकता हूँ?"

—वृषल, अपने स्वामी में अतिशय अनुराग रखने वाला राक्षस साधारण व्यक्ति नहीं था। स्वामी में अतिशय अनुराग रखने के कारण नन्द से स्नेह रखने वाली इस नगर की प्रजा का भी वह विश्वास अर्जित कर चुका था।

—राजा और प्रजा का विश्वास अर्जित करने वाला राक्षस, अपनी बुद्धि और जनता के उत्साह और सहायक प्रधान अधिकारियों की सहायता और राज्य के कोष पर अपना अधिकार जमा चुका था।

—मैंने यह समझ लिया था कि इस व्यक्ति के कुसुमपुर में रहने का अर्थ है भयानक षड्यन्त्रों को आमन्त्रित करना। वह जनता के विश्वास से, यहाँ रह कर हमारे प्रयत्न को काटता रहता। अपनी बुद्धि से, वह सत्ता के प्रधान अधिकारियों की सहायता को अपने हित में इस्तेमाल करता। और एक बहुत भयंकर आंतरिक विद्वेष पूरे नगर में फैल जाता।

—उसकी उपस्थिति से ही नगर में विषैले केन्द्र निर्मित होते। और जहरीले कीड़े हमारी ही उत्पादन-क्षमता को कमजोर कर देते।

—मैंने उसे भागने की छूट दी। उसे अवसर दिया कि वह बाहर रह कर अपने क्रोध से हमारे विरुद्ध कठिन लड़ाई लड़ता रहे।

—उसकी उपेक्षा करके मैं उसके क्रोध को जड़ से काट रहा था। वह अब दूर रह कर कोई दुसाध्य चालें, इस नगर को, अपने अधिकार में घेरने की नहीं कर सकेगा।

—ऐसे उपाय क्यों नहीं किये गये, जिससे राक्षस को वश में किया जाता?

—उसे वश में करने के लिए ही छाती के शूल की तरह, मैंने उसे उखाड़ कर दूर कर दिया है।

—आर्य, पराक्रम द्वारा वह क्यों नहीं पकड़ा गया?

—वृषल, राक्षस असाधारण है। बलपूर्वक पकड़े जाने पर वह या तो स्वयं नष्ट हो जाता या तुम्हारी सेना और शक्ति का विध्वंस कर देता।

आचार्य अपने विध्वंस शब्द के साथ ही एक बार विचलित हो उठे थे, लेकिन चन्द्रगुप्त इस 'विध्वंस' शब्द से ही स्वयं को आहत महसूस कर रहे थे। वे सोच रहे थे कि आचार्य जिस बात को स्वीकार करना नहीं चाहते; वही सत्य बार-बार उभर कर सामने आ रहा है।

अमात्य राक्षस अजेय है। उसकी शक्ति अकूत है। उसमें असाधारण धैर्य है। वह प्रशंसनीय व्यक्ति है। आचार्य इनमें से एक सत्य को भी स्वीकार करने को प्रस्तुत नहीं हैं। नीति के एक खंड को स्वीकार करने का अर्थ होता है, उसकी अर्द्ध-विजय को स्वीकार करना।

आचार्य सोचते हैं कि राक्षस पर पराक्रम से विजय हासिल नहीं की जा सकती। उसे बलपूर्वक पराजित न करने के बाद भी मेरी ओर वे इस तरह देख रहे हैं, जैसे मुझे अलौकिक योद्धा बना चुके हों। जो व्यक्ति लौकिक युद्ध में पराजित होता रहता है, उसे अलौकिक मनुष्य बना कर आचार्य मेरी शक्ति का उपहास कर रहे हैं।

—आचार्य, आपकी प्रजा पर और आपकी कूट-बुद्धि पर विजय मैं नहीं पा सकता। मैं यह समझ रहा हूँ कि अमात्य राक्षस प्रशंसनीय हैं। समर्थ हैं और.....

चाणक्य सहसा बोल उठते हैं, "आप न प्रशसंनीय हैं न ही समर्थ। तुम्हारा वाक्य यहाँ पूरा होता है। तुम्हारी तर्क-योजना मेरी पराजय पर खड़ी है। मेरे क्रोध और सोचने की चिन्ता मत करो। तुम मुझे यह बता सकते हो कि तुम्हारे प्रशंसनीय अमात्य श्रेष्ठ ने आखिर किया क्या है?"

—आचार्य, आपको वाकई पता नहीं है, यह विश्वास नहीं होता। मैं इस बात पर पूरी तरह विश्वास करने लगा हूँ कि इस नगर में वह हमारे वश में नहीं था। पूरा नगर उसके अधीन था। वह इस नगर में निःशंक होकर रहा है। हमारी वाणी उसके पैरों के नीचे रही है। वह अपनी इच्छा के अनुरूप इस नगर की व्यवस्था को अपने अनुकूल बदलता रहा। जब हमारी सेना जयघोष करते हुए नगर में प्रवेश कर रही थी, उसने अपनी उपस्थिति से हमारे हर कार्य में रुकावट पैदा की। हमारी सेना और स्वयं हम लोग उसकी नीति की चतुराई से प्रभावित हो रहे थे।

"मैं उसकी चतुराई से मोहित हो चुका था। एक बार जयघोष के शब्द मेरे कानों में गूँजते थे और उसके समानान्तर मैं स्वीकार कर रहा था कि मेरा मोह-भंग हो रहा है।

"अपने विश्वास के पक्ष से, हमारी बुद्धि स्वयं अविश्वास की ओर मुड़ गयी

थी आचार्य! उसने हमें, अपनी बुद्धि पर अविश्वास करने का एक खतरनाक अवसर दिया। और आज तक, हम अपनी विश्वसनीय बुद्धि पर भरोसा कायम नहीं कर सके हैं।''

आचार्य ठठा कर हँस रहे हैं। उनकी हँसी निर्द्वन्द्व है। उनका मन निःशंक है। वे उपेक्षा से चन्द्रगुप्त की ओर देखते हैं और सोचते हैं कि आदमी जब विवशता को स्वीकार कर लेता है, तब उसके पास आत्म-समर्पण का ही रास्ता रह जाता है। वह बुद्धि से काम लेना छोड़ देता है। और महसूस करने लगता है कि कोई अदृश्य शक्ति ही इस सृष्टि का संचालन कर रही है। कभी भूतल से वह नन्द को उखाड़ फेंकती है, और कभी मलयकेतु को बढ़ावा देती है।

वृषल सोच रहा है कि अमात्य राक्षस उस अदृश्य शक्ति की अजेय कीर्ति हैं, वह शक्ति ही मलयकेतु को अभिषिक्त कर रही है। मलयकेतु के अभिषेक से ही चन्द्रगुप्त यह समझने लगा है कि वह अनाम और विवश है। उसकी विजय की कीर्ति, कुछ समय के लिए मिली हुई भाग्य की विडम्बना रही है।

यह सोचने वाला हीन व्यक्ति, मेरे भयंकर क्रोध को और शत्रु के विनाश की मेरी प्रतिज्ञा और करोड़ों के स्वामी गर्वीले नन्दों को देख कर भी अदेखा कर देना चाहता है। वह युद्ध में विजयी होकर भी भाग्य के भरोसे पराजित हो गया है।

मेरी खुली हुई शिखा केवल भाग्य की विजय-गाथा नहीं है। यह संसार के वास्तविक युद्ध का एक अदम्य सत्य है। एक दृढ़ प्रतिज्ञ का आह्वान है, जिसने बंधु-बांधवों सहित शत्रु का विनाश किया।

''चन्द्रगुप्त युद्ध में उपस्थित रहने के बावजूद दैव को प्रमाण-मान रहा है। दैव अज्ञानियों का प्रमाण हो सकता है।

''कोई योद्धा नीति को प्रमाण मानता है। लोक की सत्ता को प्रमाण मानता है।

''आज भी फैली हुई आग शान्त नहीं हुई है। आकाश में आज गृद्ध पंखों को स्थिर करके चक्राकार घूम रहे हैं। चक्राकार पंख, श्मशान भूमि से उठे हुए धुएँ की तरह आकाश को ढक रहे हैं।

''सूर्य का तेज इन काले धुओं से ढक गया है। नन्द अपने दर्प को श्मशान में जलता हुआ देख चुके हैं। जले हुए मांस की गन्ध आज भी गृद्ध चख रहे हैं।

''युद्ध की विभीषिका से अभी हम बाहर नहीं निकले हैं। यह सब नन्दकुल के द्वेषी भाग्य ने किया है या मेरे पुरुषार्थ ने? नीतिवान व्यक्ति का पुरुषार्थ ही उसका प्रमाण होता है।''

—विद्वान आत्मश्लाघी नहीं होते, आचार्य!

—वृषल! तुम अपने सेवकों की भाँति, मुझ पर शासन करना चाहते हो?

मेरा क्रोध अभी शान्त नहीं हुआ है। बँधी हुई शिखा को खोलने के लिए मेरे हाथ आज भी तैयार हैं।

आचार्य आसन छोड़ कर खड़े हो गये हैं। क्रोध से तमतमाया हुआ उनका मुख तनाव से भर चुका है। सीधी अँगुलियाँ टेढ़ी हो गयी हैं। और वे उनकी शिखा के पास पहुँच रही हैं। वे उपेक्षा से चन्द्रगुप्त की ओर देख रहे हैं। फर्श पर उन्होंने अपना पैर पटका है।

हठात्, चन्द्रगुप्त अपनी भूल पर सोचते हैं। वे महसूस करते हैं कि दूसरी बार प्रतिज्ञा के लिए आगे बढ़ा हुआ आचार्य का कदम स्वयं उसके विनाश का पहला कदम होगा। उनका क्रोध, उनके भ्रम को और उनके अन्तर्विरोध को धक्के मार रहा है।

क्या आर्य सचमुच कुपित हो गये हैं? शंकर के ताण्डव के समय पृथ्वी ने जो प्रहार आसानी से सह लिए थे, आचार्य के उस क्रोध को सहने की मुझ में ताकत नहीं है। पृथ्वी की तरह मुझ में धैर्य नहीं है।

मैं लाल नेत्रों की कान्ति से भयभीत हो चुका हूँ। मेरे भीतर से हताश, नन्दवंश के अग्नि में जले हुए अंशों का धुआँ निकल रहा है।

न चाहते हुए भी आचार्य क्रोध से तमतमा उठे हैं। वे खोई हुई आँखों से इधर- उधर देख रहे हैं। अपने ही बनाये हुए घर में जैसे वे अजनबी हो गये हों। उन्होंने अस्त्र-शस्त्र चन्द्रगुप्त के आगे रख दिये हैं।

—वृषल! उत्तर-प्रत्युत्तर का यह समय नहीं है। यदि तुम राक्षस को योग्य समझते हो, तो यह शस्त्र उसे दे दो।

प्रत्युत्तर की प्रतीक्षा किये बिना आचार्य प्रासाद से बाहर चले जाते हैं।

वे सोच रहे हैं, यह कौटिल्य की बुद्धि पर राक्षस का हमला है। वह मेरी बुद्धि को आहत करना चाहता है। वह चाहता है चन्द्रगुप्त चाणक्य के प्रति आस्था खो दे। वह समझता है कि चन्द्रगुप्त को मुझसे छीन कर सुखपूर्वक कुसुमपुर में निवास कर सकेगा।

मेरे प्रति अश्रद्धा उत्पन्न कर वह अपने अहित को आमन्त्रित कर रहा है। उसने चन्द्रगुप्त को मुझसे पृथक् करने का जो षड्यन्त्र रचा है, वह कभी सफल नहीं होगा।

आचार्य विचार करते हुए अपने रास्ते पर बढ़े जा रहे हैं। पेड़ के नीचे बैठे दोनों वैतालिक गा रहे हैं।

अपने सिंहासन पर बैठा हुआ चन्द्रगुप्त अपनी सफलता पर विद्रूप की हँसी हँस रहा है। वह सोच रहा है कि एक विद्वान् दूसरे विद्वान की शक्ति को स्वीकार नहीं करता। वे हठ में अपनी ही सफलता पर फूले रहते हैं।

—आचार्य वैहीनर, आज से चाणक्य को अनादरपूर्वक पदच्युत किया गया है। मैं स्वयं राज्यकार्य देखूँगा। प्रजा को इस बात की सूचना अभी मिलनी चाहिए।

सेवा के लिए झुकी हुई वैहीनर खेद के साथ सोच रही है—पद के साथ ही आदमी की इज्जत रही है। पद से हटा दिये जाने पर उसका आदर झर जाता है। रिक्त मेघ की तरह, आचार्य अब केवल चाणक्य रह गये हैं। आचार्य चाणक्य की गरिमा समाप्त हो गयी है। राजा की आँखों से गिरने के बाद आमदी खाली पड़ जाता है। क्या सचमुच महराजा का दोष नहीं है? क्या सचमुच आचार्य से अधिकार लेने के बाद, कुसुमपुर को बचाया जा सकता है?

लोगों में यही बात प्रचलित है, राजा कोई बुरा कार्य नहीं करता। राजा की सारी बुराई सचिव के सर मढ़ दी जाती है। महावत के प्रमाद से ही हाथी निन्दा का भाजन हो जाता है। महाराज सौभाग्य से आज अपने आपको स्वतन्त्र बना सके हैं। वास्तव में वे आज इसी क्षण महाराज हुए हैं। स्वतन्त्र हैं वे।

मैं नहीं जानती, मुझे सोचना चाहिए या नहीं। किसी भी चीज को सच्चाई से समझने की मुझमें योग्यता है या नहीं। मैं कुछ भी नहीं जानती। सेवा करते हुए इस महल के एक छोर से दूसरे छोर तक जिन कार्यों की सिद्धि के लिए व्यस्त रहती हूँ, उनमें मेरी समझ का कोई संगत साधन या आधार मुझे नहीं दीखता। अपने कार्य की सिद्धि चाहने वाले, अपनी सेवा में सफल होते हैं।

आचार्य को सम्मान न देकर मैं अपने ही आप अपमानित हो उठा हूँ—अकेले में चन्द्रगुप्त सोचते हैं।

वैहीनर की आँखों में पश्चाताप है और अभाग्य है और निवेदन है। शायद वह पीड़ित हुई है। शायद उसके मन में मेरी स्वाधीनता से, मेरे बारे में चिन्ता बढ़ गयी है।

मैं तर्कों की कुछ क्रमहीन भूल-भुलैया में उलझ गया हूँ।

मैंने जनता में प्रचलित करने के लिए जो सत्य अभी वैहीनर से कहलाया है, वह मेरे भीतर के अधूरे पुरुषार्थ का सत्य है।

मैं शयन-गृह में जाकर अधूरी चिन्ताओं में पूरी तरह डूब जाना चाहता हूँ। अपने कार्य की सिद्धि, अपने व्यर्थ के कलह और युद्ध के भीतर की खूँखार तस्वीरों में, मेरा उत्साह एक बड़ी त्रासदीय पीड़ा से दब चुका है।

वह त्रासदीय पीड़ा गौरव के उल्लंघन की पीड़ा है। मैं अपनी स्वाधीनता में आज कहीं अधिक लज्जा महसूस कर रहा हूँ।

घिनौने रेंगते हुए कीड़ों की तरह, मैं बाहरी दुनिया से कहीं अलग अँधेरे विवर में समा जाना चाहता हूँ। मैंने अपने आन्तरिक विघटन से लड़ कर जिस

स्वाधीनता को अर्जित किया है, वह आज के समय के खुले आकाश और सामूहिक उत्सव का सत्कार्य नहीं है।

मैंने अपनी ही आन्तरिक असफलताओं से इस सुगांग प्रासाद को ध्वस्त कर दिया है। यह मेरा ही फटा हुआ हृदय है, जिसने आचार्य की आज्ञा से आचार्य का ही अपमान किया है। एक सीमा का उल्लंघन कर मैं आगे नहीं बढ़ा हूँ बल्कि पीछे ढकेल दिया गया हूँ।

शयन-गृह में चन्द्रगुप्त अकेला पड़ा है। वीणा के तार संगीत छेड़ रहे हैं। और चन्द्रगुप्त मद्धिम रोशनी के प्रकाश में, अपने ही कार्य की सिद्धि पर पश्चाताप कर रहा है।

12

यात्री केवल देखता है। वृक्षों पर झरते हुए काजल को देखता है। और महसूस करता है कि भरा-पूरा अस्तित्व अँधेरे में समा रहा है। शायद हर कहीं एक भरा-पूरा क्षेत्र अँधेरे में रेंग रहा है।

पूज्य व्यक्ति अपने-अपने सत्कार के लिए चिन्तित है। और अँधेरा एक राज्य से होता हुआ दूसरे राज्य की सीमा का उल्लंघन कर रहा है।

हृदय में लज्जा महसूस करते हुए लोग अँधेरे में आश्चर्य से कुछ खोज रहे हैं और मैं इस अँधेरे में सैकड़ों कोसों से भी अधिक चल चुका हूँ।

सेवक अपनी खुशी से नहीं चलता। वह स्वामी के आदेश पर कदम बढ़ाता है। मैं व्यर्थ की चिन्ताओं में इतनी दूर तक सोचता रहा हूँ। आश्चर्य से अनहोनी स्थितियों को देखता रहा हूँ। और घूमते हुए थक गया हूँ। लेकिन वाकई में थका नहीं हूँ। मैं इस तलाश में हूँ कि मेरा एक-एक कदम सार्थक हो।

अमात्य राक्षस के घर पर पहुँचने का समय है, और मैं अमात्य राक्षस के घर के बाहर आश्चर्य से सोच रहा हूँ। दौवारिक कौन है? कौन मेरे निवेदन को अमात्य राक्षस तक पहुँचा सकता है?

जंगल में हाथियों को देखा था। उनके छोटे-छोटे बच्चे करभक मेरी ही तरह उत्साह में थे। मैं अब कार्य पूरा करने के उत्साह में हूँ और वे जंगल में अक्सर अपनी सूँड उठा कर यह बता रहे हैं कि करभक द्वेष के भावों से विरहित होता है।

मैंने उस दिन उनके स्नेह से भरे हुए सौमनस्यचित पर प्रसन्नता प्रकट की थी। आकाश को देखा था और महसूस किया था कि धरती मेरा कवच है। नभ

मेरे लिए कवच है। दिन का प्रकाश मेरी प्रसन्नता का कवच है। और हर समय चलने वाला यात्री सूर्य मेरी उद्‌भाषित आत्मा का रक्षक है।

करभक की तरह मैं भी शंकाओं से मुक्त होकर घूमने लगा था। अँधेरे में मैं गीत गा रहा था और महसूस कर रहा था कि यह सारी पृथ्वी, यह सारा संसार मेरे लिए है। यह सब मेरा अक्षय कवच है। चारों दिशाएँ मेरे लिए अभय मन्त्र हैं। मेरी गति अबाधित है। और मैं उन्नत आकाश के नीचे अपनी धरती पर निर्भय यात्रा कर रहा हूँ।

अलाव सेंकते हुए एक गाँव में मैं ठहर गया था। लोग किस्से-कहानी सुना रहे थे। घने जंगल में शाखाओं के बीच से धुआँ सरक रहा था और मैं इस खुशी में खोया हुआ सोच रहा था कि यह गाँव मेरी हर तरह आशा का गाँव है, जहाँ सुबह-शाम पृथ्वी एक धुरी पर घूमती है और नभ कवच की तरह घिरा रहता है।

यह कबीलों और बनजारों की बस्ती थी और लोग उल्लास से गा रहे थे। नाच रहे थे। मैं आग तापते हुए कहानी सुन रहा था।

—राक्षस हाथी से पूछता है, भाई तुम इतने मोटे और सुखी क्यों हो?

हाथी उसकी मूर्खता पर हँस कर जवाब देता है—मैं पहाड़ के पत्थर खाता हूँ।

राक्षस तुरन्त पहाड़ पर जाता है। एक-एक पत्थर तोड़ता है और खाने लगता है।

मैं सोचता हूँ किस्से का राक्षस अपनी मूर्खता के परिणाम से मर जाता है। और हाथी आज भी हँस रहा है।

और जब कभी लोग मुझे करभक कह कर याद करते हैं, मैं कबीले की बस्ती में पहुँच जाता हूँ जहाँ एक चालाक हँसमुख हाथी रहा करता है, जो खतरनाक राक्षस को पहाड़ तोड़ने की तरकीबें सिखा देता है और अपने ही कठिन परिश्रम से एक राक्षस पत्थर खाते हुए बीमार पड़ जाता है।

लेकिन मैं सूर्य की तरह यात्रा करता रहा हूँ। मुझमें पत्थर खाने वाले राक्षस के लिए जरा भी सहानुभूति नहीं है। मेरे मन में मूर्खता के प्रति स्नेह नहीं है। मैं अपनी सब अतृप्त इच्छाएँ एक ही दिन में पूरी करना नहीं चाहता।

महादेव ने कहा था—मेरे राज्य में परिवर्तन की आवश्यकता है। प्राचीन के स्थान पर अब नवीन का निर्माण होना चाहिए।

साँप से खेलने वाले महादेव को घेर कर लोग बैठे थे। अलाव जल रहा था। महादेव के शरीर में भस्म पुती हुई थी और लोग महादेव के परिवर्तन की आवश्यकता पर सोच रहे थे। महादेव के पास बैठे हुए लोगों ने पूछा था, "इस परिवर्तन में कितना समय लगेगा?"

महादेव ने साँपों से खेलते हुए कहा था, "पाँच दिन, केवल पाँच दिन।"

प्राचीन के लिए केवल पाँच दिन रह गये थे। और लोग अपनी-अपनी अतृप्त इच्छाओं को पूरा करने के लिए जंगलों में, गुफाओं में और समुद्र तट पर चले गये थे।

नवीन के निर्माण के लिए केवल पाँच दिन रह गये थे। और प्राचीन के विनाश का यह समाचार लोगों में खलबली पैदा कर रहा था।

महादेव अकेले साँप से खेल रहे थे। और लोग प्राचीन के विनाश का एक-एक क्षण पूरी तल्लीनता के साथ जीना चाहते थे।

जंगल का काला हिरण भाग कर अपनी पत्नी के पास गया था। काले हिरण ने नवीन के निर्माण पर चिन्ता व्यक्त की थी और पत्नी से कहा था, "जीवन के केवल पाँच दिन शेष हैं। आओ, हम अपनी सब अतृप्त इच्छाएँ पूरी कर लें।"

पाँच दिन। लोग प्राचीन के विनाश पर सोचते रहे। लोग विलास की सुविधा जुटाते रहे। महादेव नवीन के निर्माण के लिए साँपों से खिलवाड़ करते रहे।

और मैं, अमात्य राक्षस के घर के नीचे खड़ा हुआ दौवारिक से निवेदन करता रहा।

मैं उत्साह में था। मुझे नवीन के निर्माण की चिन्ता थी। मैं हाथी के बच्चे की तरह निर्भय था। लेकिन दौवारिक अपनी व्यवस्था से चिन्तित था। वह मेरे स्वरों के साथ अपने भीतर की आशंकाओं पर सोच रहा था। उसे स्वामी की चिन्ता के साथ अपनी शंकाओं का ध्यान लगा रहता था।

एक आकर्षक शैया पर राक्षस लेटे हुए थे। उनकी आँखों में गहरी चिन्ता थी।

दौवारिक ने मुझे बता दिया था कि अमात्य राक्षस कई रातों से जाग रहे हैं। उनके सिर में बेहद पीड़ा है। और पीड़ा के बावजूद वे सोच रहे हैं। उनके पास आसन पर शकटदास बैठे हैं।

मैं धीरे-धीरे बुदबुदा रहा हूँ। मेरे भीतर का उत्साह बन्दी बना लिया गया है। कार्य पूरा कर मैं पाटलीपुत्र से आ रहा हूँ। लेकिन मेरे कार्य की सिद्धि शायद हाथी के साथ संवाद करने वाले राक्षस की तरह है। मैं महसूस कर रहा हूँ। मैंने डर कर कई पहाड़ी शृंखलाएँ तोड़ डाली हैं, और पत्थर खाकर मैं हाथी की तरह मदमस्त बनने की तरकीबें सोच रहा हूँ।

मेरे पास खुशहाली के पाँच दिन रह गये हैं, केवल पाँच दिन। लेकिन इन पाँच दिनों के लिए न तो विलास के साधन जुटा सका हूँ न ही मेरी आँखों में तृप्ति है। मैं अपने आपको बेहद अकेला महसूस कर रहा हूँ।

शायद एक नाटक खेला जा रहा है और मैं चिन्ता में पड़े हुए उस योद्धा को

देख रहा हूँ, जो चाणक्य की नैसर्गिक कुटिल बुद्धि को बन्दी बनाने के लिए गुप्त तैयारियाँ कर रहा है। धीरे-धीरे वह कोई कार्य आरम्भ करता है और उसके आरम्भ किये हुए कार्य को मेरी तरह एक यात्री, उत्साह से पूरा करने में लग जाता है।

मंच पर चिन्ता में पड़ा हुआ योद्धा मेरे कार्यों पर सोचता है। वह सोचता है कि उसका कार्य किस तरह सिद्ध होगा।

रात-दिन जागने वाला यह योद्धा मंच पर घूम रहा है। कभी वह किसी सूखी लकड़ी को उठा लेता है। आवेश में वह लकड़ी को तोड़ देता है और सोचता है कि उसने चाणक्य की नीति को खंडित कर दिया है।

मंच पर घूमने वाला योद्धा हठात् अपने समय पर सोचता है। गिनती के पाँच दिन उसके पास हैं। और एक के बाद एक आरम्भ किये हुए कार्य, हारे हुए योद्धा की तरह उसके पास लौट आये हैं। अपने ही कार्यों का निराकरण असम्भव हो उठा है।

वह सोचता है, वह स्वयं कुछ नहीं कर सकता। उसके लिए कार्यशील रहने वाला भाग्य, इसके प्रतिकूल है।

उसके अत्यन्त सूक्ष्म कार्य उल्टे पड़ रहे हैं। उसकी योजनाएँ असफल हो रही हैं। उसकी स्थापनाएँ गलत सिद्ध हो रही हैं। मंच पर घूमने वाला योद्धा चिन्ता में आकाश की ओर देख रहा है।

शैया पर पड़ा हुआ अमात्य राक्षस शायद रंगमंच के योद्धा की तरह अकेला पड़ गया है। उसकी गुप्त बातें दुश्मन के सामने खुल गयी हैं। उसकी अत्यन्त गूढ़ चालें, दुश्मन के दुर्ग पर बन्दी बना ली गयी हैं। उसका दिमाग अपने ही सूक्ष्म ताने-बाने में उलझा है।

मंच पर अकेला योद्धा दूर-दूर तक फैले अपने कार्य पर और अपने कर्त्तव्य पर और अपनी लड़ाई पर और स्थापनाओं पर अहर्निश सोच रहा है। क्या मैं यहाँ भी भस्म लगाये हुए और साँपों से खेलने वाले महादेव की कहानी दुहरा रहा हूँ? क्या जिन्दगी के केवल पाँच दिन रह गये हैं? और पाँच दिनों के बाद अचानक इस मंच पर कुछ नया प्रकट होने वाला है?

दौवारिक ने केवल यह बताया है कि अमात्य राक्षस सन्धि की गुप्त रीति के दुर्भेद्य अर्थ के बीच कहाँ बड़े क्लेश का अनुभव कर रहे हैं। उनके ओठों पर दुरात्मा चाणक्य का नाम दबा हुआ है।

क्या सचमुच अमात्य राक्षस विमर्श की स्थिति में आहत हैं? क्या वे अपने ही शुरू किये हुए कार्यों की और नये से नये युद्ध के मोर्चों की पराजय पर चिन्ता कर रहे हैं?

मुझे बिना रोक-टोक के अमात्य राक्षस के पास पहुँचा दिया गया है, लेकिन क्या अमात्य राक्षस अपने करभक को भूल गये हैं?

× × ×

अमात्य राक्षस चिन्ता और क्लेश के बावजूद करभक को देखते हैं। करभक अमात्य की जय का उद्‌घोष करता है।

जय के उद्‌घोष से अमात्य राक्षस बेचैन हो उठते हैं। वे सोचते हैं–क्या दुष्ट चाणक्य की जय यहाँ तक सुनाई दे रही है? क्या वाकई अमात्य पराजित हो चुका है? क्या अभी तक पहाड़ की शृंखलाओं को तोड़कर मैं अपने परिश्रम को व्यर्थ करता रहा हूँ? मेरी बाईं आँख फड़क रही है। क्या कुछ अशुभ घट चुका है? क्या मेरे सारे विषैले साँप चन्द्रगुप्त और दुष्ट चाणक्य को डसने में सफल नहीं हुए हैं? क्या आज भी वह दुष्ट चाणक्य मेरे साँपों से खेल रहा है?

यह करभक पाटलीपुत्र से आया है। मैं भूल रहा हूँ, मैंने इसे किस काम से भेजा था। मेरे इस घर में क्या कुछ टूट कर गिर गया है? यह आवाज कैसी आ रही है? लोगों को हटाने की आवाज।

बेंत लिए हुए एक पुरुष आगे आता है। वह लोगों को हटा रहा है। सज्जनों से रास्ता देने की प्रार्थना कर रहा है।

पूरे महल में खलबली मच गयी है। कुमार मलयकेतु अमात्य राक्षस के सिरदर्द की बात सुन कर उन्हें देखने आ रहे हैं।

कुमार मलयकेतु अमात्य राक्षस के लिए चिन्तित हैं। लोग सोचते हुए पीछे हट कर कुमार के लिए रास्ता बना रहे हैं। मलयकेतु के साथ-साथ भागुरायण और कंचुकी है।

मलयकेतु की आँखों में निराशा की छाया है। वे लम्बी साँस लेकर अपने अन्तःकरण की बेचैनी को व्यक्त करते हैं। वे सोच रहे हैं कि पिता का स्वर्गवास हो चुका है और मैं व्यथा के सँकरे रास्ते से दूसरे चौड़े रास्ते पर निकल आया हूँ। और इस बीच दस माह बीत गये हैं।

आज पिता के स्वर्गवास का दसवाँ महीना है। और मैं अपने उद्योग में हर कहीं और नीचे दबता जा रहा हूँ। भागने वाले व्यक्ति की तरह मेरा पूरा उद्योग अकारथ हो चुका है।

मैंने पिता के निमित्त कुछ नहीं किया है। मैंने आज तक लम्बी साँसें ली हैं। लेकिन पिता को श्रद्धांजलि नहीं दे सकता हूँ।

उस दिन भी मैं शयनकक्ष में निःश्वास छोड़ रहा था। शोक में साँसें मेरी

बेचैनी को व्यक्त नहीं कर सकी थीं। माँ अपने प्राणधन के शव के पास विलाप कर रही थीं। उनके हाथ में बँधे हुए रत्नकंकण टूट कर फर्श पर बिखर गये थे।

वे पूरी तरह बेहाल छाती पीटते हुए और बदहवास थीं। उनका दुपट्टा खिसक गया था।

वे निरन्तर करुण विलाप कर रही थीं। और उनका हाहाकार मेरे भीतर की दुर्बलता को और कायर बना रहा था।

काफी समय तक मैं माँ के बिखरे हुए केशों को देखा करता था। शोक और पीड़ा में उनके केशों की तरह हमारा जीवन रूखा-सूखा और बिखरा हुआ था।

मैंने माँ के सूखे हुए बालों का स्पर्श करके कई बार यह निर्णय किया था कि मैं शत्रुओं के घर में इसी तरह विलाप करने वाली औरतों को देखना चाहता हूँ। मैं चाहता हूँ, शत्रुओं को पराजित करना। उनको मारना। उनकी विधवा रानियों को अपनी माँ की तरह हाहाकार करते हुए देखना। यही पर्वतेश्वर का एकमात्र तर्पण हो सकता है।

एक ही रास्ता रह गया है मेरे लिए। या तो मैं वीरों की तरह युद्धभूमि में पिता के दुश्मनों से लड़ता हुआ, पिता की कीर्ति को कायम रखूँ या शत्रुओं की स्त्रियों की आँखों में अपनी माँ के क्लेश, दुख, अभाव और लांछना की प्रतिकृति उतार दूँ।

वीरों की तरह संग्राम में प्राण त्यागना है या शत्रुओं को जीतकर माँ का दुख दूर करना है। पिछले दस महीने से इसी उधेड़बुन में हूँ। मैं किसी को इस दुख का भागीदार नहीं मानता। अकेले ही मुझे निर्णय लेना है। अकेले ही मुझे इस कष्ट के रास्ते को पार करना है।

मैंने आर्य जाजलि से यह कह दिया है कि अमात्य राक्षस से मैं बिलकुल अकेले में मिलना चाहता हूँ। मेरे साथ चलने वाले राजाओं को द्वार पर ही छोड़ दिया जाये।

मैं जानता हूँ, वे मेरे अन्तर्विरोध के साक्षी नहीं हैं। वे संग्राम मे मेरे साथ हैं। लेकिन मुझे अपने दुख का स्वयं निर्णय लेना है। और वहाँ उन राजाओं की मर्यादा मुझसे अलग पड़ती है।

अचानक रुकावट या कड़ी लगाम खींचने से उन राजाओं के घोड़ों की ग्रीवा ऊँची उठ गयी होगी। अपने खुरों के प्रहार से वे धरती को विदीर्ण कर रहे होंगे। और उनके ऊपर सवार राजा अपने अवरोध के रूप में आते हुए सन्देह से उत्तेजित हो उठे होंगे।

लेकिन गति के नियंत्रण से या धरती के विदीर्ण कर देने से या घोड़ों की उठी हुई ग्रीवाओं से मेरी मर्यादा का अतिक्रमण नहीं होता है।

मैं जानता हूँ, अपने-अपने घोड़ों पर सवार मेरे परिजन, वापिस लौट रहे होंगे।

मेरे साथ चलने वाला भागुरायण है। मेरी आज्ञा के लिए कंचुकी है। भद्र-भट्ट और कुछ लोगों ने मुझसे संकेत में जो कुछ कहा है, उसमें सेनापति शिखरसेन की चर्चा थी। लेकिन मूलतः वे बातें इतनी गूढ़ थीं कि उनका कथन मेरे भीतर अभी तक सन्देह पैदा कर रहा है।

चन्द्रगुप्त अपने दुष्ट मन्त्री के अधीन है। और कुछ लोग अमात्य राक्षस के व्यवहार पर सन्देह करने लगे हैं। कुछ व्यक्ति मेरे सेनापति शिखरसेन के उद्देश्य पर सन्देह करने लगे हैं। लेकिन भद्रभट्ट और दूसरे लोग, अमात्य राक्षस के आश्रय में नहीं हैं। वे उनसे उदासीन हैं और मेरे गुणों से प्रभावित होकर, मेरे आश्रय में रहना पसन्द करते हैं।

भागुरायण समझता है कि भद्रभट्ट और दूसरे लोग विजय की आकांक्षा रखने वाले मेरे व्यक्तित्व से प्रभावित हैं। भागुरायण स्वयं मुझे मित्र की तरह उचित सलाह दिया करता है। लेकिन मेरा मन कहीं दुर्बोध है। मैं कहीं भी आज तक एक निर्णय नहीं ले सका हूँ। मेरे लिए अमात्य राक्षस सर्वाधिक प्रिय व्यक्ति रहे हैं।

जब उस दिन पिता के शव के पास मैंने मांसल आकर्षण की विषकन्या को देखा था, मेरा मन विष से बिंध गया था। मैं एक काँटेदार झाड़ी में स्वयं को घिरा हुआ महसूस करने लगा था।

अमात्य राक्षस ने मेरे लिए उस काँटेदार झाड़ी से बाहर निकलने का रास्ता बनाया था। वे विषैले काँटों के बीच मेरी रक्षा कर रहे थे। आज भी वे ही मेरे सबसे अधिक प्रिय और हितकारी हैं।

भागुरायण मुझे यह समझा रहा है कि अमात्य राक्षस का चाणक्य से बैर है। अमात्य राक्षस कहीं भी चन्द्रगुप्त के विरुद्ध नहीं है। चाणक्य, अत्यन्त घमंडी आदमी है। और घमंडी आदमी को महामन्त्री के पद पर सहते रहना चन्द्रगुप्त के लिए काफी कठिन हो गया है।

भागुरायण और भद्रभट्ट मेरे मन में यह सन्देह पैदा कर रहे हैं कि चन्द्रगुप्त कभी भी अपने घमंडी मन्त्री को उसके पद से च्युत कर सकते हैं। अमात्य राक्षस की श्रद्धा केवल नन्दकुल के प्रति है, और महाराज नन्द नहीं रहे हैं। क्या यह कभी सम्भव हो सकता है कि अमात्य राक्षस, चन्द्रगुप्त को स्वीकार कर लें? उनके मन में क्या कहीं नन्दवंश के प्रति दबी हुई ममता एक बड़ी कमजोरी के रूप में, चन्द्रगुप्त के साथ सन्धि करने के लिए उन्हें विवश कर सकती है? राक्षस सन्धि करने को विवश हैं। क्या अमात्य राक्षस सन्धि करते समय यह स्वीकार कर सकते हैं कि चन्द्रगुप्त नन्दवंश का ही है?

मित्रता की यह समझ क्या उन्हें इस स्तर तक विवश बना सकती है कि वह दुश्मन से सहानुभूति रखने लगें?

भद्रभट्ट और भागुरायण जैसे लोग यह मान चुके हैं कि चन्द्रगुप्त नन्द के समय से ही यहाँ रहता आया है। उसके साथ सन्धि करते समय अमात्य राक्षस ममता के दबाव में कुछ भी कर सकते हैं। क्या ऐसी दशा में मुझे एक बार फिर पराश्रित होना पड़ेगा? क्या मेरा विश्वास अमात्य राक्षस ठुकरा देंगे?

मलयकेतु सोच रहे हैं और भागुरायण के साथ अमात्य राक्षस के घर में धीरे-धीरे आगे बढ़ रहे हैं।

इधर अमात्य राक्षस करभक के साथ इस बात की तलाश में चिन्तित लग रहे हैं कि स्तनकलश नाम का वैतालिक, कुसुमपुर में अपने गीत गाकर कहाँ तक सफलता हासिल कर सका है?

मलयकेतु, कुसुमपुर, स्तनकलश और वैतालिक की बात सुनकर एक ओर भागुरायण के साथ रुक जाते हैं। वे सोच रहे हैं—यह महामन्त्री का व्यक्तिगत विचार-विनिमय का समय है। मन्त्री अपने भेद में स्वतन्त्रता रखता आया है। राजाओं के सामने जब कभी उसके कार्य में आशंका पैदा हुई है, मन्त्रियों ने राजा के सामने अपने रहस्य को दूसरे रूप में बदल दिया है। मन्त्री अपने रहस्य को राजा से भी छिपाते रहे हैं।

भागुरायण और मलयकेतु एकान्त में हैं। आशंकाओं, और रहस्य और स्वतन्त्र नीतियों की बातें चल रही हैं। दोनों करभक और अमात्य राक्षस की ओर कान लगाये हुए हैं।

स्तनकलश नाम के वैतालिक ने चाणक्य और चन्द्रगुप्त के बीच में अपनी उत्तेजना के गीत छेड़ दिये हैं। वास्तव में ये उत्तेजना के गीत दोनों के व्यक्तित्व को एक दूसरे से अलग करने में सफल हुए।

वैतालिक अपने गीत से चन्द्रगुप्त के मन में स्वतन्त्र विलास की कामना पैदा कर सके। उन गीतों ने राजा को तनाव और उत्तेजना में इस बिन्दु तक पहुँचा दिया कि उन्होंने चाणक्य दुर्नीति को ठोकर मार दी। आम जनता में अपने उत्सव की घोषणा कर दी है। नन्दकुल के विनाश के बाद राजा ने पहली बार सन्तोष की साँस ली है।

दुरात्मा चाणक्य की आज्ञा का उल्लंघन कर चन्द्रगुप्त कौमुदी महोत्सव मना रहे हैं। जनता में महोत्सव का आन्नद है। उचित समय पर स्तनकलश ने उन गीतों के माध्यम से राजा के मन में यह विश्वास पैदा किया कि वे मन्त्री के अधीन नहीं हैं।

चाणक्य ने कौमुदी महोत्सव का निषेध केवल राजा को आघात पहुँचाने के लिए किया था और वैतालिक ने ठीक समय पर राजा के स्वाभिमान को जगा दिया था।

करभक बता रहा है–''चन्द्रगुप्त आवेश में भर उठे थे। आनन्द के उत्सव में विघ्न उन्हें किसी भी तरह सह्य नहीं था।

''सामान्य आदमी, खुशी और उल्लास के समय अनजाने ही नियन्त्रण लगा देने से उत्तेजित हो जाता है। लेकिन यहाँ स्वयं तेजस्वी राजा अपने दुष्ट मन्त्री की अकड़ को झुकाना चाहते थे। वे भीतर ही भीतर आपके प्रति उत्साह से भर उठे थे।

''आवेश में आदमी अपने दिल की बात कह जाता है। चन्द्रगुप्त ने दुष्ट चाणक्य के सामने आपकी प्रशंसा की थी। और चाणक्य के कुटिल प्रत्युत्तर पर, उन्होंने उनको उनके पद से मुक्त कर दिया।''

मलयकेतु यह समझ रहा था कि उसके मन में सन्देह अकारण नहीं पैदा हुआ था।

चन्द्रगुप्त कहीं अमात्य राक्षस के प्रति अनुरक्त है। और अमात्य राक्षस भी पूरी तरह चन्द्रगुप्त के गुणों के प्रशंसक हैं। क्या यह लड़ाई केवल चाणक्य और अमात्य राक्षस की है? क्या पूरा संगठन एक व्यक्ति को अपमानित करने के लिए तैयार किया गया है? क्या यवन सेना से मिलकर कुसुमपुर पर आक्रमण करने का पाँच राजाओं का सन्धि-पत्र, केवल अमात्य राक्षस के हाथों, चाणक्य के अपमान से सफल हो जाता है।

भागुरायण और मलयकेतु, अमात्य राक्षस और करभक की बातचीत से चाणक्य की बुद्धिमानी पर और चन्द्रगुप्त के उनके प्रति विरोध पर सोच रहे हैं।

हर आदमी चाणक्य और चन्द्रगुप्त के अलगाव या भेद के साथ अपने भीतर सन्देह को जन्म दे रहा था। और ये सारे सन्देह राक्षस को मलयकेतु से और मलयकेतु को राक्षस से उदासीन कर रहे थे।

सन्देह में मलयकेतु चन्द्रगुप्त के क्रोध के कारण की कथा सुन रहा था। चन्द्रगुप्त के मन में चाणक्य के प्रति सन्देह पैदा हो चुका था, क्योंकि उसने मलयकेतु और अमात्य राक्षस को कुसुमपुर से भागने का अवसर दिया। एक राजा अपने दुश्मन के प्रति उपेक्षा सहन नहीं कर सकता।

राक्षस की आँखों में हर्ष और उत्साह है। वे अपने मित्र शकटदास से यह स्वीकार कर रहे हैं कि अब चन्द्रगुप्त मेरे वश में आ जायेगा। उनका मित्र चन्दनदास कारावास से छुटकारा पायेगा। जीवसिद्धि आदि का भी कष्ट दूर होगा।

मलयकेतु सोचता है, यही गुप्त षड्यन्त्र मुझसे खेला जा रहा है। यह दुश्मन से सन्धि का नया कुचक्र रचा जा रहा है। आखिर "चन्द्रगुप्त मेरे वश में हो जायेगा" इस बात का क्या अर्थ निकलता है?

भागुरायण मुझे समझा रहा है कि यह सिर्फ चन्द्रगुप्त को चाणक्य से पृथक् करने की एक चाल है। क्या चाणक्य को उखाड़कर अमात्य राक्षस अपने लिए मन्त्री पद का समझौता नहीं कर रहे हैं?

क्या वे अपने मित्रों के लिए, अभी से स्वार्थ पूर्ति की चालें नहीं चल रहे हैं?

× × ×

प्रसन्नता और उत्साह के बावजूद राक्षस के मन में सन्देह बना हुआ है। उन्हें यह जानकर चिन्ता हो रही है कि पदच्युत होने के बाद चाणक्य पाटलिपुत्र में, अपने ही घर में रह रहा है। वह तपस्या करने वन में भी नहीं गया है। उसने चन्द्रगुप्त के विनाश के लिए कोई कठिन प्रतिज्ञा भी नहीं की है।

शकटदास मुझे समझाना चाहता है और उसके पास कुछ ऐसी युक्ति है जो चाणक्य के अपमान को पराजय में बदल देना चाहती है।

वह समझता है कि नन्द के भोजन के आसन से अपमानित होकर उठाया जाने वाला चाणक्य अब बदल चुका है। कल का विद्रोही, आज समझौतापरस्त हो चुका है। आज अपमान और तिरस्कार को झेल कर भी चाणक्य चन्द्रगुप्त के निकट रहना चाहता है।

लेकिन मेरा मन यह मानने को तैयार नहीं है।

चाणक्य सोचते हैं—अपमान पृथ्वी पर किसी का नहीं सह सकता। तो क्या यह सब एक भ्रम है? क्या चन्द्रगुप्त का क्रोध क्षणिक आवेश था? क्या वह पश्चाताप की स्थिति में, आज भी चाणक्य के लिए चिन्तित है?

अमात्य राक्षस अपनी ही चिन्ता में डूब गये हैं।

× × ×

मलयकेतु इस बात के लिए चिन्तित हैं कि स्वार्थ की लड़ाई में वह मात खाने जा रहा है।

भागुरायण यह समझता है कि दुरात्मा चाणक्य चन्द्रगुप्त से जितना ही दूर होगा, अमात्य राक्षस का स्वार्थ उसी गति से पूरा होता रहेगा। क्या स्वार्थ-साधन की इस लड़ाई में मुझे इस्तेमाल किया जा रहा है?

मौर्य अपने राज्य के प्रसार की चिन्ता में है। अमात्य राक्षस अपने स्वार्थ की

सिद्धि में उलझे हुए हैं। और स्वाभिमान की बात करने वाला चाणक्य इस बार असफलता के चक्रव्यूह में भयभीत लग रहा है।

शकटदास संकल्प-विकल्प की स्थिति में सोच रहा है।

करभक आराम करने चला गया है।

और अमात्य राक्षस शकटदास से यह कह रहे हैं कि वे कुमार से मिलना चाहते हैं।

अमात्य राक्षस कुमार मलयकेतु से मिलना चाहते हैं और मलयकेतु उनके पास खड़ा उनकी गुप्त मन्त्रणाओं की जासूसी कर रहा है।

× × ×

मलयकेतु ने आसन पर बैठने के बाद थोड़े विश्वास से और सहानुभूति के साथ यह पूछा है कि आपके सिर की पीड़ा अब कैसी है?

—मेरी वेदना का एक ही अचूक इलाज है, आपका कुसुमपुर का महाराज होना।

—आपने जो कुछ स्वीकार कर लिया है, उसे हासिल करने में दिक्कत मुझे नहीं दीखती है। आपके लिए कुछ दुर्लभ नहीं है। मेरे मन में एक ही उलझन हर समय बनी रहती है कि हमने सन्धि के बाद कई राज्यों की सेना एकत्रित कर ली है। आपातकाल की यह स्थिति काफी जटिल हो चुकी है। सेना में भी अजीब किस्म की अफवाहें फैल रही हैं। हम शत्रु पर आक्रमण करना चाहते हैं, लेकिन पता नहीं किस वजह से हमें सारी तैयारी के बावजूद उदासीन रहना पड़ रहा है। सेना में भी प्रतीक्षा करते हुए उदासीनता बढ़ गयी है।

कुमार मलयकेतु की ये बातें सुनकर अमात्य फिर सोच में डूब जाते हैं—

कुमार जिस तरह की आशंकाओं में अस्थिर हो रहे हैं, ऐसी स्थितियों का आदमी शुरू करने के बावजूद, अधिक समय तक युद्ध कायम नहीं रख सकता है। मैं जानता हूँ कुमार का उतावलापन, उनके मन में उदासीनता क्यों पैदा कर रहा है?

दुश्मन की खतरनाक चालों से अनभिज्ञ आदमी, अक्सर उत्तेजना में आकर शत्रु पर आक्रमण कर देते हैं। लेकिन केवल चढ़ाई करना विजय प्राप्त करना नहीं होता। विजय प्राप्ति के समाचार मुझे मिल चुके हैं।

चन्द्रगुप्त चाणक्य से पृथक् हो गया है। कुमार जिसे केवल मन्त्री के विरोध का एक साधारण समाचार समझ रहे हैं, वह केवल एक राजा के सचिव के विरोध का सवाल नहीं है। चाणक्य जहाँ मात खा रहा है, वहीं चन्द्रगुप्त अपनी प्रजा से दूर हट रहा है। वहाँ की प्रजा चाणक्य के साथ है।

और चाणक्य के दोष से ही चन्द्रगुप्त प्रजा से उदासीन हो रहा है।

प्रजा, चाणक्य के हटाये जाने से उसके प्रति, विशेष रूप से आत्मीयता महसूस करने लगी है। मलयकेतु जनता को जिस सीधी रेखा से इधर राजा की तरफ, उधर मन्त्री की तरफ हाँक रहे हैं, यह तर्क कहीं जनता के प्रति उनकी उदासीनता का द्योतक है।

वे सोचते हैं, चन्द्रगुप्त के द्वारा पद्च्युत किये जाने पर चाणक्य अपनी जनता के साथ कुछ नयी आत्मीयता कायम कर रहा है। मुझे पता है, कुसुमपुर की जनता या तो चन्द्रगुप्त के साथ उठती-बैठती, उससे घुली-मिली जनता है या वहाँ की प्रजा नन्दकुल में प्रेम रखने वाली है।

चन्द्रगुप्त का साथ देने वाली जनता चाणक्य के दोषों के साथ कभी नहीं जायेगी। वह नन्दकुल में कही न कहीं आस्था रखती है। नन्दकुल में प्रेम रखने वाली जनता भी अमर्ष से भरी हुई है। यह चाणक्य से भी घृणा करती है और चन्द्रगुप्त के प्रति पूरी तरह विरक्त भी है। लेकिन विरक्त रहने वाली प्रजा विवश होकर चाणक्य के दोषों को समझने के बाद चन्द्रगुप्त के आश्रय में रहना स्वीकार कर लेगी।

मैं खुद महाराजा नन्द के प्रति अनुरक्त रहा हूँ, लेकिन आज उनके न रहने पर कुमार का आश्रय ग्रहण कर शत्रु को पराजित करने की तैयारी कर रहा हूँ। जनता या तो चन्द्रगुप्त के साथ रहेगी या नन्दकुल में विश्वास रखने के कारण मेरे साथ चन्द्रगुप्त का विरोध करेगी।

प्रगट में वे उत्तर देते हैं, ''मैं जानता हूँ, आप और नन्दकुल के प्रति अनुरक्त जनता नन्द को पराजित करने में समर्थ है, पर हमें समय की प्रतीक्षा करनी चाहिए।''

इस उत्तर से सन्तुष्ट न होकर कुमार सोचते हैं—अमात्य राक्षस मुझे राजनीति का ककहरा सिखा कर यह बहाना बना रहे हैं कि चाणक्य के विरोध से चन्द्रगुप्त पराजित हो जायेगा। वे एक अदना से कर्मचारी को राज्य की रीढ़ समझने की दलील दे रहे हैं। शासन किसी एक अधिकारी के हटने से डावाँडोल नहीं हो जाता।

चन्द्रगुप्त अपने किसी सम्बन्धी को भी मन्त्री बना सकता है और वह आदमी चाणक्य से भी कठोर व्यवस्था करने में समर्थ हो सकता है।

मलयकेतु पूरे आवेश में सोच रहे हैं। उन्हें यह लगने लगा है कि चन्द्रगुप्त किसी भी मन्त्री को रखकर राज्य का प्रतिविधान करने में पूरी तरह समर्थ है।

राक्षस सोचते हैं—कुमार की आँखों में प्रतिपक्ष की कामना नहीं झलक रही है। वे प्रतिकार की स्थिति में मेरे तर्कों को काटने की कोशिश कर रहे हैं। लेकिन

तर्कों को तर्कों से काट देने के बावजूद, चाणक्य की कूटनीति पर विजय पाना आसान नहीं है।

यदि चन्द्रगुप्त चाणक्य के बिना नन्दवंश से युद्ध लड़ कर आज इस स्थिति तक आया होता तो मैं उसके बारे में निःसंकोच कुछ भी कह सकता था, लेकिन चन्द्रगुप्त अपने अधीन कार्य करने वाले सचिव की कूटनीति से विजयी हुआ है। वह आत्मजयी योद्धा नहीं है। वह स्वाधीन राजा नहीं है। वह स्वायत्त सिद्ध राजा है। उसमें राजा और मन्त्री दोनों का सहकार्य है। कार्य करने वाले सचिव की कूटनीति से वह विजयी हुआ है। वह आत्मजयी योद्धा नहीं है। वह स्वाधीन राजा नहीं है। वह स्वायत्त सिद्ध राजा है। उसमें राजा और मन्त्री दोनों के सहकार्य से कार्य करने की क्षमता नहीं है।

उसका मन्त्री राज्य के कार्यों को स्वयं देखता है। सारी योजनाएँ उसके दिमाग में हैं।

कुसुमपुर में चन्द्रगुप्त अन्धे मनुष्य की तरह गद्दी पर आसीन है। वह सांसारिक व्यवहार से अनभिज्ञ है। वह प्रतिविधान करने में स्वतन्त्र कभी नहीं रहा।

राज्य की व्यवस्था अत्यन्त उन्नत आचार-व्यवहार के सचिव पर निर्भर करती है। राजा और मन्त्री मिल कर उस शक्ति को स्थायी बनाते हैं।

लक्ष्मी और व्यवस्था स्त्री के स्वभाव की तरह दुर्बल होती हैं और दुर्बल आदमी की स्त्री या व्यवस्था चंचला होती है। चंचला आकर्षक हो सकती है, लेकिन राज्य और व्यवस्था का भार वहन करने में वह असमर्थ रहती है।

यदि असमर्थ व्यक्ति व्यवस्था का कार्य देखता है तो वह स्वार्थी अधिकारियों के हाथ में राज्य की शक्ति को निर्बल बना देता है।

छोटा बच्चा स्तनपान करता है और छोटी सामर्थ्य का राजा सचिव की सिद्धि पर राज्य का संचालन करता है। सांसारिक व्यवहार से शून्य बच्चा माँ के अभाव में जीवित नहीं रह सकता, लेकिन चन्द्रगुप्त चाणक्य के बाद शासन व्यवस्था को सुचारु रूप से चलाने में असमर्थ रहेगा।

मलयकेतु अपने सौभाग्य पर सोच रहे हैं कि मैं चन्द्रगुप्त की तरह मन्त्री के हाथ का खिलौना नहीं हूँ। मैं मन्त्री के व्यसन पर ही अवलंबित होकर शत्रु पर आक्रमण करने नहीं जा रहा हूँ। मुझे वास्तविक स्थिति का बोध है। मैं सचिव की सिद्धि पर नहीं अटका हुआ हूँ।

अमात्य राक्षस मुझे आन्तरिक दृष्टि से अस्थिर समझ रहे हैं। वे अपनी स्वतन्त्रता और अपनी रणनीति पर जिस तरह का अभिनय कर रहे हैं, उससे युद्ध का समय खिसकता जा रहा है। आगे युद्ध का मार्ग अवरुद्ध हो गया है।

वे मेरे आदेश को इस तरह स्वीकार कर रहे हैं, जैसे पिछले कुछ महीनों से युद्ध से मैं ही उदासीन रहा हूँ। मेरे लिए युद्ध अनिवार्य है।

मलयकेतु अमात्य राक्षस से पूछते हैं—"अमात्य, यदि आप शत्रु पर चढ़ाई करना उचित समझते हैं तो देरी किस बात की है?"

अमात्य राक्षस इस सीधे सवाल का सार्थक उत्तर खोजने में व्यस्त दिखाई देते हैं। उनकी भौहें ऊपर खिंच गयी हैं। मस्तक पर रेखाएँ उभर आयी हैं।

मलयकेतु युद्ध की रणनीति पर सोच रहे हैं। अब सीधी लड़ाई चन्द्रगुप्त और चाणक्य से नहीं लड़नी है। अब अमात्य राक्षस को यह दिखा देना है कि अब तक वे निष्क्रिय रहे हैं।

अपनी मानसिक लड़ाई की कल्पना में अमात्य चाणक्य को घेरने की तैयारी करते रहे। लेकिन चाणक्य युद्ध-नीति में झुंड के झुंड हाथियों की सेना के बीच अब घेरा जायेगा। और यह कार्य मुझे करना है। कठिन तट-बन्ध को फोड़ देने वाले मेरे हाथी अब आगे बढ़ेंगे। अब विचार की भूमि पर केवल लड़ाई शब्दों से नहीं लड़ी जायेगी। मेरे सैकड़ों गजेन्द्र, सिन्दूर के समान रक्त से युद्ध की भूमि पर विजय की कहानी लिखेंगे। उनके गंडस्थल से मद प्रवाहित होगा। और भौंरे उस मद के आस-पास गूँज कर युद्ध के प्रवाह को जीवित रखेंगे। सोन नदी के तेज जल-प्रवाह को मेरे झुंड के झुंड हाथी सूँड में भर कर सुखा देंगे।

कुसुमपुर अमात्य राक्षस की रणनीति से नहीं गूँजेगा। सजल जल की माला की तरह विन्ध्याचल पर्वत, मेरी सेना की ताकत से घेर लिया जायेगा। कुसुमपुर गम्भीर गर्जन के बाद बन्दी बनाया जायेगा। और यह काम मेरे हाथियों को करना है। विजय मेरी सेना को हासिल करनी है।

भागुरायण एकटक मलयकेतु को देख रहे हैं। एकाएक मूर्च्छित व्यक्ति जैसे जाग उठा हो। मलयकेतु आवेश में सोच रहे हैं। आवेश में वे बड़बड़ा रहे हैं। और आवेश में ही भागुरायण को साथ लेकर वे अमात्य के घर से बाहर चले गये हैं।

सबके बाद अमात्य राक्षस अकेले रह गये हैं। उनके मस्तक की शिराओं में बेहद खिंचाव है। वे सोच रहे हैं, युद्ध बाहर नहीं लड़ा जा रहा है। युद्ध की भूमि कुसुमपुर नहीं है। उनका हृदय और मस्तिष्क एक दूसरे के विरोध में खड़े हैं। वे सोच रहे हैं, युद्ध की प्रतीक्षा का समय नहीं रहा। युद्ध में विजयी होने का यह समय है।

प्रियंवद इस बीच उनके पास आकर प्रतीक्षा में खड़े हुए एक भिक्षु के रूप में ज्योतिषी को ले आते हैं। अमात्य राक्षस सोचते हैं, कुछ अनिष्ट होकर रहेगा। भिक्षु के दर्शन का अर्थ शायद उदासीनता हो, युद्ध के प्रति।

प्रियंवद इस बीच उनके पास आकर प्रतीक्षा में खड़े हुए एक भिक्षु के रूप में ज्योतिषी को ले आते हैं। अमात्य राक्षस सोचते हैं, कुछ अनिष्ट होकर रहेगा। भिक्षु के दर्शन का अर्थ शायद उदासीनता हो, युद्ध के प्रति।

प्रियंवद उसके बारे में बताते हैं कि वह जीवसिद्धि है। जीवसिद्धि साफ-सुथरे कपड़े पहने हुए है।

पोशाक बदल लेने से आदमी नहीं बदल जाता है, लेकिन मेरे सामने खड़ा हुआ क्षपणक जैनियों के उपदेश की बात कर रहा है। वह बता रहा है कि पहले वैद्य की बातें कटु लगती हैं, लेकिन उसके उपचार से बीमार आदमी धीरे-धीरे स्वस्थ होने लगता है।

क्या मैं इस हद तक बीमार हो चुका हूँ कि मुझे वैद्य की कड़वी दवा का सेवन करना पड़ेगा? क्या कड़वी दवा के बाद बीमार आदमी की तरह मुझे पथ्य खाकर युद्ध में एक बीमार योद्धा की तरह उपस्थित रहना पड़ेगा?

ज्योतिषी मुहूर्त निश्चित करते हैं। और मैं युद्ध के लिए प्रस्तुत हूँ। सेना के प्रस्थान करने का समय निश्चित है और मैं उपयुक्त समय का इंतजार कर रहा हूँ।

ज्योतिषी मुहूर्त निश्चित कर रहा है। मध्याह्न से सातवीं तिथि बीत जायेगी। विष की भद्रा सहित पूर्ण चन्द्रमा की तिथि होगी। और तुम्हारी सेवा उत्तर से दक्षिण दिशा में प्रस्थान करेगी। तुम्हारे दक्षिण दिशा में नक्षत्र होगा।

यह दिशा-प्रस्थान और दिशा और नक्षत्र का स्थान, मेरे भीतर चलने वाले संघर्ष से अलग-अलग है। सूर्य के अस्त होने पर पूर्ण मंडलवाले चन्द्रमा के उदय होने पर बुद्ध के लग्न में केतु के उदय से, अस्त तक पहुँचने पर यात्रा का आरम्भ मंगलमय होगा। यह सारी गणना मेरे विवेक के विपरीत पड़ती है। मेरे उन्नति के रास्ते में ये तिथियाँ उन्नति, संसर्ग और पृथक् होने की बातें, अधूरी व्याख्या की तरह मूल के विपरीत दिशा में मुझे उलझा रही हैं।

क्षपणक अपने ही शुभ फल, बुरे ग्रह और सम्पर्क में चिरस्थायी लाभ प्राप्त होने की घोषणा कर रहा है। उसके पास राक्षस की चेतना नहीं है। गुणा का फल देने वाली तिथि है। चौगुना फल देने वाला नक्षत्र है। और नक्षत्र से चौंसठ गुना अधिक फलदायक लग्न है। ये सारे ज्योतिष शास्त्र के सिद्धान्त मुझे बुरे ग्रहों से जोड़ते हैं। मैं अपनी पूर्व योजनाओं और पूर्ण निष्ठा से विच्युत हो रहा हूँ।

क्षपणक अपनी भविष्यवाणी, अपने सन्देश और अपनी गणना में मुझे बेहद झकझोर कर चला गया है। शायद मेरे पास जल के धक्के ही आने वाले हैं।

सूर्य अपनी डूबती हुई किरणों के साथ यह बता रहा है कि आकाश अँधेरी

रात से घिर आएगा और मैं उपवन के वृक्ष की तरह अँधेरे में महसूस करता रहूँगा कि अभी लड़ाई कायम है।

अभी वृक्ष के ऊपर से सूर्य उदित होगा और उदयाचल में वृक्ष के पत्तों पर सूर्य की किरणें चमकेंगी और फिर दिन ढलेगा। पेड़ के पत्तों से सरकती हुई छाया नीचे उतरेगी और पश्चिम दिशा में सूर्य वापस लौट जायेगा।

रात के इस अँधेरे में क्या मैं ऐश्वर्यहीन हो उठा हूँ?

क्या ऐश्वर्य रहित सेवक को उसके स्वामी छोड़ देते हैं?

क्या मैं आशा छोड़ कर इस अँधेरी रात में यात्रा करता रहूँगा?

एक पहाड़ी श्रृंखला से दूसरी पहाड़ी श्रृंखला तक।

करभक की तरह क्या मैं अँधेरे में कहीं बनजारों के बीच, अनाम-अनपहचाना और अजनबी रह कर अपने दुख में गान गा सकूँगा?

क्या रात-भर मैं पत्थर तोड़ता रहूँगा? और रोग में कड़वी दवा के रूप में, केवल पत्थर खाता रहूँगा?

क्या मैं सीधी लड़ाई के मोर्चे पर, रात-भर अँधेरे में भटकता रहूँगा?

13

सिद्धार्थक सोच रहा है—क्या यह समय संगत है?

आभूषणों की पिटारी और मुद्रा से अंकित लेख के साथ क्या मैं अपने कार्य को सिद्ध कर रहा हूँ? क्या मेरी प्रज्ञा समर्थ है? क्या मैं अपनी सार्थकता को जानने के लिए प्रयत्नशील रहा हूँ?

हठात् शब्दों से लड़ाई छिड़ गयी है और शब्दों के छिलके उतार कर मैं अपने प्रयत्न से अपनी प्रज्ञा को आज अपनी स्थिति में प्राप्त कर सका हूँ।

लोग नीति की लड़ाई में उपस्थित होते हुए भी अनजाने ही स्वयं को अनुपस्थित समझ रहे हैं। जो दुश्मन के साथ युद्ध में उपस्थित हैं, वे भी तर्कों की मार से आहत हो चुके हैं और जो अजनबी हैं, अनपहचाने हैं, या अनाम योद्धा हैं, वे भी मात खा रहे हैं।

घातक आक्रमणों से मार खाया हुआ नागरिक रोगियों के बीच खप गया है। और दोनों कराह रहे हैं। एक रोगी फिर भी दूसरे रोगी से अपरिचित है। लेकिन उनका दर्द अनपहचाना नहीं है। उनका घिसटना असंगत नहीं है। और रोग के दबाव में उनका धीरे-धीरे टूटना अकारथ नहीं जा रहा है। उनकी करुणा इस समय भी सबल है। मेरे दिल में वह सुलग रही है।

रोगी की तरह बिस्तर पर कराहते हुए मरना और युद्ध में प्रयत्नपूर्वक उपस्थित रहना, परस्पर गुँथा हुआ देश काल का अविभाजित सत्य है। और मैं भविष्य के इस अविभाजित सत्य का सन्देश-वाहक हूँ।

मैंने अनाम चेहरों की करुणा को युद्ध की विभीषका में देखा है। मैंने हताश वीरों के अन्तःसंघर्ष की कहानी सुनी है।

मैं झरनों के प्रवाह की तरह राष्ट्र और नागरिक के स्वतन्त्र व्यक्तित्व के लिए प्रयत्नशील हूँ।

मैं अकेला स्वप्नदर्शी नहीं हूँ। चाणक्य की नीतिलता संवेदनहीन और ऊसर भूमि नहीं है। दुश्मन हैं। असंख्य नागरिकों के दिल में, मेरी ही तरह तर्क फल-फूल रहे हैं।

अनपहचाने क्षेत्रों में, घड़ा भरकर जाने वाली ललनाएँ, सूखी भूमि को जल से सींच रही हैं।

चाणक्य के समय में, अपने दिल-दिमाग से काम लेने वाला कोई नागरिक असंगत नहीं है। निष्क्रिय नहीं है। वह व्यर्थ नहीं हो रहा है। सबकी अपनी लड़ाई है। और हर आदमी के अन्तर में बहने वाला झरना जल के प्रवाह से पूर्ण है।

राष्ट्र की बुद्धि व्यर्थ नहीं जा रही है। राष्ट्र का पुरुषार्थ कुण्ठित नहीं हुआ है।

लड़ाई युद्ध की भूमि पर ही नहीं लड़ी जाती है। अपने-अपने सीने में लड़ाई की टक्कर हो रही है। हर साँस लेने वाला इंसान महसूस कर रहा है। हर सोचने वाला व्यक्ति, सोचते हुए युद्ध में उपस्थित है। वह स्वयं लड़ाई का मोर्चा है। वह स्वयं लड़ रहा है। लड़ाई के संकट को झेल रहा है। आघात में दुश्मन का ही नहीं, अपना भी सड़ा-गला अंश काट रहा है। पूरा राष्ट्र प्रतिश्रुत है।

चाणक्य की बुद्धि केवल कुसुमपुर की सत्ता को सींच कर हरा-भरा नहीं बना रही है, वह पूरे राष्ट्र के लिए प्रयत्नशील है। व्यक्ति के भीतर जल के झरने प्रवाहित हैं। राष्ट्र की ऊसर भूमि में जल से सींचने की प्रक्रिया कायम है।

मैं उसी अनागत की प्रकिया हूँ।

सन्देशवाहक केवल वर्तमान की हताशा, गिरावट, घुटन, भ्रष्टाचार और कुण्ठित भूमि पर ठहरता या अटकता नहीं है। वह देश-काल को सींच कर, भविष्य की अनाम संज्ञाओं में फलता है। आज के युद्ध में चारों ओर अनाम संज्ञाएँ हैं। अनाम आक्रोश है, अज्ञात पीड़ा है और अज्ञात शरणार्थी हैं। कल के लिए आरम्भ की हुई यही महत् यात्रा है।

कल के कुसुमपुर में अनाम संज्ञाएँ ही गौरव के साथ याद की जायेंगी। आज के युद्ध के अनाम योद्धा इतिहास के खुले चौक में कल सम्मानित होंगे।

हमारी लड़ाई आज की गिरावट से है, घुटन से है और यह लड़ाई समझौते की हताशा को परिवर्तित करेगी।

परिवर्तन की यह अमिट लिखावट चाणक्य की है। मैं अनागत की उसकी व्याख्या हूँ।

शकटदास ने पहले ही व्यवस्था की हास्यास्पद स्थिति में धीरे-धीरे खपते रहने की आदत डाल ली थी। वह अपना मजाक बनाने का आदी हो चुका था। वह जानता था कि लड़ाई में केवल सीधा मोर्चा ही नहीं लेना है, जटिल स्थितियों में ठोकर खाने की तैयारी भी करनी पड़ती है।

वह चिटके हुए बर्तनों को दिखाकर यह कहा करता था कि अपना विकास वर्तमान में और चिटकते जाने में ही है।

अपने अस्तित्व का कुचला जाना या टूटना किसी की मदद से उसने ग्रहण नहीं किया है, बल्कि वह एक व्यवस्था से दूसरी व्यवस्था में घिसट-घिसट कर आया है। दुश्मन की व्यवस्था में रहते समय उसने अनजाने में बहुत कुछ सीख लिया है।

कुछ दिन अभी और घिसटना है। और इस सन्नाटे में रेंग कर यह महसूस करते रहना है कि आदमी की गति अभी शेष है। अभी आदमी पूरी तरह हारा नहीं है।

व्यर्थ समझी जाने वाली हाय-हाय में अभी और गहरे उतरने का मार्ग है। दुश्मन की व्यवस्था में भी रहना है और सोचना है।

शकटदास ने चाणक्य के संकेत पर लेख लिखा था। उस पर अमात्य राक्षस की मोहर मुद्रित की थी।

संकट के समय हर बेचैन आदमी के सीने पर मैंने एक मोहर मुद्रित कर दी थी। वह मोहर पक्के विश्वास की थी। युद्ध में अजेय रहने वाले, हमारे अटूट विश्वास दुश्मन के खेमे मेँ पहुँच गये हैं। दुश्मन की ही मोहर लगा कर हम दुश्मन के नियमों की ही धज्जियाँ उड़ा रहे हैं।

पिटारी में दुश्मन के आभूषण मैंने रखे थे। उन पर 'अमात्य राक्षस' की मोहर लगायी थी। और अब थोड़े समय में मैं शत्रु के शिविर से बाहर निकलूँगा। मुझे पाटलीपुत्र पहुँचना है।

यदि मैं इतनी 'हाय-हाय' न करता, और शकटदास इस सन्नाटे से घिसट-घिसट कर काँटेदार रास्तों को पार नहीं करते, तो मुझे अपना अस्तित्व व्यर्थ लगता। सारी दुनिया बेमानी लगती। और मेरा ही जीवन ठहरे हुए जल में सड़ता रहता।

निरे आडम्बर, छल और कुलीन सभ्यता में, धीरे-धीरे सड़ते रहने को मैं बाध्य

होता रहता। मैं अपनी विडम्बना के लिए झूठी लड़ाई लड़ता। और शकटदास छल भरी संधियाँ करते। और कुलीन घरानों में हमारा अहं, विलास की सीढ़ियों पर चढ़ते-उतरते हुए चुक जाता।

आज मेरे सामने समकालीन सच्चाइयाँ हैं। और दुश्मन के घातक झूठ का हम सजगतापूर्वक सामना कर रहे हैं।

देखने में आज जो कुछ अराजक लग रहा है, वास्तव में उसके भीतर संगत लड़ाई छिड़ी हुई है। जो अभी अपने छोटे सामर्थ्य पर दबे हुए लग रहे हैं, उनमें कल शालीन तेजस्विता उभर आएगी। अपने-अपने दारुण प्रसंगों की करुण गाथा अभी लिखी जानी बाकी है।

केवल मनस्ताप हरने वाले कुछ चेहरों की करुणा से युद्ध का निर्णय नहीं होता है। जो बुनियादी तौर पर दरिद्र हैं, वे नन्दवंश की दरिद्रता, प्रपंच, पाखण्ड और राजनीतिक विसंगतियों का हल नहीं खोज सकेंगे। हमारा विकल्प प्राणवान है। हमारी चालाकी दुश्मन की उदासीनता से कहीं अधिक तेज है। हमारा विवेक, शत्रु के निरर्थक प्रहसन से कुण्ठित नहीं हुआ है।

हम झूठी लड़ाई के विदूषक नहीं हैं। चाणक्य के मन में आज का राजनीतिक परिदृश्य साफ है। और स्पष्ट देखने वाला योद्धा ही किसी सुचिन्तित आधार पर खड़ा रहता है।

राजनीतिक भ्रष्टाचार से उदासीन होकर भागने वाले आज समझौतों के ऊँचे पद पर बैठे हैं। नीचे ज्वालामुखी सुलग रहा है। सन्धियों या समझौतों से असन्तोष को अधिक समय तक ढँका नहीं जा सकता है।

मैं ज्वालामुखी के भीतर दबे हुए लावों के भड़क उठने की प्रतीक्षा कर रहा हूँ। छोटे-छोटे लावों को देखकर, आनेवाले भयानक संहार का अनुमान नहीं किया जा सकता।

मैं अनुमान की भूमि पर नहीं खड़ा हूँ।

यह चाणक्य की युद्धनीति का क्षेत्र है। और मैं यहाँ अराम से पसरे हुए अनाथों को देख रहा हूँ। जो पंगु हैं, जिनका दिमाग दूसरों पर बोझ हो गया है, जो सुने-सुनाये हुए सत्य का संधान करके चुक गये हैं।

अपने ही रास्ते पर वे हर जगह उलझ रहे हैं। अंतहीन मरुभूमि का यह क्षेत्र प्रेतों से भर गया है। अपने सामने भिक्षु है। आज भिक्षु जो कहता है, स्वयं वह उसका आचरण नहीं करता है। ऐसे पाखंडियों का ही दर्शन इधर कई दिनों से होता रहा है।

क्या जान-समझ कर भी सुबह-सुबह ऐसे पाखंडी को ही प्रणाम करना

होगा? क्या अशुभ दर्शन ही इस समय की अनिवार्यता हो गयी है? तो उसे भी झेलना होगा?

सिद्धार्थक आश्चर्य के साथ क्षपणक को देखता है और उसे देखते हुए लगता है कि आदमी अगर कुछ नहीं कर सकता है, तो व्यर्थ की गम्भीरता से सत्य को छिपाना उसके लिए भी नामुमकिन है।

क्षपणक अपने साधुओं के रंग-ढंग में है। वह सिद्धार्थक के आश्चर्य पर नहीं सोच रहा है। उसके सामने अलौकिक भूमि है। बौद्धों के लिए संसार दुखमय है। पंडितों की रूढ़ि है और वह अपने लिए जैन मुनियों के सिद्धान्तों की व्याख्या कर रहा है। उसके मन में तात्कालिक उत्तेजना के प्रश्न हैं।

और वह जैन मुनियों को मन ही मन उनकी तटस्थ दृष्टि के लिए प्रणाम कर रहा है। उसके मन में उनके प्रति गम्भीर आस्था है। वह लौकिक दुनिया की इस सत्ता के युद्ध से उदासीन हो चुका है। उसे स्वार्थ की लड़ाई में परमार्थ का मार्ग प्रिय है। वह अपने प्रशंसनीय मार्ग की इसी दुनिया में तलाश कर रहा है। उसका मार्ग सिद्धि या निर्वाण प्राप्ति का मार्ग है।

वह झूठे युद्ध में अपनी ताकत खर्च करने को तैयार नहीं है। वह सम्मानीय व्यक्तियों के प्रति आस्थाशील है। उसका मन तेजस्वी व्यक्तियों का अभिवादन करता है।

वह सोच रहा है कि बुद्धि केवल बोझ ढोने वाले हाथी की तरह नहीं होती। बुद्धिमान व्यक्ति अपनी प्रजा से ऐसे उपाय किया करता है, जिससे व्यक्ति राष्ट्र के उपयोग में और राष्ट्र पूरे व्यक्ति और समाज के उपयोग में कार्यशील हो। ज्ञानी सिद्धिदायक के उपयोग में कार्यशील हों। ज्ञानी सिद्धिदायक उपायों के द्वारा अपना कार्य सिद्ध कर लेता है।

सिद्धार्थक सोचता है, उसने यात्रा के लिए तैयारी कर ली है। क्षपणक धर्म के लाभ की बात कर रहा है। उसे इस लोक का शासन अलौकिक विधि-विधानों से करना है। क्या अपनी लड़ाई भी एक अशुभ मुहूर्त में शुरू हुई थी? या मेरे हाथ की रेखाएँ ही बिगड़ी हुई हैं। मुझे अपनी शंकाओं को ठीक-ठीक तरीके से पहचान लेना है।

लौकिक व्यक्ति मुहूर्त देखता है और संकट के सामने सर झुका देता है। यह सिद्धार्थक मुझसे अपनी शंकाओं पर जो कुछ पूछना चाहता है, वह मैं अपनी यात्राओं में हर कहीं देखता आया हूँ।

आदमी अब अपने ही कार्य की सिद्धि पर संदेहशील हो उठा है। अपने ही मूल पर उसका विश्वास खंडित हो चुका है। और खण्डित विश्वास का व्यक्ति सत्य को भी अधूरे रूप में जानता है।

सिद्धार्थक ने अपनी यात्रा का निर्णय ले लिया है, लेकिन सिर मुड़ाकर वह अपने शुभ नक्षत्रों की पहचान करना चाहता है।

खंडित विश्वासों में जीने वाला व्यक्ति हर क्षण अन्तर्विरोधों में रहता है। वह यह नहीं निर्णय कर पाता कि उसके लिए आगे बढ़ना अनुकूल है या प्रतिकूल। चारों ओर सन्देह फैला हुआ है। कौलूत, चित्रवर्मा मलय, नृपति सिंहनाद, काश्मीर नरेश पुष्कराक्ष, सिन्धु राज सुषेण और पारस के मेघाक्ष राजा अपनी-अपनी सेनाओं के साथ सन्धि के नये समझौते कर रहे हैं।

किसी को भूमि चाहिए, किसी को हाथी। और युद्ध की इस भूमि में, सतर्क रहने वाले चर सन्धियों और समझौतों से किसी भी यात्री के प्रति अनुकूल हो सकते हैं। उन्हें यात्री के प्रयोजन से मतलब नहीं, सिर्फ समझौतों से मिले डुए आदेश का पालन करना है।

कोई भी यात्री मलयकेतु के शिविर से बाहर नहीं जा सकता।

बाहर जाने वाले व्यक्ति को महामन्त्री की मोहर दिखानी होगी। पहले शिविर में लोगों के आने-जाने पर पाबन्दी नहीं थी। लेकिन ज़ब से सन्देह बढ़ा है, व्यवस्था में कड़ाई आ गयी है।

लगता है कोई यहाँ अनियमित नहीं है। कुसमपुर धीर-धीरे पास आता जा रहा है। मलयकेतु और अमात्य राक्षस के संकेत पर चित्रवर्मा, सिंहनाद, पुष्कराक्ष, सुषेण और मेघाक्ष की सेना कुसुमपुर को घेरना चाहती है।

बिना मुद्रा लगाये हुए अब मलयकेतु के शिविर में आना-जाना कठिन है।

क्षपणक शायद केवल भिक्षु नहीं है। यह भागुरायण की मुद्रा से चिन्हित सुविधाओं को जानता है। यह जानता है कि मलयकेतु के शिविर में मन मार कर बैठे हुए नागरिक व्यवस्था से उदासीन हो चुके हैं। पहरेदार सन्देह के नाते किसी को भी हाथ-पैर बाँध कर राज दरबार में उपस्थित कर सकता है।

भय और चिन्ता के इस माहौल में भी मैं अमात्य राक्षस का मनोरंजन करने वाला व्यक्ति रह चुका हूँ। मैंने अमात्य राक्षस के करीब रहने के नाते रहस्य को बार-बार पहचाना है। और अमात्य राक्षस को प्रसन्न करने वाला व्यक्ति मलयकेतु के शिविर में किसी का मुखापेक्षी नहीं हो सकता है। पहरेदार मुझसे मुद्रा से चिन्हित परवाना नहीं चाहेगा। मैं बिना रोक-टोक कहीं भी आ-जा सकता हूँ। मैं राक्षस का अन्तरंग खिलाड़ी मित्र हूँ।

सिद्धार्थक उपेक्षा से क्षपणक की ओर देखता है और उसे बता देता है कि वह चाहे राक्षस का मित्र हो, चाहे पिशाच का संगी, बिना मोहर के वह कभी शिविर के बाहर न जाने पाएँगे।

—भदन्त, क्रोध मत करो। यही आशीर्वाद दो कि मेरा काम सिद्ध हो।

क्षपणक मुस्कुराता है। कायर दिमाग हर बार सिद्धि के लिए दूसरे का मुँह देखता है।

—जा, काम सिद्ध होगा। मुझे भी भागुरायण से मोहर लेने उसके पास जाना है। तू भी पाटलीपुत्र जा रहा है?

—हाँ, मैं पाटलीपुत्र जा रहा हूँ।

—लेकिन पाटलीपुत्र का युद्ध मलयकेतु के शिविर में बहुत समय से चल रहा है। क्षपणक के साथ मैं भागुरायण के पास जा रहा हूँ।

दुःख असंदिग्ध रूप से आज अनिवार्य हो गया है। लेकिन दुख की इस असंदिग्ध भूमिका में आदमी संकट से उदासीन नहीं है।

मैं उदासीन नहीं हूँ। मेरी रुचि अवरुद्ध नहीं है। मैं पूर्वाग्रह युक्त नहीं हूँ। मेरा मन कुण्ठित नहीं है। फिर भी मुझे अपनी संवेदना के लिए व्यापक सहानुभूति चाहिए। केवल सहानुभूति का सबूत मुझे व्यापक नहीं बनाएगा।

14

भागुरायण अपनी व्यस्तता के बावजूद खोया हुआ है। कभी उसकी आँखें वातायन पर अटक जाती हैं और कभी विस्तृत आकाश की ओर देखता है। उसके पास खड़ा हुआ पुरुष भासुरक उसकी सेवा के लिए तत्पर है।

और भागुरायण अपने कार्य पर पूरे आवेग से सोच रहा है। आचार्य ने उसे अपनी विचित्र भूमिका के लिए चुना है। उनकी विचित्रता को, उनके पास रहने वाले व्यक्ति भी केवल अनुमान से जानते हैं। गम्भीर व्यक्ति अपने ज्ञान की दृष्टि से चाणक्य की नीति को परखते हैं। जो भी उनसे मिलने को आता था, वह उनकी बुद्धि को अपनी ही सीमा के भीतर देखता-परखता था।

कहीं उनकी नीति विरल है, कहीं सघन है। कहीं वे अपनी नीति में विफल लगते हैं और कहीं उनकी नीति फलवान लगने लगती है। कभी-कभी वे बातें इस बारीकी से रखते हैं कि सुनने वाला उलझन में पड़ जाता है। कभी वे दुश्मन के सामने कुछ बहुत ही मोटे-मोटे या भारी-भरकम तर्क लुढ़का दिया करते हैं, और दुश्मन उस बेढंगे तर्क में ही उलझ जाता है।...

जब भी कभी चाणक्य के बारे में सोचता हूँ, उनका भेद जानने में मेरी बुद्धि असफल हो जाती है। कभी उनकी तर्क-योजना काफी गुप्त रहती है और कहीं वे अपने तर्क को बड़े खुले और सीधे-सादे ढंग से रख दिया करते हैं।

मैं स्वयं चाणक्य की नीति की तरह दुश्मन के घर में जीवित हूँ। और जीवित ही नहीं हूँ, यहाँ की गुप्त मन्त्रणाओं का संचालन कर रहा हूँ।

मुझे हर क्षण मलयकेतु के साथ रहना है। उनके साथ रहते हुए मैं चाणक्य की विचित्र नीतियों से उलझता रहता हूँ।

भासुरक ने आसन लगा दिया है। आश्चर्य में डालने वाली अपनी सफलताओं पर भागुरायण सोच रहा है।

सफलता अधिक प्रेम से धुँधली हो जाती है। केवल रेतीले कछार, चील, गिद्ध, तिलचट्टे और साँप भयानक नहीं लगते हैं। ये भयावह अपने विष या आघात से भी नहीं होते। शायद आदमी की विफलता उसे कायर बनाती है। और कायर दिमाग, वासना के उद्दाम सहज आवेग में, बहुत अधिक उम्मीद लगा कर लोगों से समझौते किया करता है।

मेरे भीतर मलयकेतु के प्रति जाने क्यों सहानुभूति बढ़ रही है। फिर भी मेरी सहानुभूति फलदायक नहीं है। बंध्या सहानुभूति का भविष्य नहीं होता। मुझे मलयकेतु विचित्र लगता है। उसका जीवन सर्वथा कठिन है। धीरे-धीरे वह हम लोगों से इतना अधिक प्रेम करने लगा है कि उसने अपनी स्वतन्त्रता खो दी है। वह अपनी स्वतन्त्रता से वंचित है। वह परतन्त्र व्यक्ति की तरह समझौते और सन्धि के इस शिविर में जी रहा है।

परतन्त्र व्यक्ति विवश होता है। वह सोचता है, उसका हर कदम उसे सम्मान और यश दे रहा है। क्षण-भर के लिए उसे सम्मान मिलता भी है।

पाँच राजाओं से सन्धि के बाद उसे धन और सम्मान मिला है। लेकिन यह सम्मान परतन्त्र आदमी का सम्मान है, जो थोड़े से समझौते के लिए अपने आपको बेच देता है। कुमार के कार्य अमात्य राक्षस के सामने बिके हुए आदमी के कार्य हैं।

सम्मान के नीचे मुझे कुमार अक्सर लज्जित लगते हैं। वे लोगों की आज्ञा को मान कर चलते हैं। उनका मन अच्छे-बुरे का विचार नहीं करता है।

हर कहीं अपने अन्तर्विरोधों के संकेत पर चल करके वे पराजित हो रहे हैं।

× × ×

लेकिन मैं अमात्य के प्रति सहानुभूति प्रगट करने के लिए यहाँ नहीं आया हूँ।

सामने से खोये हुए मलयकेतु आ रहे हैं। मलयकेतु राक्षस से अपनी आन्तरिक लड़ाई पर सोच रहे हैं। वे इस उलझन में हैं कि राक्षस से दुश्मन की तरह व्यवहार आवश्यक है या मित्र की तरह।

उनके बनाये हुए संगठन में उनके ही विरुद्ध राक्षस लड़ाई लड़ रहा है और वे यह निश्चय नहीं कर सके हैं कि पहले कुसुमपुर में चन्द्रगुप्त को घेरना है, चाणक्य को घेरना है या राक्षस को अपने ही अधीन, अपना विरोध करने की छूट न देने का निर्णय लेना है।

अमात्य राक्षस का अनुराग नन्दवंश के प्रति है। कौटिल्य के अपमान को एक बार अमात्य राक्षस भूल सकते हैं, एक बार वे कौटिल्य की उपेक्षा भी कर सकते हैं, लेकिन क्या उनकी उपेक्षा चन्द्रगुप्त के साथ मैत्री का सम्बन्ध कायम कर सकेगी?

मैंने उनके प्रति प्रेम का व्यवहार रखा है। मैं इस बात की दृढ़ता से कोशिश कर रहा हूँ कि मेरे प्रेम में उन्हें कोई कोर-कसर न मिले। क्या अमात्य राक्षस मेरे साथ चन्द्रगुप्त को पराजित करने की प्रतिज्ञा पूरी करेंगे?

कुम्हार का चक्र घूम रहा है। और मैं यह महसूस कर रहा हूँ कि बहुत समय से मेरा मन संदिग्ध है। मेरा अस्तित्व कुम्हार के चक्र पर पड़ा हुआ है। क्या मैं इस चक्र के बीच से, अपने आपको नहीं बना सकूँगा?

× × ×

मलयकेतु अपनी ही चिन्ताओं में खोये हैं। भागुरायण बाहर जाने वालों को मुद्रित पत्र दे रहे हैं। और प्रतिहारी विजय मलयकेतु के पीछे कुछ देर ठहर जाती है।

अपने खोये हुए बचपन की स्मृतियों में कुमार भागुरायण के साथ आँख-मिचौनी का खेल खेलने की कल्पना करने लगते हैं। वे मुँह फेर कर भागुरायण की आँखें बन्द कर लेंगे और भागुरायण उनके खेल का आनन्द उठाएगा।

× × ×

भागुरायण, क्षपणक को ध्यान से देख रहे हैं। भीतर ही भीतर उन्हें प्रसन्नता हो रही है कि वह राक्षस का मित्र, जीवसिद्धि है। वह क्षपणक से पूछता है, "क्या राक्षस के ही किसी प्रयोजन से आप बाहर जा रहे हैं?"

क्षपणक इस सीधे सवाल से भीतर ही भीतर मुस्कराता है। उसे पता है कि यह प्रश्न मलयकेतु के अन्तरंग मित्र ने उससे जान कर किया है। उसके प्रश्न में अमात्य राक्षस के साथ किसी अमंगल का संकेत है।

वह प्रत्युत्तर में कहता है, "मैं वहाँ जाऊँगा, जहाँ राक्षस और पिशाच का नाम भी न सुनाई दे।"

भागुरायण इस बात से प्रीतिकर सुख अनुभव कर रहा है कि क्षपणक भीतर ही भीतर मित्र का भेद खोलने को प्रस्तुत है। गुप्त बात जानने की उत्सुकता उसके मन में पैदा हो चुकी है। उसका कौतूहल बढ़ रहा है।

पहले पाटलीपुत्र में क्षपणक अकेला रहा करता था। उसकी जिन्दगी बेसहारा थी। लेकिन इस व्यक्ति को उस समय राक्षस अपना मित्र समझता था।

भागुरायण के कौतूहल को भड़का कर क्षपणक अपनी पिछली जिन्दगी के भूले- बिसरे किस्से याद करने लगा है।

उसने भागुरायण से यह स्वीकार किया है कि राक्षस ने उस समय पाटलीपुत्र में ही एक बड़ा घर उसके अधीन कर दिया था।

उसके साथ उस घर में एक युवती रहा करती थी जो देखने में आकर्षक थी, नृत्य में चपल थी और अपनी मोहक आँखों से गहरे आघात किया करती थी। उसकी छेड़-छाड़ और उसकी चंचलता का दूर-दूर तक असर था।

घने जंगल के बीच में उसका घर था। और नियम से अमात्य राक्षस के व्यक्ति, दूध का भरा हुआ कटोरा लेकर उसकी सेवा में आया करते थे। मुस्कुराती हुई वह युवती विष का घूँट स्वाद के साथ पीती थी। और लोग उसे विषकन्या के नाम से जानते थे।

और मैं उस कन्या के साथ, उस रात महाराज पर्वतेश्वर के प्रासाद तक आया था। महाराज पर्वतेश्वर उसकी प्रतीक्षा में थे। वह उनके अन्तरंग कक्ष में चली गयी थी।

और मैं अँधेरी रात में दूर-दूर तक फैली हुई छायाओं के साथ अकेला भटक रहा था।

काली छायाओं के बीच में पीछे छूटे हुए अँधेरे रास्ते को याद कर रहा था और इसी बीच मुझे एक क्रूर हँसी सुनाई दी थी।

सारे प्रासाद में खलबली मच गयी थी। लोग सहमे हुए एक-दूसरे की ओर देख रहे थे।

लेकिन प्रासाद के अन्तरंग कक्ष में जाना सम्भव नहीं था। निषेध की दीवारों के बीच विषकन्या, महाराज पर्वतेश्वर को विष के असर में मूर्च्छित कर चुकी थी।

राक्षस ने ही गुप्त रूप से विषकन्या का प्रयोग किया था और विषकन्या ने अपने विष भरे अधरों से महाराज पर्वतेश्वर को चूस लिया था।

महाराज को मेरे मित्र राक्षस ने मरवा डाला था, और मैं दहशत भरी उस रात में अकेला रह गया था। मुझे लोग राक्षस का मित्र जानकर तिरस्कार से देखने लगे थे।

महाराज पर्वतेश्वर के आत्मीय व्यक्ति मुझे विष के वृक्ष की तरह दुत्कारने लगे थे। और मैं राक्षस का मित्र कहा जाने के नाते, दुरात्मा चाणक्य के हाथों अपराधी बना दिया गया था।

मुझे विषकन्या के रक्षक के नाते और राक्षस के मित्र के नाते, दुष्ट चाणक्य ने उस दिन, नगर से निर्वासित कर दिया था। आज भी मैं निर्वासित और लांछित व्यक्ति हूँ।

षड्यन्त्र में कहीं भी मुझे आज भी राक्षस बाँध सकता है। वह षड्यन्त्र रचने में कुशल है। और मैं इस अपमानित बस्ती से कहीं दूर निकल जाना चाहता हूँ।

× × ×

भागुरायण की आँख पर एक हथेली है। और वह सोच रहा है कि आधा राज्य पर्वतेश्वर को न देने वाले अपने निश्चय को चाणक्य ने खंडित क्यों किया था?

यह क्षपणक इस बात पर जोर दे रहा है। उसने कान बन्द कर लिए हैं, जैसे अमंगल की कोई सूचना वह सहन करना नहीं चाहता हो। चाणक्य विषकन्या का नाम तक नहीं जानता है तो यह सारी दुष्ट बुद्धि अमात्य राक्षस की है। लेकिन मेरी आँखों पर यह हथेली किस कुकृत्य का संकेत है?

मलयकेतु आँख-मिचौनी का खेल खेलने के बावजूद बेहद उदास हो उठे हैं। उनकी एक आँख में हँसी है और दूसरी में शोक। एक ओर पिता की मृत्यु का षड्यन्त्र है। और दूसरी ओर मित्र के रूप में आस्तीन का साँप।

क्षपणक और भागुरायण की बातें वे देर से वहीं खड़े हुए सुन रहे थे। उनका मन अशान्त था।

भागुरायण ने मुद्रा से अंकित पत्र क्षपणक को दिया था और उससे कुमार के पास चलने का आग्रह किया था।

कुमार अपने शोक में डूबे हुए यह स्वीकार कर रहे थे कि वे सब कुछ सुन चुके हैं। उन्हें अपने ऊपर ग्लानि हो रही थी। वे यह सोच रहे थे कि उन्हें आदमी की पहचान नहीं है। संकट के समय जो भी उनके प्रति सदय हुआ था, उस पर ही वे विश्वास करने लगे थे।

लेकिन निश्चयपूर्वक कही हुई हर आदमी की बात पक्की नहीं होती। आत्मीय मित्र केवल विश्वस्त समझा जाने वाला राक्षस ही होता है। उसी पर पिता ने सारा राज्य छोड़ दिया था। और उसके विश्वास में ही पिता को जिन्दगी से हाथ धोना पड़ा। कुटुम्बियों की आँखें आँसुओं से भरी रहीं। और मैं उसे मित्र समझ कर अपनी ही आँखों से स्वयं गिरता रहा।

वास्तव में इस आदमी का नाम राक्षस ही है। यह पिशाच है। और पिशाच की छाया आज़ भी मुझे लील जाना चाहती है। लेकिन मैं पिता की तरह अंतरंग कक्ष में विष से भरे हुए चुम्बनों से नहीं मरूँगा। मैं युद्ध के बीच, योद्धा की तरह इन लोगों को परास्त करूँगा।

क्रोध में आदमी अपना संतुलन खो देता है। कुमार केवल क्रोध में ही नहीं हैं, वे अन्तर्विरोधों में स्वयं को हीन भी समझने लगे हैं।

और हीन व्यक्ति कुछ भी कर सकता है। कम से कम वह राक्षस के प्राणों से खिलवाड़ तो कर ही सकता है। भागुरायण सोचता है।

आचार्य का आदेश है, और मैं इस चिन्ता में हूँ कि कुमार के हाथों राक्षस के प्राणों की रक्षा कैसे की जाये।

मैं चाहता हूँ कि एक नीतिवान आदमी हीन स्थितियों में घिसट-घिसट कर नष्ट न हो।

मैं जानता हूँ कि हाथी के पीछे जंजीरों से बाँध कर कुमार किसी भी व्यक्ति को बर्बाद कर सकते हैं। लेकिन राक्षस की हत्या, एक हद तक चाणक्य के विश्वास की हत्या होगी और मैं किसी भी मूल्य पर चाणक्य के विश्वास को खंडित नहीं करना चाहता।

मैं कुमार को आसन पर बैठा देता हूँ। उनको आत्मीय स्तर पर समझाता हूँ। मैं कुमार को उनकी संकट की स्थिति का संकेत देता हूँ। मैं कहता हूँ, ''क्रोध करके आप राक्षस पर अधिकार कायम नहीं कर सकेंगे। अपनी इच्छा के अनुसार आप शत्रु को जीत नहीं सकेंगे।

''मित्र आपकी इच्छा के अनुसार नहीं चलेगा। लौकिक पुरुष स्वाभिमानी होता है। आप के प्रति यदि इस समय अमात्य राक्षस उदासीन हो जाते हैं, तो आप नीतिज्ञ नहीं कहे जायेंगे।

''नीति यही बताती है कि शत्रु, मित्र तथा व्यवस्था से उदासीन रहने वाले लौकिक पुरुष, अपने ही तौर-तरीके से जीते हैं। वे आपकी इच्छा के अनुसार कुछ भी करना स्वीकार नहीं करेंगे।

''राक्षस सर्वार्थसिद्धि को राजा बनाना चाहते थे, लेकिन यह नहीं हो सका।

''आज भी उनके मन में चन्द्रगुप्त के प्रति आसक्ति है। उनके मन में चन्द्रगुप्त बलशाली है। और महाराजा स्वर्गीय पर्वतेश्वर उनकी इस दबी हुई इच्छा के विरोध में थे।

''अमत्य राक्षस चन्द्रगुप्त के सामने, महाराज पर्वतेश्वर को अपना शत्रु समझने लगे थे। मन में विरोध रखने वाला व्यक्ति कुछ भी कर सकता है। वह

क्रूर और जघन्य कार्य करने को उद्यत हो जाता है और शत्रु के प्रति क्रूरता बहुत बड़ा दोष नहीं है।

"कुमार! अमात्य राक्षस ने अपनी आन्तरिक विवशता के नाते अपने शत्रु को आपके शत्रु से अलग समझ लिया था। आप उसके मित्र नहीं रह गये हैं। वह आपकी सन्धियों और समझौतों से पूरी तरह उदासीन है। राक्षस ने अपने प्रयोजन से शत्रु को मित्र बनाया था। उसकी नीति चन्द्रगुप्त के साथ थी। वह आपके शत्रु को अपना मित्र समझ रहा था।

"विरोध में रहने वाला व्यक्ति अपनी ही आन्तरिक व्यवस्था से संचालित होता है। आप राक्षस पर क्रोध करके, उसे अपमानित करके अपना नहीं बना सकते। आप कुछ हद तक राक्षस का उपहास उड़ा सकते हैं। उसे अपने शिविर में लोगों की आँखों से गिरा सकते हैं। लोग, राक्षस को उपालम्भ के योग्य फिर भी नहीं समझेंगे। जब तक नन्द का खोया हुआ राज्य अपने अधीन नहीं कर लेते हैं, उस समय तक राक्षस को त्यागने की बात अनावश्यक है। आप फिर भी स्वतन्त्र है। आपका शत्रु आपके सामने है। आपको अपना लक्ष्य पूरा करना है।"

मलयकेतु सोचते हैं। उनका मन अपने ही निश्चय से मिल जाता है। वे स्वीकार करते हैं कि भागुरायण का तर्क संगत हैं। उसके विचार उचित हैं।

अमात्य राक्षस के प्रति प्रजा में आन्तरिक विश्वास है। यदि मैं अमात्य राक्षस की हत्या करवा दूँ, यदि मैं अपने पिता के हत्यारे से बदला लूँ, तो अपनी ही प्रजा अपने विरुद्ध हो सकती है। प्रजा में क्षोभ पैदा हो सकता है। और मैं जिस संकल्प और विकल्प की स्थिति से निकल कर अपने शत्रु को पराजित करना चाहता हूँ, प्रजा के क्षोभ के सामने मैं स्वयं संदिग्ध हो जाऊँगा।

भागुरायण अमात्य राक्षस के प्राणों की रक्षा करने में सफल हो गया था। उसने विश्वास की साँस ली थी।

शिविर द्वार पर दीर्घ चक्षु अधिकारी है। उसका निवेदन है कि "बिना मुहर के शिविर से निकलते हुए एक पुरुष को उसने पकड़ लिया है। उस पुरुष के पास एक लेख है।"

× × ×

कुमार और भागुरायण इस स्थिति पर विचार करते हैं।

सिद्धार्थक के हाथ बँधे हैं। एक पुरुष उसकी रक्षा में पीछे खड़ा है।

सिद्धार्थक महसूस करता है कि उसे कार्य सिद्ध करना है। वह किसी बड़े

कार्य को पूरा करने के लिए, छोटी-छोटी यातनाओं से गुजर रहा है। छोटी यातनाएँ उसके गुण को छोटा नहीं बनातीं। उसके मन में सन्तोष है। वह अपराधी होने पर भी लक्ष्य से च्युत नहीं हुआ है। स्वामी ने माँ की तरह उस पर विश्वास किया है। और ऐसे आत्मीय स्वामी की भक्ति को मैं लांछित नहीं होने दूँगा।

मैं जानता हूँ कि भागुरायण यह विचार कर रहे हैं कि या तो मैं इस शिविर में आगन्तुक हूँ या आश्रित। मुझे यह स्पष्टीकरण देना ही पड़ेगा कि मैं अमात्य राक्षस का मन्त्री हूँ। मुहर या दूसरी आवश्यक चीजें मेरे लिए इस कटक में बेकार हैं। मुझे अपने कार्य को शीघ्र पूरा करना है।

मैं जानता हूँ, लोगों के मन में मेरा यह कार्य राजाज्ञा का उल्लंघन समझा जायेगा। मेरे हाथ से भागुरायण ने लेख और मुद्रा ले ली है। मुद्रा राक्षस के नाम से अंकित है। सन्देह में व्यक्ति सब कुछ करता है, लेकिन परिणाम अक्सर उल्टा ही निकलता है।

मलयकेतु चाहते हैं कि मुद्रा से अंकित लेख को सँभाल कर खोला जाये, जिससे मुद्रा का चिह्न नष्ट न हो जाये। लेकिन यह लेख मलयकेतु पढ़ रहे हैं। और मैं जानता हूँ कि उनके मन में गहरा तनाव है। चाणक्य की इस कूट बुद्धि का यह एक खुला प्रमाण है।

मलयकेतु लेख भागुरायण के हाथ से ले लेते हैं और पढ़ते हैं–

"कल्याण हो। किसी स्थान से कोई किसी विशेष व्यक्ति से निवेदन करता है कि हमारे विपक्षी को हरा कर सत्यवक्ता आपने, अपनी सत्यता दिखाई है। और अब सत्यप्रतिज्ञ आप, पहले ही आपसे मिलने वाले हमारे मित्रों को निश्चित सन्धि के बदले में वस्तुएँ देकर इनसे प्रेम उत्पन्न करें। इस प्रकार ये अनुगृहीत किये जाने पर आश्रय रहित होने के कारण परम उपकारी आपकी आराधना करेंगे। यह आपको विस्मृत नहीं है, तो भी स्मरण दिलाते हैं। इनमें कितने तो शत्रु के कोष और हाथियों के इच्छुक हैं और कुछ राज्य के। आपने जो तीन अलंकार भेजे हैं, वे मिल गये हैं। हमने भी जो लेख के उत्तर में भेजा है, उसे स्वीकार करें और मौखिक समाचार अत्यन्त विश्वस्त सिद्धार्थक से सुनें।"

मलयेकतु आवेश में पत्र पढ़ रहे हैं। ये अनुगृहीत किये जाने वाले लोग मेरी आराधना करेंगे? ये अलंकार से समझौता करने वाले व्यक्ति मुझसे कोष ग्रहण कर सकेंगे? मैं इन्हें हाथी दूँगा।

विपक्षी और कोई नहीं है, चाणक्य है। और मित्रों में आते हैं, अमात्य राक्षस।

मैं चन्द्रगुप्त की सेवा के लिए कौलूत के चित्रवर्मा, मलय के सिंहनाद, कश्मीर के पुष्कराक्ष, सिन्धु के सुषेण और पारस के मेघाक्ष राजाओं की सेवा स्वीकार करूँगा।

और इन छोटे-छोटे स्वार्थी राजाओं के संकेत पर चल कर मैं अपना ही अहित होते हुए देखूँगा।

लेकिन मौखिक समाचार क्या है? यह विश्वस्त सिद्धार्थक क्या कहना चाहता है। वे उत्तेजना में एक बार सिद्धार्थक को देखते हैं और उत्सुकता के साथ भागुरायण से पूछते हैं—"यह कैसा लेख है?"

सिद्धार्थक अपने बँधे हुए हाथों को देखता है और सोचता है, मैं इनका अनुग्रह नहीं चाहता। मुझे इनका आश्रय नहीं चाहिए। ये मुझे धूर्त समझ रहे हैं। ये जानना चाहते हैं कि यह लेख किसका है? मैं मौखिक बातें कौन-सी जानता हूँ?

भासुरक मुझे बाहर ले जाता है। इस व्यवस्था में आदमी का एक ही अंश स्वीकार किया गया है। वे मुझे अपनी ही समझ से सबसे कड़ा दंड देते हैं। मुझे चर पीटते रहते हैं। और वे सोचते हैं कि मार खाने के बाद आदमी घोड़े या बैल की तरह पालतू हो जाता है।

लेकिन मैं यह स्वीकार करता हूँ कि मुझे अभयदान चाहिए।

पैर पकड़ कर गिड़गिड़ाने वाला व्यक्ति कहीं दयनीय हो जाता है। क्या मैं दयनीय व्यक्ति हूँ?

मलयकेतु भी दया को अपने सन्दर्भ में स्वीकार कर रहे हैं। उनके सन्दर्भ में पराधीन को राजा से अभय ही मिलता है।

तो मैं पराधीन हूँ। और बेड़ियों में बन्द आदमी और हो भी क्या सकता है? यह अलग बात है कि मैंने यह स्वीकार किया है कि मुझे अमात्य राक्षस ने यह लेख दिया था।

उन्होंने ये लेख मेरे जरिये चन्द्रगुप्त के पास भेजा था। मार खाने के बाद मैं अधिक सीधा हो गया हूँ।

वास्तव में सीधा लगने वाला व्यक्ति असाधारण रूप से जटिल होता है। मौखिक सन्देश अमात्य राक्षस ने दिया था और उनका मौखिक सन्देश एक अलिखित सन्धि थी। मैं उस सन्धि का सन्देशवाहक था। अमात्य राक्षस अपने पाँच मित्र राजाओं के साथ सन्धि कर रहे थे।

सन्धि स्वार्थ पर टिकी होती है। कौलूत के चित्रवर्मा, मलय के सिंहनाद, कश्मीर के पुष्कराक्ष, सिन्धु के सुषेण और पारस के मेघाक्ष अमात्य राक्षस के साथ जिस गुप्त मन्त्रणा में चन्द्रगुप्त का साथ दे रहे थे, वहाँ हर राजा दूसरे राजा से अधिक अपना लाभ चाहता था।

और लाभ चाहने वाला राजा अपने राज्य का सौदा करता है। वह ऊँचे दाम

पर अपनी स्वाधीनता को बेचता है। वह भेड़ की तरह जनता को अपने हित में इस्तेमाल करता है। जनता की अपनी कोई आकांक्षा उसके सामने नहीं रहती।

इनमें से चित्रवर्मा, सिंहनाद और पुष्कराक्ष मलयकेतु का अधिकार चाहते हैं और सुषेण तथा मेघाक्ष हाथी और राज्य का कोष अपने अधिकार में करना चाहते हैं।

चन्द्रगुप्त ने चाणक्य को उसके अधिकार से च्युत कर दिया है और अमात्य राक्षस अपने लिए प्रतिष्ठा का सौदा कर रहे हैं और अपने राजाओं के लिए पूर्व निश्चित कार्यों की स्वीकृति चाहते हैं।

मलयकेतु इस चिन्ता में उलझे हुए लग रहे हैं कि उनके साथ सन्धि करने वाले सिंहनाद, चित्रवर्मा और पुष्कराक्ष उनको ही पराजित करके अपना अधिकार बढ़ाना चाहते हैं। वे मुझसे द्वेष कर रहे हैं। और मैं जिस व्यक्ति की अपने दिल में श्रद्धा करता था, वह अमात्य राक्षस अब मेरे ही विरोध में षड्यन्त्र रच रहा है।

मुझे द्वेष के और धोखे के इस घर में अकेला छोड़ दिया गया है। लेकिन मैं कहीं अकेला नहीं हूँ। मेरे हृदय में पिता के हत्यारे के प्रति कभी दया नहीं पैदा हुई। मैं राक्षस से सीधे बात करना चाहता हूँ।

× × ×

विजय। मुझे भी यहाँ अमात्य राक्षस के घर तक ले आयी है।

खाली आसन है। दो-एक पुरुष इधर-उधर आ जा रहे हैं। और अमात्य राक्षस कभी आसन पर बैठते हैं और कभी चिन्ता में घूमते हैं।

वे बुरी तरह उलझे हुए हैं। उनकी उलझन उनका विरोधी चन्द्रगुप्त है। वे सोच रहे हैं कि चित्रवर्मा, सिंहनाद, पुष्कराक्ष, सुषेण और मेघाक्ष के साथ महाराजा मलयकेतु की सेना चन्द्रगुप्त से अधिक बलशाली है। लेकिन सेना का बल ही युद्ध में विजयी नहीं होता है। विजय सैनिक के आत्मविश्वास से मिलती है। और आत्मविश्वासी योद्धा के लिए युद्ध में सन्देह की रत्ती-भर जगह नहीं रहती।

लेकिन मैं स्वयं सन्देह के एक खाली घर में बुरी तरह उलझ रहा हूँ। अपनी योजनाओं से मैं एक सन्देह दूर करता हूँ, दूसरा सन्देह मेरे सामने आ जाता है। एक दुश्मन को मारता हूँ, दूसरे हजार शत्रु मुझे घेर लेते हैं। मुझे ऐसे साधन की आवश्यकता है जो शत्रुओं का विनाश कर सके, जो शक्तिशाली हो।

केवल विरोध में हजार व्यक्तियों के हाथ में, अस्त्र-शस्त्र दे देने से सेना की योग्यता नहीं बढ़ जाती है।

और अयोग्य योद्धा, अपने पक्ष के अनुकूल, युद्ध नहीं लड़ता है। वह युद्ध

लड़ते हुए भी शत्रुओं से हीन रहता है। मुझे अपनी विजय के लिए ऐसे हीन साधक नहीं चाहिए।

युद्ध में अक्सर धमकी दिखा कर सेना को अपनी ओर कर लिया जाता है। लेकिन धमकी या फुसलावे में अपनी ओर सेना को मिला लेने पर अपना पक्ष बलशाली नहीं होता। डरा-धमका कर ऐसी सेना को हम अपने पक्ष में भी ला सकते हैं और उन्हें चाणक्य हमारे विपक्ष में भी इस्तेमाल कर सकता है।

मुझे अपने पक्ष के अनुकूल योद्धा चाहिए। केवल पराजित होने के लिए मैं युद्ध नहीं लड़ रहा हूँ।

कुछ लोग मेरे पास चन्द्रगुप्त से उदासीन होकर आये हैं। हो सकता है कि वे हमारा भेद जानने आये हों। लेकिन भद्रभट्ट आदि अब हमारे पक्ष में हैं। उनके बारे में अनायास सन्देह अनुचित होगा।

अपने अनुयायी राजाओं को अब अधिक समय तक सन्धि करने के बाद युद्ध से टाला नहीं जा सकता है। मैं बहुत कुछ चाहता हूँ।

कुसुमपुर दिन-प्रतिदिन समीप होता जा रहा है। अपने अनुयायी राजाओं के साथ मुझे सेना को इस तरह संयोजित करना है, ताकि हमारा बल बिखर न जाये। हमारी ताकत खंडित न हो। ऐसे विभागों के लिए मुझे ऐसी स्थिति में सेना का संगठन करना है जो अपने विशेष कार्यों के लिए प्रसिद्ध हो। मुझे इस प्रकार व्यूह की रचना करनी है कि उसमें मेरे कुमार के अनुयायी राजा, अपनी पूरी ताकत से सहयोगी बन सकें।

अब केवल चिन्ता, उलझन और सन्देह का समय नहीं है। प्रियम्बक! मेरी आज्ञा से कुमार के अनुयायी राजाओं से प्रयाण करने को कहो।

खस और मगध के राजाओं और उनके सैनिकों को मुझे सेना की अगली पंक्ति में रखना है। अगली पंक्ति कुसुमपुर की ओर प्रयाण करेगी। उनके पीछे यवनपतियों के साथ गान्धार देश की सेनाएँ इस बात का उद्योग करेंगी कि कुसुमपुर को पूरी तरह अपने अधिकार में कर लें। उनके पीछे चेदि और हूणों के साथ शक राजा चलेंगे। और कुमार की रक्षा के लिए अन्त में कौलूत आदि राजाओं का समूह चारों ओर से कुमार को घेर कर आगे बढ़ेगा। सेना की इस व्यूह रचना के बीच कुमार मलयकेतु अधिक सुरक्षित हैं। और उन्हें सुरक्षित रहना भी है। उनकी सुरक्षा में ही मेरी विजय निहित है।

प्रतिहारी आकर यह बता चुकी है कि कुमार मलयकेतु अमात्य राक्षस से मिलना चाहते हैं।

अमात्य राक्षस कभी लाल फूलों के उस वृक्ष को देखते हैं, जो उनके घर के

पास है और कभी अपनी प्रिय पिंजरे की मैना का संगीत सुनते हैं। वे महसूस करते हैं कि चिन्ताओं में वे कहीं अधिक दुनिया की आवश्यक वस्तुओं से उदासीन हो गये हैं।

उन्होंने स्वयं को दर्पण में देखा था। आभूषणहीन शरीर चिन्ता से मुर्झाए हुए फूल की तरह लग रहा था।

क्या मैं सचमुच मुरझाया हुआ फूल हूँ? क्या मैना के संगीत को मैं भूल चुका हूँ? क्या विस्तृत आकाश में मेरी आँखें और ऊँचाई पर दो कपोतों की तरह उड़ नहीं रही हैं? क्या मेरी आँखें, दूर तक खुले आकाश में अपने पंखों का सन्तुलन बना रही हैं? परों को खोल कर वह चाणक्य की व्यूह रचना को देख रही हैं।

यह समय व्यूह रचना को देखने का नहीं है। आकाश की ऊँचाई को जीतने का है।

मैंने शकटदास से अपने लिए कुछ आभूषण मँगवाये हैं। ये आभूषण कुमार ने मुझे पहनाये थे। कुमार का दर्शन करना है। और आभरण-रहित होकर मैं कहीं उन्हें आघात पहुँचा सकता हूँ। मेरे लिए यह उचित नहीं होगा।

अभी कुछ ही समय पहले, तीन अलंकार मैंने खरीदे हैं।

शकटदास उनमें से एक आभूषण मुझे दे गया है। मैं आभूषण से अलंकृत हो उठा हूँ। लेकिन मेरा अलंकार युद्ध है। मेरी आँखें युद्ध पर अटकी हैं।

मैं स्वयं अपने अन्तर्विरोधों के बीच से युद्ध लड़ते हुए बाहर आ रहा हूँ। अधिक खुले आकाश में मुझे कुमार को कुसुमपुर का राजा बनाना है। चन्द्रगुप्त को पराजित करना है और चाणक्य की कुचालों का प्रतिकार करना है।

अभी मैं अपने अलंकारों में केवल अपने पद का अधिकारी लग रहा हूँ। मेरा व्यक्तित्व निर्दोष अधिकारी का है। लेकिन निर्दोष आदमी भी अपने अधिकार में भयभीत रहता है।

मेरे भय का भी स्पष्ट कारण है। इस व्यवस्था में भय का एक सिलसिला है। सेवक अपने स्वामी से भयभीत रहते हैं। और स्वामी अपने निकटवर्ती मन्त्री से। पराधीन आदमी को सपने में भी सुख नसीब नहीं होता। जो ऊँचे पद के अधिकारी हैं, वे मन ही मन अपने से ऊँचे अधिकारियों से शंकित रहते हैं। यह शंका उन्हें हर क्षण भयभीत बनाये रहती है।

मैं सन्धियों और समझौतों के बाद आज मलयकेतु के राज्य का महामन्त्री हूँ। हर आदमी बड़े बड़ों से द्वेष करता है। क्या मेरे अधीन काम करने वाले सेवक मेरे ही विरुद्ध कुमार के कान भर रहे हैं? क्या वे मेरे ही शासन में मेरी

नीतियों का वध कर रहे हैं? क्या विशेष स्तर पर रहने के कारण वे मुझे कुमार से अलगाना चाहते हैं?

मेरी जिन्दगी में अब मौत का भय नहीं है। मैं ऊँचे चढ़ने का अभिलाषी रहा हूँ। और मेरा विश्वास कभी खंडित नहीं हुआ। आज जो संशय मेरे मन में है, वह उन लोगों ने पैदा किया है, जो मेरे साथ रहते हुए, मेरे विरुद्ध अपनी दुष्टता से प्रचार कर रहे हैं।

ऐसे व्यक्ति अच्छे अधिकारी को ऊँचे पद पर देख नहीं सकते हैं। और ऊँचे पद के अभिलाषी व्यक्ति नीचे के अपने अधिकारियों को और नीचा दिखाने की तैयारी करते रहते हैं। वे ऊँचे पद पर रहने के बावजूद ऊँचे मनुष्य नहीं होते। ऊँचे पदों पर रह कर उनकी बुद्धि अधोगामी होती है। वे अपना ही पतन हर कहीं देखते हैं। और अपनी सुरक्षा के लिए उनकी बुद्धि अपने से अधीन सेवकों को दबाया करती है।

मैं दबाव और तनाव की अपनी ही व्यवस्था में शंकित हो उठा हूँ।

प्रतिहारी ने ऊँचे आसन पर बैठे हुए कुमार की याद दिला दी है। और राक्षस, कुमार को खोया हुआ देख रहे हैं। उनकी आँखें उनके ही पैरों पर गड़ी हुई हैं। उनका चित्त विचलित है। वे किसी को देख नहीं रहे हैं। उनकी दृष्टि स्थिर है। और मस्तिष्क में विचार टकरा रहे हैं। कार्य-भार के कारण उनका मुख झुका हुआ है। उनके झुके हुए मुख से उनका आन्तरिक दबाव झलक रहा है। कठिन कार्य का भार उन पर टिका है। कपोल पर उन्होंने अपनी हथेली रख ली है।

चिन्ता में कुमार भी हैं और राक्षस भी। दोनों बेचैन हैं।

कुमार की चिन्ता अपने अधिकार को कायम रखने की चिन्ता है, और अमात्य राक्षस इस बात के लिए उद्विग्न हैं, कि सेना आगे किस तरह बढ़े। आगे बढ़ती हुई सेना का प्रबन्ध किस तरह हो? चिन्तातुर वे 'कुमार मलयकेतु की जय' का उद्घोष करते हैं, और भीतर ही भीतर यह स्वीकार करते हैं कि वे अपनी ही उलझनों के कारण बहुत समय तक कुमार से मिल नहीं सके।

कुमार ने आने के साथ जो कुछ कहा है, वह उपालम्भ मुझे सुनना भी चाहिए। मैं प्रयत्न करने के बाद, किसी भी ओर से उदासीन नहीं रहना चाहता था। लेकिन मेरा कार्यों में संलग्न रहना उपालम्भ का विषय नहीं है।

कुमार ने यह जानना चाहा है कि मैंने युद्ध का गठन किस तरह किया है। यात्रा की तैयारी किस तरह की गयी है? मैंने अपनी योजना उनके सामने रख दी है।

लेकिन वे उद्विग्न ही नहीं हैं, कुछ मेरे प्रति उदासीन-से लग रहे हैं। क्या

उन्हें मेरा, खस और मगध के राजाओं का अगली पंक्ति में रखना पसन्द नहीं है? क्या वे यवन सेना के साथ, गान्धार देश की सेना का संगठन अनिवार्य नहीं मानते हैं? क्या उन्हें चेदि और हूणों के साथ शक राजाओं का तीसरी पंक्ति में रहना पसन्द नहीं है? या वे कौलूत आदि के समूह में अपने आपको अरक्षित महसूस कर रहे हैं?

कुमार ने अचानक यह सवाल क्यों पूछा है—''क्या कोई ऐसा है जो कुसुमपुर से अभी तक आ-जा रहा है?''

क्या यह प्रश्न अप्रासंगिक नहीं है? क्या कुमार यह नहीं जानते हैं कि अब केवल पाँच-एक दिन रह गये हैं। यह कठोर नियन्त्रण का समय है। कुसुमपुर करीब है और मैंने लोगों के आन-जाने पर कठोर प्रतिबन्ध लगा दिया है।

कुमार ने जिस व्यक्ति को मेरे सामने खड़ा किया है, वह लज्जित है। विलाप करते हुए व्यक्ति में दृढ़ता नहीं होती।

कुमार मुझसे यह जानना चाहते हैं कि आपने इस पुरुष को लेख किसके लिए दिया था। आपने इसे कुसुमपुर क्यों भेजा था?

क्या मैंने कुसुमपुर कुछ भेजा है? या यह सब एक बड़े षड्यन्त्र का अंश है। मेरे सामने खड़ा हुआ व्यक्ति स्वयं एक कायर या घिनौने षड्यन्त्र का प्रतिरूप है। कायर दिमाग शंकित होता है। सिद्धार्थक कायर ही नहीं, हताश भी हो चुका है। वह एक ओर मेरी प्रसन्नता चाहता है और दूसरी ओर एक ऐसी बात कह रहा है, जिस पर मेरे कान विश्वास नहीं कर रहे हैं।

सिद्धार्थक ने रोते हुए जो कुछ कहा है, वह युद्ध का सत्य नहीं है, आधा-अधूरा और सन्दर्भ से कटा हुआ खंडित सत्य है।

वह बता रहा है, ''बहुत पिटने के कारण मैं आपका रहस्य छिपाने में असमर्थ रहा।''

मैं स्वयं नहीं जानता कि यह किस रहस्य की बात कर रहा है? कैसा रहस्य? मेरा पूरा जीवन एक खुली पुस्तक है। उसमें रहस्य की जगह नहीं है। लेकिन यह आदमी अधूरी बात कह कर, जिस मुद्रा में मेरे सामने उपस्थित किया गया है, वह स्वयं रहस्य की मुद्रा है। सन्देह की मुद्रा है।

'पिटते हुए मैंने' के बाद सिद्धार्थक कुछ नहीं कह सका था। उसे कुछ कहना भी नहीं था। उसने अपना मुख नीचा कर लिया था। नीचे मुख के साथ वह मेरी आँखों में और छोटा हो गया था।

मलयकेतु ने भागुरायण से इसी सन्देह और रहस्य का ताला खोलने का काम लिया है। क्या सचमुच कुछ गुप्त रास्तों का ताला भागुरायण इस व्यक्ति

के जरिये खोलना चाहता है? क्या मेरे समक्ष सिद्धार्थक भयभीत है? क्या संकोच के नाते यह आदमी अपनी बात कहने में असमर्थ है?

भागुरायण ने सिद्धार्थक की बात स्वयं स्पष्ट की है। उसने बताया है कि इस व्यक्ति को मैंने लेख तथा मौखिक सन्देश देकर चन्द्रगुप्त के पास भेजा है।

जब मैं इस असत्य की पड़ताल करने के लिए सिद्धार्थक से सीधे सवाल करता हूँ, वह लज्जा का अभिनय करता है, और यह बताता है कि अधिक पिटने पर मैंने कह दिया। लेकिन अधिक पीटे जाने वाला व्यक्ति असत्य नहीं गढ़ता है। यह व्यक्ति पूरी तरह असत्य पर टिका है। लेकिन क्या इसे यह कहने के लिए ही बाध्य तो नहीं किया गया है?

कुमार का मन मेरे प्रति सन्देह से भर चुका है। वे इस लेख और झूठे मौखिक सन्देश पर मुझ से अधिक विश्वास करने लगे हैं। भागुरायण कुमार के आदेश पर जो लेख पढ़ रहा है, मेरा दिल पूरी तरह इसे गढ़ा हुआ और झूठा मानता है।

यह सन्देश की जमीन पर एक शत्रु का खतरनाक प्रयोग है। यदि वह खतरनाक प्रयोग न होता, तो किसी स्थान से कोई किसी विशेष व्यक्ति से निवेदन क्यों करता?

मैं विपक्षी को हटाना चाहता हूँ। मैं चाणक्य की कूटनीति को उसके सामने असफल बनाना चाहता हूँ। लेकिन कौलूत के चित्रवर्मा, मलय के सिंहनाद, कश्मीर के पुष्कराक्ष, सिन्धु के सुषेण और पारस के मेघाक्ष के साथ मैंने कोई निश्चित सन्धि नहीं की है। जो सन्धि की गयी है, वह चन्द्रगुप्त को पराजित करने के लिए की गयी है। इसमें अनुग्रह या आश्रय का सवाल ही नहीं उठता है। इनमें से कोई हमारे अनुग्रह पर नहीं टिका हुआ है।

ये शत्रु के कोष और हाथियों के इच्छुक भिखारी नहीं हैं। मैंने किसी को अलंकार नहीं भेजे हैं। मेरे लेख के उत्तर में चन्द्रगुप्त से मुझे कुछ नहीं मिला है। न तो मैंने कोई लेख लिखा है, न ही मौखिक समाचार अपने विश्वस्त आदमी के हाथ भेजा है।

जो आभूषण कुमार ने मुझे स्नेह से दिये थे, मैंने वे ही आभूषण सिद्धार्थक को उसकी सेवा के उपलक्ष्य में दे दिये थे। आज पुरस्कार के रूप में मिले हुए वे ही आभूषण विषैले साँपों की तरह मुझे आघात पहुँचा रहे हैं।

मैंने कुमार के दिये हुए आभूषणों का परित्याग नहीं किया है। भागुरायण, कुमार की शह पाकर मेरे सामने जिस तरह एक-पर-एक आरोप मुझ पर लगा रहा है, क्या यह सब शत्रु का खतरनाक प्रयोग ही नहीं है?

इन आरोपों की भूमि शत्रु की भूमि है। मलयकेतु ने लेखों और आभूषणों

पर अंकित जो मोहर मेरे सामने रखी है, वह भी जाली मोहर हो सकती है। हर व्यवस्था में कुछ व्यक्ति जाली कार्य किया करते हैं। धूर्त व्यक्तियों का काम ही कपट-मुद्रा बनाने का होता है।

सिद्धार्थक मुख नीचा कर हर बात को इस तरह स्वीकार कर रहा है, जैसे मैं महामन्त्री न होकर, कुमार के आश्रय में एक बन्दी हूँ।

सिद्धार्थक ने मुद्रा अंकित करने के लिए शकटदास का नाम लिया है। यदि शकटदास ने यह लेख लिखा है या मुद्रा अंकित की है तो मैं इसे अपना अभाग्य कहूँगा। और अपने अभाग्य को स्वीकार करना ही मेरे लिए अनिवार्य हो उठा है।

भागुरायण मेरे विरोध में तर्कों की जो सेना खड़ी कर रहा है, वह मुझे मलयकेतु से अलग कर रही है। उसके तर्क मेरे विरोध में शकटदास का प्रयोग कर रहे हैं।

शकटदास मेरे सामने यह स्वीकार नहीं करेगा कि यह लेख मैंने लिखा है। इसलिए भागुरायण के ही सुझाव को, मलयकेतु ने स्वीकार कर लिया है। वे शकटदास के दूसरे लेख मँगवा रहे हैं। शकटदास के अक्षरों का मिलान किया जा रहा है।

क्या अक्षरों के मिलान से सत्य तक पहुँचा जा सकेगा? प्रतिहारी ने शकटदास के ही दूसरे लेख से विशेष जानकारों की मदद से यह पता लगा लिया है कि यह लेख शकटदास का ही है। मुद्रा शकटदास ने ही लगाई है। दोनों ही लेखों का मिलान करने पर अक्षर संगत लग रहे हैं।

शकटदास मेरा मित्र है। और मित्र कभी असंगत नहीं होता। वह मित्र का अहित नहीं करता है।

धूर्त लोग कपट मुद्रा ही नहीं बना रहे हैं, वे कपट लेख भी रच रहे हैं।

मलयकेतु लोगों के बहकावे में आकर मेरे विरोध में खड़े हो गये हैं। क्या शकटदास ने सिद्धार्थक से मिल कर यह कुटिल कार्य मेरे विरोध में रचा है? क्या उसे भी धन के लोभ ने मेरे विरोध में खड़ा कर दिया है? क्या नश्वर धन, पुत्र-परिवार से उसके लिए बड़ा हो गया है? क्या वह मानवीय गौरव या यश को ठुकरा चुका है?

यश कभी नष्ट नहीं होता है। लेकिन शकटदास ने मेरे साथ रहते हुए, मेरी आत्मीयता को और मेरे प्रति अपनी भक्ति को क्या भुला दिया है? उसके हाथ में मुद्रा रहती है। सिद्धार्थक उसका सहयोगी रहा है। दोनों लेखों के अक्षरों का मिलान करने के बाद मेरा मन यह स्वीकार करने लगा है कि इस रहस्य का आधार शकटदास ही है। वह भेद-नीति में अत्यन्त कुशल शत्रुओं से मिल गया है। वह मेरे प्रति निष्ठावान नहीं रह गया है। उसे अपनी स्त्री और पुत्र का जीवन हर समय संकट में घिरा हुआ लगता है। शायद अपने और अपने परिवार के

जीवन की रक्षा के लिए ही शकटदास ने शत्रुओं के साथ मिलकर मेरे विरोध में यह कपट-लेख रचा है।

तीन आभूषण मैंने भेजे थे। यह झूठी बात अब कुमार के मन में पैठ चुकी है। वे उनमें से एक आभूषण उठा कर मुझसे यह जानना चाहते हैं कि यह आभूषण मुझे कहाँ मिला?

मैं स्वीकार कर लेता हूँ, यह आभूषण मैंने व्यापारियों से मोल लिया है। लेकिन कुमार अपने सन्देह को पुष्ट करने के लिए इस अलंकार की पहचान प्रतिहारी विजय से करा रहे हैं।

वह पहचानती है कि यह आभूषण महाराज पर्वतेश्वर के हैं। प्रतिहारी भरी हुई आँखों से उन गहनों को देख रही है।

कुमार पिता की स्मृति में भर उठे हैं। इन अलंकारों को पहन कर महाराज की कान्ति बढ़ जाती थी। और आज यह अलंकार मेरे विरोध में एक चमकीली कटार बन कर मेरे सीने में उतर रही है।

यह पर्वतेश्वर का पहना हुआ अलंकार यहाँ कैसे आया? स्पष्ट लग रहा है कि इसके पीछे चाणक्य की बुद्धि है। चाणक्य के द्वारा नियुक्त व्यापारियों ने इस अलंकार को मेरे हाथ बेच दिया था।

लेकिन मेरे उत्तर से कुमार के मन पर अंकित मेरे प्रति शंका या आरोप कम नहीं होगा। वे यह बता रहे हैं कि पिता के पहने हुए आभूषण अब चन्द्रगुप्त के अधिकार में हैं और चन्द्रगुप्त के हाथ आये हुए आभूषणों को कोई छोटा-मोटा व्यापारी खरीद ले, यह संगत नहीं लग रहा है।

कुमार यह स्वीकार करने को तैयार नहीं हैं कि मैंने इन आभूषणों को व्यापारियों से खरीदा है। उनके मन में मेरे प्रति सन्देह बढ़ रहा। वे मुझे बड़ा लोभी समझ रहे हैं। वे मुझे अपने प्रति क्रूर समझ रहे हैं। वे समझ रहे हैं कि मैंने गहनों के लोभ में उनके शरीर का सौदा किया है।

क्या मैं इस स्तर तक गिर चुका हूँ? क्या मेरी नीति पराजित हो चुकी है? लेकिन, सत्य यह है कि शत्रु की कूटनीति कुमार पर काफी असर कायम कर चुकी है। उनकी चाल सफल हुई है और मेरी सारी सच्चाई अपुष्ट मानी जा रही है।

यदि मैं यह अस्वीकार कर दूँ कि यह लेख मेरा नहीं तो इस पर कुमार विश्वास नहीं करेंगे। और अब विश्वास के लिए रत्ती-भर जगह भी नहीं रह गयी है, क्योंकि यह मुहर मेरी है।

मेरा मन यह मानने को भी तैयार नहीं है कि शकटदास ने मित्रता भंग कर दी है।

चन्द्रगुप्त के हाथ से आभूषण एक व्यापारी खरीद सकता है और मेरे ही हाथ बेचेगा, इस बात पर भी अविश्वास नहीं किया जायेगा। मैं असंगत उत्तर देने के पक्ष में नहीं हूँ। मेरे सामने एक ही रास्ता रह गया है। और वह रास्ता, अपराध स्वीकार करने का रास्ता है।

मैं कुमार की शंकाओं, भागुरायण के आरोपों और सिद्धार्थक के प्रमाणों के बीच घिर गया हूँ। मैं आर्यों की इस बस्ती से लांछित हो चुका हूँ। अब मैं अपराधी हूँ। अनार्य हूँ।

कुमार मेरी अपराधी आँखों में, विजयी योद्धा की तरह झाँक रहे हैं।

वे विजयी हैं और मैं अपराधी हो उठा हूँ। वे उपालम्भ से मुझे यह बता रहे हैं कि चन्द्रगुप्त मेरे स्वामी नन्द का पुत्र है। और मैं आपके मित्र पर्वतेश्वर का पुत्र हूँ।

कुमार मेरी आँखों में झाँकने के बावजूद मेरे अस्तित्व से अपरिचित हैं। वे मुझे नहीं समझ सके हैं। वह समझते हैं, मैं चन्द्रगुप्त के धन की ओर आँखें गड़ाए रहूँगा। और यहाँ मेरी आज्ञा से कुमार अपने लिए धन लेते हैं। वहाँ चन्द्रगुप्त के साथ मुझे मन्त्री के पद पर पराधीन व्यक्ति की तरह रहना पड़ेगा। और यहाँ कुमार पर मेरा प्रभुत्व है।

लेकिन क्या कुमार पर मेरा प्रभुत्व रह गया है? क्या मैं केवल मन्त्री-पद का भूखा हूँ? क्या नन्द के प्रति मेरा अनुराग इतना ओछा रहा है?

कुमार इन आरोपों के साथ मुझसे यह जानना चाहते हैं कि कौन-सी ऐसी इच्छा है जो आपको अनार्य बना रही है।

ऐसे सवालों का कोई संगत उत्तर नहीं दिया जा सकता। जब बात का सिलसिला ही युक्तिसंगत न हो, तब कोई भी निर्णय अपने पक्ष में नहीं रहता। मैं अनार्य बनने की इच्छा से संचालित हूँ। मैं लांछन और अविश्वास की भूमि पर अपराधी बन कर खड़ा हूँ। और मेरा कोई भी निर्णय कभी भी असंगत हो सकता है।

कुमार ने ही मेरे बारे में निर्णय ले लिया है। नन्द के पुत्र चन्द्रगुप्त मौर्य मेरे हो चुके हैं। और पर्वतेश्वर के पुत्र, जिनके साथ मैं युद्ध की तैयारी करता रहा, वे मेरे नहीं हैं।

क्या चन्द्रगुप्त के साथ रहने पर मैं जो चाहूँगा, वह मुझे मिल जायेगा? वहाँ भी चन्द्रगुप्त मुझे अपनी अधीनता में जो कुछ देंगे, उसे मुझे स्वीकार करना होगा। यहाँ मैं कुमार को धन और सम्पदा देता हूँ और वहाँ सचिव या महामन्त्री होने पर भी मैं दास रहूँगा। यहाँ मैं स्वयं स्वामी हूँ। फिर ऐसा कौन-सा लोभ मुझमें प्रबल है, जिसकी वजह से कुमार मुझे पापी समझ रहे हैं। मुझे चन्द्रगुप्त का दास समझ रहे हैं।

कुमार उस गुमनाम चिट्ठी और अलंकार की पिटारी को दिखा कर मुझसे यह पूछ रहे हैं कि यह सब क्या है?

और मैं शत्रु की इस व्यूह-रचना में अस्थिर हो उठा हूँ। शायद दुर्दैव की क्रीड़ा मुझे पापी और अपराधी ही देखना चाहती थी। भाग्य उस समय से मेरे विरोध में है, जब महाराज नन्द दुर्दैव के कारण मारे गये थे।

मैंने भृत्य की तरह केवल अपनी देह महाराज की सेवा में समर्पित नहीं की थी। मैं उनके स्नेह से पूरी तरह भरा हुआ था। वे मुझे अपने पुत्र की तरह स्नेह देते थे। आज वह गुण-ग्राहक महाराजा नहीं रहे। और मैं अपराधी और पापी हो उठा हूँ।

न मैं सज्जन हूँ, न कृतज्ञ हूँ और न ही विद्वान् हूँ। केवल दुर्दैव की क्रीड़ा का मैं एक खिलौना बन गया हूँ।

कुमार मेरे प्रति क्रोध से भरे हुए हैं। वे समझ रहे हैं कि मैं कुछ छिपा रहा हूँ। कुछ रहस्य अभी मेरे भीतर दबा है। मैं उनके विरोध में गूढ़ मन्त्रणा कर रहा हूँ।

उन्हें मेरा उत्तर सन्तोषजनक नहीं लग रहा है कि दुर्दैव की क्रीड़ा का मैं एक खिलौना हूँ।

वे समझ रहे हैं कि मैं कृतघ्न हूँ उनके प्रति। उन्हें यह विश्वास हो गया है कि विषकन्या के प्रयोग से मैंने उनके पिता की हत्या की है। और अब मैं उनके शत्रु के अधीन मन्त्री-पद की लालसा से घृणित समझौता कर रहा हूँ।

मैंने कुमार को अपने से अधिक स्नेह दिया है। और अब कुमार यह समझ रहे हैं कि मैं उनकी ही देह के माँस का सौदा कर रहा हूँ। वे एक आघात के ऊपर दूसरा आघात लगा रहे हैं।

मैं लाख स्पष्टीकरण उनके सामने रखूँ कि मैंने विषकन्या का प्रयोग नहीं किया। मैंने पर्वतेश्वर को विष नहीं दिलाया। वे मुझे निष्पाप नहीं मानेंगे। यदि मैं यह बात स्पष्ट भी करूँ कि यह सब चाणक्य की कुटिल चाल का परिणाम है, तो भी अपने पिता की मृत्यु के विषय में फैलाई हुई चाणक्य की अफवाहों को मैं अपने तर्कों से काट नहीं सकता हूँ।

मैं केवल यह स्वीकार कर लेता हूँ कि इस प्रश्न का उत्तर दैव ही दे सकते हैं। आप दैव से पूछें।

लेकिन वे दैव को प्रमाण नहीं मानते। उनके लिए जीवसिद्धि, क्षपणक प्रमाण हैं। क्या जीवसिद्धि-क्षपणक भी चाणक्य के गुप्तचर हैं?

कुमार के क्रोध से यह सन्देह मेरे मन में पुष्ट होता जा रहा है। मैं अपने ही राज्य में शत्रुओं के गुप्तचरों से घिर गया हूँ। शत्रु ने मेरे हृदय पर भी अधिकार

कर लिया है। जिससे कल तक अपने हृदय की तरह मैं बातचीत करता था, खुले दिल से जिस पर विश्वास करता था, आज वही जीवसिद्धि भी अपने विरोध में है। क्या मैं विरोध सहने के लिए ही बना हूँ?

× × ×

क्रोध में आया हुआ व्यक्ति अपने अधिकार में नहीं रहता।

कुमार क्रोध में बौखला उठे हैं। उन्होंने भासुरक को बुलाया है।

शिखरसेन को उन्होंने नया आदेश दिया है। शिखरसेन सेनापति हैं। और उन्हें कुमार का नया आदेश मिल चुका है।

राक्षस के मित्र समझे जाने वाले कुमार के दुश्मन हो गये हैं। वे कुमार के प्रति द्रोह करने लगे हैं। और वे लोग चन्द्रगुप्त की सेवा के भूखे हैं।

कौलूत के चित्रवर्मा, मलय के सिंहनाद, कश्मीर के पुष्कराक्ष, सिन्धु के सुषेण और पारस के मेघाक्ष अब कुमार के आदेश पर ये पाँचों राजा उनके द्रोही हैं। वे चन्द्रगुप्त की सेवा के बदले अपने लिए स्वार्थ की थोड़ी-सी जमीन चाहते हैं।

कुमार ने आदेश दिया है कि कौलूत के चित्रवर्मा, मलय के सिंहनाद और कश्मीर के पुष्कराक्ष को गहरे गड्ढे बना कर इस जमीन में झोंक दिया जाय। और उनके ऊपर रेत पाट दी जाय।

सिन्धु के सुषेण और पारस के मेघाक्ष चन्द्रगुप्त की सेवा के बदले उनसे हाथी चाहते थे। कुमार ने सेनापति को आदेश दिया है कि सुषेण और मेघाक्ष को हाथियों के झुण्ड से घेर कर कुचल दिया जाये। वे हाथी के नीचे अपनी सेवा का पुरस्कार पाने के लिए स्वतन्त्र हैं।

आवेश में कुमार राक्षस को विश्वासघाती समझने लगे हैं। वे अपने सोये हुए पौरुष को जगा कर यह बता देना चाहते हैं कि वे विश्वासघाती व्यक्तियों और स्वार्थी राजाओं के आधीन नहीं हैं।

वे राक्षस को यह बता देना चाहते हैं कि तुम्हारे लिए अब चन्द्रगुप्त की आराधना का ही रास्ता बच गया है। वे इस विश्वास के साथ राक्षस के सामने खड़े हैं और सोच रहे हैं कि राक्षस स्वयं चाणक्य और चन्द्रगुप्त हैं और वे यह स्वीकार कर रहे हैं कि मैं चाणक्य और चन्द्रगुप्त को उखाड़ने में और उनको पराजित करने में स्वयं समर्थ हूँ।

मलयकेतु सोच रहे हैं—कुछ लोग धर्म की भूमि पर अपराधी होते हैं। कुछ लोग अर्थ की भूमि पर शोषण करते हैं। और अधिकतर लोग काम या लालसा की वजह से पाप में डूबे रहते हैं। मैंने ऐसे पापियों के लिए गहरे गड्ढे खोद दिये

हैं। ऐसे व्यक्तियों को जो शोषण की भूमि पर स्वार्थ का खेल खेलते हैं, उन्हें मैंने हाथी के पैर के नीचे पिसवा दिया है।

बुरे व्यक्तियों की नीति उन्हें बुरी मौत देती है। और मैं राक्षस को यह बता देना चाहता हूँ कि वह दुष्ट नीति के हाथों अपराधी है। वह मित्र का विश्वासघाती है।

भागुरायण कुमार को यह बता रहे हैं कि समय बहुत कम रह गया है। कुसुमपुर को घेरने के लिए हमारी सेना आगे बढ़ चुकी है। गौड़ देश की स्त्रियों के कपोलों पर अब लोध्र-पुष्प के पराग की कान्ति नहीं रह गयी है। उनके कुंचित केश का श्याम रंग अब भ्रमरों के समान नहीं रह गया है। गौड़ देश की स्त्रियों के मुरझाये हुए कपोल और सूखे हुए केशों से अपनी सेना की विजय का संकेत मिल चुका है।

हमारे घोड़ों के खुरों से उड़ायी गयी धूल कुसुमपुर में फैल चुकी है। अब व्यर्थ में समय नष्ट करना उचित नहीं है।

हमारे हाथियों का उत्साह, हमारा उत्साह है। उनके मस्तक से झरती हुई जल धारा हमारे परिश्रम का संकेत है। चारों ओर से घिरी हुई हमारी सेना की धूल शत्रुओं के सिर पर मँडरा रही है। अब व्यर्थ की चिन्ता का समय नहीं है। समय, युद्ध में साहसिक कदम उठाने का है।

भागुरायण के साथ मलयकेतु चले जाते हैं। उन्हें युद्ध की नयी संरचना करनी है।

और यहाँ दुख के आवेश में राक्षस अकेले रह जाते हैं। वे पश्चाताप के साथ सोच रहे हैं कि जिन राजाओं ने हमारे साथ मिल-बैठ कर सन्धि की थी, हमसे कन्धे से कन्धा मिलाकर लड़ने का संकल्प किया था, उन्हें दुश्मन ने हमारे ही हाथों, अपने षड्यन्त्र से नष्ट कर दिया है।

चित्रवर्मा, सिंहनाद और पुष्कराक्ष गहरे अँधेरे गड्ढों में छटपटा रहे हैं। उनकी साँसें मित्र के नाश और शत्रु के नाश का हिसाब लगा रही हैं।

और सुषेण और मेघाक्ष हाथी के पैरों के नीचे घिसट-घिसट कर यह स्वीकार कर रहे होंगे, कि मैंने उन्हें धोखा दिया।

मैं न मित्र का नाश चाहता था, न ही इस क्रूर घटना की मैंने कल्पना की थी।

मैं शत्रु का नाश नहीं कर सका। अपने ही भाग्यहीन अस्तित्त्व के साथ मैं पश्चाताप करने को अकेला रह गया हूँ। क्या अब मेरे सामने पराजय का, उदासीनता का और पश्चाताप का ही रास्ता रह गया है?

क्या मैं सब कुछ छोड़ कर तपोवन चला जाऊँ? लेकिन मेरे जैसे व्यक्ति को तप से भी शान्ति नहीं मिलेगी। मैं अपने भीतर के विरोध को दबा नहीं सकूँगा

और जब तक मन में विरोध जागता रहता है, योद्धा अकेले रहने पर भी शान्त नहीं रहता।

क्या मैं स्वामी नन्द या उनके परिवार की तरह अपने आप को नष्ट कर दूँ? क्या मैं स्वयं मृत्यु का वरण कर लूँ? लेकिन यह कायर मौत स्त्रियों को शोभा देती है। मैं आत्महत्या के लिए नहीं बना हूँ। मैं घुटन और आत्मपराजय के बीच आत्महत्या करने को विवश नहीं हूँ।

मेरे लिए उचित यही है कि तलवार लेकर मैं शत्रुओं पर अकेले टूट पड़ूँ। उनकी सेना को रौंदता हुआ आगे बढ़ूँ। लेकिन क्या अकेला योद्धा चाणक्य और चन्द्रगुप्त के विरोध में आक्रमण कर सकता है?

मेरे भीतर एक व्याकुल पिता है। एक आत्मीय मित्र है। एक प्रेमी है, जो चन्दनदास को बन्धन से नहीं छुड़ा सका, जो अपने बच्चे को दुश्मन के घर से सुरक्षित नहीं निकाल सका, जो अपनी पत्नी को दुत्कार और पश्चाताप के बीच कुसुमपुर से अपने पास नहीं लौटा सका है।

क्या मेरा यह व्याकुल मित्र चन्दनदास मुझे कृतघ्न नहीं कहेगा? क्या मेरी पत्नी मुझे वैराग्य में देखकर हताश और भगोड़ा नहीं कहेगी?

क्या मेरी आत्महत्या से मेरा पुत्र कलंकित नहीं होगा?

क्या मैं बिलकुल अकेला, अपनी ही चिन्ताओं में घिरा हुआ, यह निर्णय नहीं कर सकूँगा कि मुझे क्या करना है? शायद उद्विग्न व्यक्ति निर्णय-भीरु होता है।

लेकिन मेरा एक ही कदम इस समय मेरी पूरी अस्मिता को खंडित कर सकता है। मेरा लम्बा युद्ध एक हल्के से झटके से मेरा ही अमंगल कर सकता है।

और मैं अमंगल के लिए प्रस्तुत नहीं हूँ। मैंने मानव की नियति को कभी अस्वीकार नहीं किया। मनुष्य की अदम्य शक्ति पर मैं कभी अविश्वास नहीं कर सका हूँ। आज भी मुझे मनुष्य की विजय पर विश्वास है। मनुष्य अपनी सामर्थ्य और शक्ति में अजेय योद्धा है।

15

चारों ओर काले बादल हाथियों की तरह आकाश से नीचे उतर रहे हैं। तालाबों में जल की झड़ी से कमल आहत हो चुके हैं। और मैं 'जय-युद्ध' में स्वयं को उपस्थित करते हुए यह सोच रहा हूँ कि मौसम की तरह आदमी की जय-यात्रा अस्थायी नहीं होती।

नन्द के बाद, उनकी प्रजा जहाँ चाणक्य को आहत और दुखी लग रही थी, वहाँ चन्द्रगुप्त में उसी जनता के प्रति अदम्य विश्वास था। वे उनके सामूहिक उत्साह के लिए अहर्निश सोचते रहे हैं।

जय केवल सेना के शस्त्रों से नहीं होती। जय आदमी के प्रति आदमी के विश्वास से प्राप्त की जाती है। चन्द्रगुप्त ने अपनी सेना का गूढ़ संगठन किया है। लेकिन सेना की तैयारी से ही प्रतिपक्षियों का विनाश नहीं होता।

चाणक्य शत्रु के विनाश की एक अनोखी लड़ाई की शुरुआत कर रहे हैं। इस लड़ाई में चाणक्य की नीति की जय होगी।

मैं अपने अलंकारों से आकर्षक हो उठा हूँ। लेकिन मेरे भीतर प्रसन्नता का एक युद्ध चल रहा है। और उस युद्ध में आचार्य की नीति के हाथ विजय की पताका है।

मैं आचार्य की नीति का एक साधारण प्रतिनिधि हूँ। लेकिन जययात्रा अनगिनत मेरे जैसे साधारण प्रतिनिधियों की ही विजय यात्रा होती है। छोटे-छोटे विश्वस्त व्यक्तियों पर ही बड़ी लड़ाई का निर्णय होता है।

मुझे अपने बालपन के मित्र सुसिद्धार्थक याद आ रहे हैं। आज सुसिद्धार्थक मेरी ही तरह विचार की इस लड़ाई में और सिद्धान्तों के इस युद्ध में, आस्था का बिगुल बजा रहे होंगे। शायद वे मेरी ही तलाश में हों। हम दोनों एक दूसरे के ही पूरक हैं।

राक्षस और चाणक्य की लड़ाई केवल युद्ध की भूमि पर ही नहीं लड़ी जा रही है। वह इन झुके हुए मेघों और जंगल के नीचे चल रही है। और मेरे जैसे व्यक्ति अपने विश्वास से लड़ रहे हैं।

सुसिद्धार्थक मेरी ही तरफ आ रहा है। दो व्यक्ति एक साथ बैठ कर अब अपने ही आन्तरिक संगठन पर, अपने ही आन्तरिक विश्वास पर खुल कर बातचीत करेंगे।

सुसिद्धार्थक खामोश है। लेकिन उसकी खामोशी उसे गहरे अतल के अँधेरे में ले जा रही है। वह महसूस कर रहा है कि उस गहरे अतल के अँधेरे में, वह मित्रों से हीन है। अभाव की इस अवस्था में उसका हृदय रिक्त है। वैभव से रिक्त हृदय, मित्र के वियोग से पीड़ित है।

अपनों में रहने पर ही आदमी उत्सव के समय उत्साहित होता है। लेकिन मैं उत्सव से हीन हूँ।

अकेला आदमी क्लेश भी अकेले ही सहता है। ये उल्लास या युद्ध के महोत्सव मुझे आघात पहुँचा रहे हैं। मेरे मन में खेद उत्पन्न हो रहा है। ऐसे

समय में अपने ही आदमी से मेल-जोल की अदम्य लालसा क्यों होती है? जब से यह सुना है कि सिद्धार्थक मलयकेतु के शिविर में आया हुआ है, मैं उसे ही ढूँढ रहा हूँ।

दोनों मित्र परस्पर अपने-अपने अभाव के बीच का खालीपन महसूस करते हैं। और उस खाली अन्तराल को अपने प्रेम और विश्वास से भर देते हैं। दोनों की आँखें प्रसन्नता से खिलखिला रही हैं। बाँहें आलिंगन में एक दूसरे को कस रही हैं।

सिद्धार्थक सोच रहे हैं, आचार्य ने उन्हें अपने विश्वास में लेकर यह आज्ञा दी है कि चन्द्रगुप्त को सन्देश सुना आओ।

यह सन्देश मुक्ति का है या विजय का? विश्वास का है या युद्ध का? मैं नहीं जानता। लेकिन आचार्य के सन्देश में मैंने कभी अविश्वास महसूस नहीं किया। उनके सन्देश से महाराज चन्द्रगुप्त को प्रसन्नता ही मिलती रही है।

सुसिद्धार्थक के मिलने के बाद मुझे उस प्रसन्नता का ही नये सिरे से आनन्द आ रहा है। वह आनन्द मित्र की आँखों में भी झाँक रहा है। वे यह जानना चाहते हैं कि आचार्य ने चन्द्रगुप्त से क्या निवेदन किया है?

पता नहीं क्यों, आदमी कभी-कभी अपनी योग्यता को घटाकर देखने का आदी हो जाता है। वह अपने आपको उपयुक्त व्यक्ति न मान कर असमर्थ आदमी समझने लगता है। सुसिद्धार्थक भी यह सवाल पूछते समय कहीं अपने बारे में सन्देहशील हो उठा है। उसे यह लगने लगा है कि आचार्य और चन्द्रगुप्त के बीच के आन्तरिक निवेदन में वह स्वयं हिस्सेदार हो सकता है या नहीं।

वह शायद आचार्य की नीति के खुले मानवीय युद्ध को समझने में भूल कर रहा है। मलयकेतु स्वयं ऐसी ही भ्रान्ति में उलझ गया है। उसने कुछ राजाओं को अपनी ही धरती में, गहरे गड्ढे के नीचे दफना दिया है। और कुछ नरेशों को हाथी के पेरों के नीचे कुचल दिया है।

इस सन्देश से मलयकेतु के शिविर में खलबली मच गयी है।

राजाओं के साथ जान देने वाली जनता कुर्बानी के लिए आगे बढ़ आयी है। कौलूत की जनता अपने राजा के प्रति किये गये विश्वासघात से उत्तेजित हो उठी है।

मलय के सैनिकों में असन्तोष फैल गया है। कश्मीर के योद्धाओं में विरोध भड़क उठा है। और सिन्धु तथा पारस के सैनिक-अधिकारी और प्रजा यह सोच कर उतावले हो उठे हैं कि उनके राजा के साथ मलयकेतु ने बड़ा क्रूर व्यवहार किया है।

उनका व्यवहार विचारहीन है। मलयकेतु के शिविर में यह बात पूरी तरह

फैल चुकी है कि अविचारशील राजा प्रजा के विश्वास का केन्द्र नहीं होता। जनता के विश्वास के केन्द्र में जो राजा कल तक योद्धा था, आज वह स्वार्थी माना जाने लगा है।

अपने-अपने अधिकार की रक्षा के लिए शिविर के एक-एक राजा बैन हो उठे हैं। सेना में भय फैल रहा है।

जो लोग, मलयकेतु के व्यवहार से आहत होने के बाद अपने देश लौट गये हैं, वे इस बात की कोशिश कर रहे हैं कि इस राजा के दम्भ को पराजित करना है।

बचे हुए कुछ एक अनुयायी इस भय के शिविर में अकेले पड़ गये हैं। उन्होंने संशय की इस घड़ी को अपने अकेलेपन में पूरी तरह पहचान लिया है। अपने प्राण और राज्य पर आये हुए संशय को समझ कर कुछ लोग शिविर से बाहर चले गये हैं। वे अपने देश लौट चुके होंगे।

शत्रु अपने ही घर में निर्बल हो उठा है। अपनी ही भ्रम की दुनिया में वह कैद कर लिया गया है। उसके साथ रहने वाले लोग, राज्य पर रहने वाले संशय को समझ कर सतर्क हो उठे हैं।

भद्रभट्ट सजग है। पुरुषदत्त चौकन्ना हो उठा है। हिंगुरात उत्साह में सोच रहा है। बलगुप्त हारे हुए राजा के ऊपर कड़ी निगरानी रख रहा है। राज सेन, भागुरायण, रोहिताक्ष और विजयवर्मा, जो भी मलयकेतु के शिविर में अपने-अपने पद पर कार्यशील थे, सभी इस निर्बल राजा के विरोध में खड़े हो गये हैं। और इन लोगों ने मलयकेतु को अपने ही शिविर में बन्दी बना लिया है।

चाणक्य की नीति में अपार मोह था। और मोह में आँखें अन्धी हो जाती हैं। मति काम नहीं करती। मलयकेतु अपने ही मोह के शिविर में राक्षस को अपने से दूर कर स्वयं असहाय हो उठा है। यही सन्देश है, जो मैं चन्द्रगुप्त को देने जा रहा हूँ।

सुसिद्धार्थक मोह की इस लड़ाई में निगृहीत मलयकेतु के बारे में सोच रहा है। अपने ही घर में बन्दी राजा, अपनी ही भूलों का दास हो जाता है।

लेकिन प्रजा में चर्चा कुछ और है। लोग यह जानते हैं कि भद्रभट्ट, हिंगुरात, पुरुषदत्त, भागुरायण आदि महाराज चन्द्रगुप्त से विरक्त हो चुके थे। और विरक्त आदमी के लिए उस राज्य में कोई स्थान नहीं रह गया था। वे अपने स्वार्थ के नये क्षेत्र की तलाश में मलयकेतु के पास आये थे। और उन्होंने मलयकेतु का आश्रय स्वीकार किया था।

क्या जनता में फैली हुई यह अफवाह गलत है? क्या किसी अधकचरे कवि ने जिन्दगी के इस प्रहसन को छिछले रूप में ही ग्रहण किया है? क्या यह सन्देह

लोगों के मन में पैदा नहीं होगा कि ये लोग आरम्भ में स्वाथी, लम्पट और विलासी कह कर अपमानित किये गये हैं, और एकाएक जिन्दगी की लड़ाई के आखरी दौर पर इन्हें योद्धा, कूटनीतिज्ञ और प्रति-उत्पन्नमति का व्यक्ति सिद्ध किया जा रहा है।

सिद्धार्थक ने जो कुछ बताया है, उसे मैं समझ रहा हूँ। केवल अफवाहों से प्रारम्भ की और अन्त की दूरी कम नहीं होती है। और प्रचार से चाणक्य की गतिविधि को परखा नहीं जा सकता है। उनकी नीति और उनके चरों की सफलता का निर्णय नहीं किया जा सकता है। चाणक्य की नीति दैव की गति की तरह अजानी होती है। और जिस नीति की गति को ज़ाना नहीं जा सकता, अटकल लगाना या उसे रोकना मेरे अधिकार के बाहर है।

मैं यह जानना चाहता हूँ कि आचार्य क्या कर रहे हैं? सिद्धार्थक ने यह बताया है कि अपने ही अधीन सेवकों के हाथों बन्दी बनने के बाद, मलयकेतु यह समझ चुका है कि उसकी पराजय उसके सामने खड़ी है।

आचार्य चाणक्य ने उसकी सेना में फैले हुए असन्तोष और विरोध की सर्तकता को पूरी तरह पहचान लिया था। बहुत बड़ी सेना के साथ वे शिविर को अपने अधिकार में कर चुके हैं।

राजाओं से शून्य शिविर खाली खंडहर की तरह बिखरा हुआ है।

जो बचे-खुचे लोग भ्रम की इस लड़ाई में उनकी सेना के सामने विरोध में खड़े हो रहे हैं, वे भी एक के बाद एक हारते जा रहे हैं।

मलयकेतु की सम्पूर्ण सेना पर आचार्य चाणक्य ने अधिकार कर लिया है। सिद्धार्थक बता रहा है कि युद्ध के घमण्ड में मदमस्त हाथी बादलों की तरह झूम रहे थे। और उनके गर्जन से चारों दिशाएँ काँप उठी थीं।

कोड़े लगने के भय से घोड़े कम्पित हो उठे थे। उनके कुशल सवार युद्ध में अपने चपल घोड़ों से खेल रहे थे।

लेकिन मैं युद्ध के इस खेल से चाणक्य की पहचान नहीं कर रहा हूँ। मेरे मन में संशय है कि जिस व्यक्ति ने कौमुदी महोत्सव के समय चन्द्रगुप्त से मतभेद के बाद अपना अधिकार त्याग दिया था, उस त्यागे हुए मद को आचार्य ने फिर से ग्रहण क्यां किया?

सिद्धार्थक मुझे यह बताना चाहता है कि यह मेरे मन का भोलापन है। यह प्रश्न नहीं है। प्रश्न का एक बहाना है। अमात्य राक्षस भी चाणक्य की जिस बुद्धि की थाह नहीं गा सके, उसे मेरे जैसा भोला भाला देहाती कहाँ तक समझ सकता है?

लेकिन अचानक अमात्य राक्षस की बात क्यों पैदा हो गयी? पता नहीं वह आदमी कहाँ होगा?

सिद्धार्थक का सन्देश यहाँ भी मेरे भ्रम का उच्छेद कर रहा है। उसने बताया है कि जब मलयकेतु के शिविर में चारों ओर कोलाहल फैल रहा था, जब युद्ध प्रलय की तरह अपनी सहस्र भुजाओं से तोड़ने और नष्ट करने की लड़ाई चला रहा था, अमात्य राक्षस उस समय इस बात की कोशिश कर रहे थे कि इस प्रलय, इस सामूहिक विनाश के बाहर निकल कर वे नयी जिन्दगी के लिए रास्ता तलाश कर सकें।

मलयकेतु के शिविर से वे निकल पड़े थे। उन्दर नामक चर उनके पीछे सतर्कतापूर्वक चल रहा था। अमात्य राक्षस कुसुमपुर में पहुँच गये हैं। उन्दर ने यही सन्देश आचार्य चाणक्य से निवेदित किया है।

मेरा मन शंकाओं की इस भूल भुलैया में फिर उलझता जा रहा है। नन्द के राज्य को अपने पुरुषार्थ से अपने अधिकार में करने वाला प्रयत्नशील राक्षस फिर कुसुमपुर में क्या करने आया है?

उसके प्रयत्न चाणक्य की नीति के हाथों असफल हो चुके हैं। उसे एक दिन इसी तरह कुसुमपुर छोड़ने को बाध्य होना पड़ा था और आज उसी कुसुमपुर में वह कर क्या रहा है?

सिद्धार्थक का अनुमान है कि चन्दनदास के प्रेम के कारण वह कुसुमपुर में अपने भविष्य की दिशा तलाश रहा है। यह ठीक है कि चन्दनदास का उससे गहरा स्नेह है, लेकिन क्या इस प्रलय में, इस विनाश के फैले हुए युद्ध के बीच चन्दनदास बचा हुआ होगा?

सिद्धार्थक ने ठीक ही कहा है कि उस अभागे चन्दनदास का छुटकारा नामुमकिन है। शीघ्र ही उसे हम दोनों मिल कर वध स्थल पर ले जायेंगे। और वहीं उसे मार डाला जायेगा।

लेकिन मैं जल्लाद नहीं हूँ। आचार्य के पास क्या और कोई व्यक्ति नहीं रह गया था? क्या वे इसी तरह मुझे आघात पहुँचाना चाहते हैं? उन्होंने क्या आघात पहुँचाने के लिए ही ऐसे नीच कार्य में मेरी नियुक्ति की है?

तर्क या आत्म-विवेचन का समय नहीं है। जीवन अरक्षित है। इच्छाओं पर कठोर नियन्त्रण है। और इस संसार में साँस लेने वाला व्यक्ति चाणक्य के प्रतिकूल सोचने की भी हिम्मत नहीं कर सकता है।

सिद्धार्थक ठीक ही कहता है। अब चाण्डाल का भेष ही धारण करना पड़ेगा। जिसकी अपनी कोई पहचान नहीं होती, उस पर कोई भी भेष चढ़ा दिया जाये, कोई अन्तर नहीं आता है।

अब चाण्डाल ही होकर रहना है।

वध का स्थान ही अब अपना घर है।

अभी चन्दनदास को वध स्थान पर ले जाना है। उसके बाद शायद यही काम अपने हक में हो। शायद बध स्थल और चाण्डाल की भूमिका ही अपनी भूमिका हो।

सिद्धार्थक के साथ सुसिद्धार्थक, चन्दनदास को वध स्थल तक ले जाने के लिए जाता है।

16

अमात्य राक्षस चिन्ताग्रस्त सोचते हैं–

सक्रिय राष्ट्र अपने स्वाभिमान के लिए सतर्क होता है, लेकिन राष्ट्र की हीनता आदमी को लाचार बना देती है। उसी हीन राष्ट्र का मैं भगोड़ा व्यक्ति हूँ। मेरा पुरुषत्व हीन हो चुका है। मेरा व्यक्तित्व लांछित हो चुका है। मेरी आकृति अधूरी है। आँखों में आँसू भर कर भागते रहने से आदमी की हीनता मिट नहीं जाती है।

मेरा आश्रय नष्ट हो चुका है। और आँखों में आँसू भरा हुआ व्यक्ति कातर होता है। और मेरी स्थिति कातर व्यभिचारिणी स्त्री की तरह है, या मैं स्वयं अपनी भी अर्जित की हुई राज्यश्री के अधीन अपने पुरुषार्थ को खो चुका हूँ।

और पुरुषार्थ खोया हुआ व्यक्ति, खोई हुई राज्यश्री को व्यभिचारिणी स्त्री की तरह लांछित करता है। वह अपनी असमर्थता को दूसरों के सर मढ़ देता है।

स्त्री निर्जीव नहीं होती है। राजसत्ता जड़ हाथों का खिलौना नहीं है। उसके संचालन के लिए वंशोद्भव पुरुष आवश्यक है। मैं उद्भव से हीन हूँ। जिसका राज्य नहीं है, राजा सन्देह के व्यूह में आबद्ध हो चुका है, उसके वंश की वृद्धि का सवाल ही नहीं उठता।

मलयकेतु के शिविर की राज्यश्री अब समर्थ पुरुष की तलाश में मेरी ही तरह भटक रही है।

जो कभी मुझमें अनुराग रखते थे, उन्होंने ही मुझे अपमानित किया। जिसके बल पर मैं सत्ता का कार्य-भार देख रहा था, उन्होंने ही मेरा अहित किया।

जनता अनुराग का परित्याग करती है। वह पूर्ववर्तियों का अनुसरण करती है। वह सामर्थ्यवान पुरुष के साथ राज्यश्री का सम्पर्क चाहती है।

मेरे प्रयत्न असफल हुए। मेरे विश्वस्त पुरुषों ने ही मेरे कार्यभार की उपेक्षा की। अब यह सब कातर आदमी का पश्चाताप है। सिर कटे हुए हाथी की तरह

मैं अब उपेक्षित हूँ। लेकिन क्या मेरे पीछे उपेक्षितों की एक बहुत बड़ी संख्या संशय के इस संसार में भटक नहीं रही है?

क्या किसी योग्य व्यक्ति के अभाव में या किसी कुशल नेता के अभाव में मेरा राष्ट्र स्वयं को उपेक्षित नहीं महसूस कर रहा है?

जिनका चरित्र ऊँचा था, जिनका वंश श्रेष्ठ था, जो पुरुषों में अद्वितीय थे, उन महाराज नन्द का परित्याग करके राज्य की श्री आज चरित्रहीन हो उठी है। उसके चरित्र की रक्षा करने वाला कोई पुरुष सिंह नहीं है।

योद्धा अपनी-अपनी सुरंगों में छिप गये हैं। और अपनी सम्पदा के अजस्र स्रोत के साथ राज्य की सम्पत्ति कपटपूर्वक चन्द्रगुप्त के अधीन है।

चन्द्रगुप्त ने न केवल उसके साथ कपट किया है बल्कि वह ढीठ भी है। और शूद्र की ढीठता के आगे चरित्रहीन लक्ष्मी चन्द्रगुप्त के अधीन स्थिर हो गयी है। उसकी व्यवस्था आज स्थिर है। उसकी सम्पत्ति का विकास व्यवस्थित ढंग से हो रहा है।

केवल मैं अपने दृढ़ प्रयत्नों में असफल होता हुआ, अब दुर्दैव को ही अपना शत्रु समझने लगा हूँ। क्या चाणक्य को कोसने से इतिहास के दोषपूर्ण निर्णयों को बदला जा सकता है?

महाराजा नन्द का स्वर्गवास हो चुका है। उनके सामने एक अदना-सा ब्राह्मण, अपनी उद्‌दंडता से एक वंश को ही नष्ट कर चुका है। नन्दवंश की तबाही के बाद, मैंने पर्वतेश्वर का आश्रम ग्रहण किया था, लेकिन मेरा वह प्रयत्न भी, उनकी आकस्मिक मृत्यु से असफल सिद्ध हुआ।

आज भी मुझे लांछित किया जाता है कि मैंने विषकन्या का प्रयोग करके उन्हें मरवाया है। मैंने इस लांछन के विरोध में अपने पुरुषार्थ का प्रयोग किया। मैंने नये स्तर पर छोटे राजाओं से सन्धि की। और आज मैं अपनी ही सन्धियों में, अपने ही प्रयत्न के बीच असफल योद्धा बन गया हूँ।

शायद कौटिल्य जैसा साधारण ब्राह्मण ही नन्दवंश का बैरी नहीं है, भाग्य स्वयं नन्दवंश को नष्ट करने की कोशिश कर रहा है।

हीन व्यक्ति विचारों की सँकरी भूमि पर खड़े रहते हैं। मलयकेतु की बुद्धि उसके विपरीत कार्य कर रही थी। जब मैं विचारों की लड़ाई में व्यस्त था, उनकी बुद्धि विचारों की इस गहरी टक्कर से खाली पड़ गयी थी।

और शून्य में कुछ भी भरा जा सकता है। मूढ़ता और अज्ञानता उन खाली दरारों में भर गयी थी। मलयकेतु अपने ही विचारों की भूमि में दरिद्र हो उठे थे। यह दरिद्रता चिन्तन की दरिद्रता थी। वे मुझ पर सन्देह करने लगे थे।

जो स्वामी के विपक्षियों को समूल नष्ट करना चाहता हो, उसकी सेवा पर वे सन्देहशील हो उठे थे। अपनी मूढ़ बुद्धि से वे यह नहीं सोच सके थे कि स्वामी के शत्रु से मैं किस तरह सन्धि करने को तैयार हो सकता हूँ। लेकिन शायद दुर्दैव उनकी बुद्धि को पहले ही कुंठित कर चुका था। और कुंठित व्यक्ति विवेकहीन हो उठता है।

मैं विपक्ष का योद्धा रहा हूँ। राज्यों का सौदागर मैं कभी नहीं रहा। मैं मर जाऊँगा। अपने आपको नष्ट कर दूँगा। लेकिन चन्द्रगुप्त के साथ सन्धि कभी नहीं करूँगा।

मेरी प्रतिज्ञा अधूरी रह गयी। मेरा मन उस अधूरी प्रतिज्ञा के आधे रास्ते पर आज भी भटक रहा है। मैं अपनी प्रतिज्ञा के लिए आज भी स्वयं को कलंकित समझ रहा हूँ। लेकिन यह कलंक मेरे विश्वास का एक अधूरा युद्ध है, जो अभी लड़ा नहीं गया। मैंने शत्रु के द्वारा प्रतारणा स्वीकार नहीं की है। शत्रु के हाथों अपमान सह कर मैं कुंठित नहीं रहना चाहता।

आज जिस भूमि पर खड़ा हूँ, कभी यहाँ महाराज नन्द का प्रभाव था। उनका उत्सव हुआ करता था। कुसुमपुर के पास की यह भूमि महाराज का आखेट स्थल थी। इस स्थान पर वे प्रत्यंचा खींचते थे। प्रत्यंचा खींचने के कारण उनके घोड़े की लगाम ढीली हो जाती थी। महाराज ढीली लगाम को कसकर पकड़े रहते थे। घोड़े को तेज दौड़ा कर वे अत्यंत चंचल हो उठते थे। उनकी चंचलता, उनके लक्ष्य को बड़ी कुशलता से बेध देती थी। वे कुशलता से तीर छोड़ते थे।

यहीं खुले उद्यान की श्रेणियों में बैठ कर उन्होंने अनेक छोटे-बड़े राजाओं के साथ तात्कालिक समस्याओं पर विचार-विमर्श किया है।

आज न यहाँ अत्यन्त चंचल योद्धा हैं। न कुशल तीरंदाज हैं। न तेज घोड़े हैं। विचार-विमर्श करने वाले समानधर्मा राजा नहीं हैं। आज सब कुछ उजड़ गया है। कुसुमपुर की भूमि उत्सवहीन है।

मैं अपने ही प्रयत्नों की असफलता से आहत होकर यहाँ अकेला खड़ा हूँ, और पश्चाताप कर रहा हूँ। शायद मेरे सामने पश्चाताप ही अनिवार्य हो उठा हो।

मैं आज भाग्यहीन और हताश व्यक्ति हूँ। मेरे पास कोई ठाँव नहीं है। सारी दिशाएँ बंध्या हो उठी हैं। 'किम करोमि क्व गच्छामि।' क्या करूँ और कहाँ जाऊँ? तत् खलु क्व गच्छामि मन्द भाग्य।

मैं इस जीर्ण उद्यान को देख रहा हूँ। मेरा मन खुद टूट-फूट चुका है। अपना अंश जीवित है। मित्र, पत्नी, पुत्र तीनों ही विपत्ति के समय में अपनी परख से मुझे यह आश्वासन दे रहे हैं कि अभी आशा बलवती है। अभी भविष्य शेष है।

मैं चन्दनदास का वृत्तान्त जानना चाहता हूँ। लेकिन चन्दनदास के वृतान्त के मूल में मेरी ही अधूरी कथा है। मैं एक साथ अनुकूल और प्रतिकूल अवस्थाओं में घिर गया हूँ। एक कदम आगे बढ़ता हूँ, और दो डग पीछे की ओर। क्या यह अस्थिरता उस व्यक्ति की अस्थिरता नहीं है, जो अनुमान अपने परिणामों के बारे में आशा भरी दृष्टि से लगाता रहा, और प्रयत्न के रूप में असफल होता रहा।

कभी इस नगर में नागरिक उँगलियाँ उठाकर मेरी ओर आशा से देखते थे। हजारों राजाओं से मैं घिरा रहता था। मैं स्वयं कुसुमपुर के नवोदित चन्द्रमा के समान नागरिकों का प्रिय अधिकारी था। कुसुमपुर में मैं राजाओं की तरह निकलता था।

आज अपने प्रयत्न की असफलता पर पश्चाताप करते हुए मैं उसी नगर में चोर की तरह अपने व्यक्तित्व को सिकोड-समेट कर इस बात की चेष्टा कर रहा हूँ कि कोई मुझे पहचान न ले। कोई मेरे डरे हुए व्यक्तित्व को देख न ले।

मैं चुपचाप इस जीर्ण उद्यान में आया हूँ। पेड़ की डालें सूख चली हैं। लताएँ भूमि पर गिर गयी हैं। विशाल जलाशय सूखा हुआ है। और मैं अपने चोर व्यक्तित्व को नगर की आँखों से बचाने की हरचन्द कोशिश कर रहा हूँ।

कल तक इस उद्यान की शोभा जिस प्रासाद के आधीन थी, आज वह प्रासाद शत्रु के हाथ में है। जीर्ण उद्यान अपनी सुन्दरता खो चुका है। नन्दकुल के समान सब कुछ विनष्ट हो चुका है।

मित्र वियोग में हैं मित्र के। सज्जन, सज्जन मनुष्य के अभाव को बुरी तरह महसूस कर रहे हैं। और यह तालाब मित्रों और सज्जनों की तरह खाली पड़ गया है। वृक्ष, कड़कती हुई बिजली के प्रहार से गिर गये हैं। क्या यह केवल बिजली का गर्जन था?

शायद, यह आघात एक ऐसी नीति का सांघातिक आक्रमण था, जो हरे-भरे उद्यान को एक ऊसर भूमि में परिवर्तित कर देता है।

चाणक्य की कुनीति ने इस भूमि को भी अनुर्वर बना दिया है। मूर्खों की बुद्धि कुछ भी कर सकती है।

वृक्ष उदास हैं। तीखे फरसों से जैसे बहुत कुछ उनका काट दिया गया हो। गीत गाने वाले पक्षी, अब उनकी शाखाओं पर अपने घोंसले नहीं बनाते हैं। उपेक्षा में कोई दयालु नहीं रह गया है।

सर्प निःश्वास छोड़ रहे हैं। और निःश्वास छोड़ने वाले साँप उजड़े हुए इस उद्यान में, अपनी केंचुली के वस्त्र से आच्छादित होकर भटक रहे हैं।

जिन वृक्षों पर कभी फूल आते थे, जो अपनी ऊँचाई में हवा से अठखेलियाँ करते थे, बादल जिनके कन्धों पर विश्राम करते थे, आज वे हरे-भरे वृक्ष, अन्दर से सूख गये हैं। कीड़े-मकोड़े उनके सूखे हुए शरीर में रेंग रहे हैं।

कल तक जिन वृक्षों की शिराएँ रस से भरपूर थीं, आज वे अपने ही विद्रूप पर आँसू बहा रहे हैं। पत्ते सूख गये हैं। अब इन मुरझाये हुए वृक्षों के पास उनकी छायाएँ भी सघन आत्मीयता से घुल-मिल कर नहीं बैठती हैं।

शायद मेरी ही तरह मेरी छाया भी मेरे विरोध में खड़ी हो गयी है। ये वृक्ष मेरी ही तरह विपदग्रस्त हैं। लेकिन आने वाली विपत्ति से इन वृक्षों के पास अब श्मशान में जाने का ही रास्ता रह गया है।

क्या मैं महाश्मशान में खड़ा हूँ? जिस भग्न शिलाखण्ड पर बैठ कर यह सब सोच रहा हूँ, वहाँ मेरे अनुकूल कुछ भी नहीं है। केवल प्रतिकूल दशा की उजाड़ बस्ती है। और अपने ही प्रयत्नों से बार-बार आहत होने वाला मैं विपद्ग्रस्त योद्धा हूँ।

अचानक शंख और वाद्य यन्त्र की आवाज सुनाई देने लगती है। नान्दी-नाद सुनायी पड़ रहा है। यह शंख और डंके से मिला हुआ नान्दी शब्द कहीं पास से ही आ रहा है। इसकी आवाज तीखी है। कानों पर यह तीखी आवाज कर्कश प्रहार कर रही है।

शायद यह मेरी अक्षमता, सामयिक अक्षमता हो चुकी हो। शायद, कुछ लोग मद अधिक छान गये हों। और अपने ही में बेहाल मदमस्त लोग हुल्लड़ मचा रहे हों। हो सकता है कि प्रासाद से शंख और पटह की मिली-जुली ध्वनि किसी नये मंगल नाद का उद्घोष कर रही हो।

हो सकता है, शब्दों में प्राण भर उठे हों। मुरझाए हुए शब्द प्राणवान हो उठे हों। वे कौतूहल से मनुष्य की तरह दिशाओं के विस्तार को आगे बढ़ कर नाप लेना चाहते हों।

नहीं, यह विस्तार अधूरा है। यह शब्दों की जीवन्तता, या मनुष्य के कौतूहल का क्षण नहीं है।

मैं यह सोच रहा हूँ कि यह राज-कुल के बीच आनन्द मनाया जा रहा है। मलयकेतु के पकड़े जाने पर सारा मौर्यकुल आनन्द-उत्सव से भर उठा है। और मैं अपने ही दुख की अकेली दुनिया में, अपनी पराजय की कहानी सुनने और देखने के लिए विवश हो उठा हूँ।

यह केवल दुख नहीं है। मेरी आँखों में आँसू केवल दुख के समय नहीं आते।

अनुभव के बीच से रास्ता खोजने वाले व्यक्ति को उनके प्रयत्न पराजित भी करते हैं।

और मैं शत्रु की धन-सम्पत्ति के बढ़ते हुए महत्त्व को देखने के लिए ही यहाँ भाग्य के हाथों विवश होकर पड़ा हुआ हूँ।

17

आचार्य चाणक्य के चर उन्दुर ने मुझे यहीं भेजा है। नगर का यह बाहरी खुला हिस्सा है, उजाड़ पुराने खण्डहर हैं। सूखा हुआ उद्यान है। और मैं फाँसी का फंदा हाथ में लिए हुए किसी कार्य की पूर्ति के लिए संलग्न हूँ।

उन्दुर ने यही स्थान क्यों चुना, मैं नहीं जानता। लेकिन यहीं, उसके अनुसार, अमात्य राक्षस से मुझे मिलना है। अपने हाथ में फाँसी के फन्दे को जब देखता हूँ तो भीतर से सुदृढ़ हो उठता हूँ। जैसे कमजोर दीवार को नयी खपच्चियाँ लगा कर गिरा दिया गया हो। मेरे भीतर मजबूत आस्था की दीवार खड़ी हो रही है।

यह सन्धि और विग्रह के गुणों की दृढ़ता, यह साम, दाम और दंड के उपायों का कठोर अनुशासन शायद एक परिपाटी है। लेकिन इस परिपाटी और छह गुणों के बीच में चाणक्य की नीति की मजबूत डोरी को देख रहा हूँ। इस मजबूत डोरी ने कठोर नियन्त्रण के साथ बिगड़ैल राजाओं को बाँध लिया है। और बँधे हुए पाश में ये राजा अपनी बिगड़ी हुई शक्ल, अपने उजड़े हुए राज्य और अपनी व्यवस्था की भूलों पर पश्चाताप कर रहे हैं। चाणक्य की नीति की डोरी हारना नहीं जानती। वह आगे बढ़ कर साम, दाम और दण्ड-भेद से बिगड़ैल लोगों को बाँध लेती है।

मैं वहाँ अमात्य राक्षस की तलाश में आया हूँ। मुझे चाणक्य की नीति की नये सिरे से खोज नहीं करनी है। हर आदमी चाणक्य को जानता है। लेकिन कौन अपने अंग को छिपाये हुए सिमटा-सिकुड़ा है, यह आदमी शायद राक्षस ही है। इस पुराने उद्यान के सूखें हुए वृक्षों के नीचे अमात्य राक्षस अपने आपको छिपा रहे हैं। लेकिन ऐसा व्यक्ति भेष बदल कर छिपता नहीं है।

उसे उसकी आँखें व्यक्त कर देती हैं। ये आँखें पुराने वृक्ष की तरह अनुभव-वृद्ध और ढीली हैं। अनुभव की डोर छह बार बाँटी जाने वाली रस्सी की तरह दृढ़ होती है। लेकिन मैं इस व्यक्ति की आँखों के जरिये इसकी कहानी

याद करने नहीं आया हूँ। यह खुद अब अपने प्रयत्न की असफलता को महसूस कर रहा है।

मैं यहाँ असफलता या सफलता के निर्णय के लिए नहीं आया हूँ। मुझे आचार्य चाणक्य की आज्ञा पूरी करनी है। लेकिन जब इस सिमटे-सिकुड़े हुए आदमी को उदास देखता हूँ तो अनायास इसकी कहानी याद आ जाती है। लेकिन अभी मुझे अपने गले में फाँसी का फन्दा डालना है।

मैं जानता हूँ, अमात्य राक्षस मुझे देख रहे हैं, वे मेरे ही बारे में सोच रहे हैं। वे सोच रहे हैं कि यह आत्महारा व्यक्ति मेरी ही तरह दुनिया के धक्के खाकर शायद हिम्मत हार चुका है।

वे मेरे पास सहानुभूति के, आत्मीय सम्बन्धों के नाते आते हैं और मुझसे यह जानना चाहते हैं कि मैं मनुष्य की इस अमूल्य देह को नष्ट क्यों कर रहा हूँ?

मैं अपनी आँखें गीली कर लेता हूँ। अपने आपको दुखी बनाने के लिए आँखों में आँसू अनिवार्य होते हैं। मैं स्वयं को मन्द-भाग्य मानता हूँ। और अपने मित्र के दुख का शोक प्रकट करते हुए यह स्वीकार करता हूँ कि मित्र के दुख में अब केवल आत्महत्या करना ही मेरे लिए एकमात्र कर्त्तव्य रह गया है।

मैं समझ रहा हूँ कि आत्महत्या के इस कर्त्तव्य से राक्षस की बेचैनी बढ़ गयी है। वे अभी आदमी पर विश्वास करते हैं। उनके मन में आदमी की अजेय यात्रा के प्रति अटूट विश्वास है।

वे मुझे अपने विश्वास में लेकर यह जानना चाहते हैं कि गुप्त और किसी विशेष कार्य के दबाव में यदि आप प्राण त्याग रहे हों तो बात अलग है। वे मुझसे मेरे प्राण त्यागने के कारण के सम्बन्ध में पूरी आत्मीयता से पूछ रहे हैं।

मेरे पास छिपाने योग्य कुछ नहीं है, लेकिन मैं स्वीकार कर लेता हूँ कि न तो आत्महत्या के मेरे कर्त्तव्य में कोई रहस्य है और न ही यह कोई बड़ी जिम्मेदारी के लिए आत्मोत्सर्ग है। मैं अपने सुहृद के विनाश से दुखित हूँ। मेरा चित्त टूट चुका है। मैं और समय अब व्यर्थ नहीं करना चाहता।

मुझे जिस बात का सन्देह था, यह व्यक्ति मेरे पुरुषार्थहीन कर्त्तव्य पर पूरी तरह दुख महसूस कर रहा है। और वह स्वयं अपने आपको अपमानित समझने लगा है।

आग्रह उस व्यक्ति का है और मैं यह बता देता हूँ कि इस नगर में मणियों का एक व्यापारी है। कुसुमपुर का यह व्यापारी जिष्णुदास एक प्रसिद्ध सेठ है। वही मेरा मित्र है।

मैं डबडबाई आँखों से अपने मित्र को याद करता हूँ। कल तक जो व्यक्ति

धनाढ्य था, आज वह निर्धन हो गया है। अपना धन उसने दान कर दिया है। और अब अपनी देह इस नगर से कहीं दूर जाकर अग्नि में अर्पित कर देना चाहता है।

यह जीर्ण उद्यान मेरे मित्र के इस सांघातिक दुख का साक्षी रहेगा। मैं अपने प्रिय मित्र के विषय में उस समय तक सोचते रहना चाहता हूँ, जब तक फाँसी का फन्दा बाँध कर मैं आत्महत्या नहीं कर लेता।

राक्षस की आँखों में अब एक और असाध्य पीड़ा का संकेत मिल रहा है। वे पूछते हैं, "क्या तुम्हारे मित्र की, अपने आपको अग्नि में जला देने की कामना अनिवार्य हो उठी थी? क्या वे किसी असाध्य महारोग से पीड़ित थे? क्या वे अग्नि और विष के समान भयंकर राजकोप से पीड़ित थे?"

इन सीधे सवालों का उत्तर मेरे पास यही है। मैं स्वीकार करूँ कि बात न तो व्यक्तिगत महारोग की यातना की थी और न ही चन्द्रगुप्त के राज्य में नृशंस प्रवृत्ति ही पाई जाती है।

मित्र के रूप में मिले हुए राक्षस के इस सवाल पर मैं अचानक ठठाकर हँस पड़ता हूँ। उन्होंने पूछा है–"क्या आपके मित्र किसी ऐसी कामिनी में अनुरक्त रहे हैं जो उनके लिए अलभ्य थी?"

मैं इसे अपनी मुस्कराहट के बाद एक असंगत प्रश्न समझ कर उड़ा देता हूँ। मैं यह स्पष्ट कर देता हूँ कि मेरा मित्र विनयशील वैश्य रहा है। वह विषयी और विलासी नहीं है। और व्यापारी के लिए अलभ्य कुछ नहीं होता।

मैं उनके इस प्रश्न के उत्तर में एक बार सोचता हूँ, और स्वीकार कर लेता हूँ कि प्रिय मित्र का विनाश ही उनकी मृत्यु का कारण है।

मेरे मुँह से 'प्रिय मित्र' शब्द सुनकर वे जिष्णुदास के मित्र चन्दनदास की याद करने लगते हैं। वे मित्र के प्रति अनुरक्त लगते हैं। भीतर ही भीतर वे व्याकुल हो उठे हैं। वे उस चरित्र को, जो मित्र के प्रति सदय होता हो, 'पवित्र चरित्र' कह रहे हैं।

दत्तचित्त होकर वह आदमी अब मेरी कथा सुन रहा है। उसकी आँखें मुझ भाग्यहीन व्यक्ति पर अटकी हैं। कुसुमपुर का मणियों का व्यापारी सेठ चन्दनदास बड़ा मित्र वत्सल रहा है। जिष्णुदास का वह परम मित्र है।

मैं महसूस कर रहा हूँ कि मेरा 'परम मित्र' शब्द इस व्यक्ति को गहरे आघात पहुँचा रहा है। उसके आहत हृदय के लिए मेरी कथा शोक का वज्रपात साबित हो रही है।

मैं उसकी आँखों में झाँकते हुए अपनी कथा आगे बढ़ाता हूँ। जिष्णुदास ने मित्र की भाँति चन्द्रगुप्त से बहुत विनय की। उन्होंने यहाँ तक कहा कि मेरे घर

में जो कुछ कुटुम्ब के पालन के लिए द्रव्य रह गया है, वह सब कुछ ले लें, पर मेरे मित्र चन्दनदास को छोड़ दें।

चन्द्रगुप्त ने उनसे साफ-साफ बता दिया, ''हमने धन के लिए चन्दनदास को दण्डित नहीं किया है। इसने अमात्य राक्षस का कुटुम्ब अपने घर में छिपा रखा है। हमने इससे राक्षस के कुटुम्ब की बार-बार माँग की, लेकिन इसने हमारी बात पर ध्यान नहीं दिया। आज भी यदि वह अमात्य के परिवार को हमें सौंप दे, तो प्राणदण्ड से मैं उसे मुक्त कर सकता हूँ।

''व्यवस्था के विरोध में किया हुआ आचरण मेरे क्रोध को शान्त नहीं कर सकता। दूसरे लोग भी इस तरह व्यवस्था के विरोध में शत्रु का हाथ मजबूत कर सकते हैं। मैं लोगों को इस बात की छूट देने को तैयार नहीं हूँ। मैंने उसको वधस्थल पर भेज दिया है।''

मेरी कथा अधूरी ही रह गयी है, लेकिन वह आदमी अपनी ही चिन्ताओं में उलझ गया है। वह सोच रहा है कि आज धन के लालच में पुत्र पिता की उपेक्षा करता है। पिता पुत्र का शत्रु हो जाता है। आत्मीय मित्र एक दूसरे का त्याग कर देते हैं। लेकिन एक प्रसिद्ध व्यापारी उसी धन की उपेक्षा कर रहा है।

मैं जानता हूँ, व्यापारी का स्वाभाविक गुण कृपणता होता है। वह धन का लालची होता है। और यहाँ चन्दनदास धन को ठुकरा कर अपने प्राण से हाथ धो रहा है। आज भी उसे मित्र के परिवार को सौंपने के लिए डराया और धमकाया जा रहा है।

राक्षस अचानक हर्ष से भर उठता है। चन्दनदास जीवित है। उसका मित्र शरणागत की रक्षा करने के लिए उद्यत है।

वह मुझसे यह स्वीकार करता है, ''तुम शीघ्र जाकर जिष्णुदास को जलने से रोको और मैं अभी चन्दनदास को छुड़ाता हूँ।''

मैं पूछता हूँ, ''चन्दनदास को छुड़ाने का उपाय आपके पास क्या है?''

राक्षस म्यान से खड्ग खींच लेता है। उसके पास वीरता का एक ही अस्त्र है। वह अपने दुखी मित्र को इसी से मुक्त कराना चाहता है।

वह स्वीकार करता है कि निर्मल आकाश, मेघों के अभाव में आकर्षक लगता है। रण के बीच ही आदमी पुलकित होता है। स्नेह की परीक्षा के समय, आदमी उत्सर्ग करना जानता है। अधिकार से ही कोई व्यक्ति संग्राम की भूमि पर खरा नहीं उतरता है। युद्ध की कसौटी शक्ति है। और मेरा खड्ग मित्र के अनुराग के लिए सन्नद्ध है। मेरा पुरुषार्थ मित्र के अनुराग और उसकी विवशता के प्रति उत्साह से उबल पड़ा है, भड़क उठा है।

मैं उस व्यक्ति के दबे-सिमटे व्यक्तित्व में एकाएक तेजस्विता की चिनगारी फूटते हुए महसूस करता हूँ।

लेकिन मेरे सामने कठिनाई व्यवस्था की है। व्यवस्था के विरोधी को, अपने अधिकार से छुड़ाने वाले व्यक्ति को बुरे परिणामों का सामना करना पड़ता है।

मैं उस व्यक्ति का पैर छूता हूँ। मैं पूछता हूँ, "क्या आप सुगृहीत नामधेय अमात्य राक्षस ही हैं?"

मेरे इस सन्देह भरे प्रश्न के उत्तर में वे स्वीकार करते हैं, "स्वामी के कुल के विनाश से दुखी रहने वाला मैं ही अमात्य राक्षस हूँ। अपने परम मित्र के विनाश का कारण भी मैं ही हूँ। मैं ही अनार्य राक्षस हूँ।"

मेरे आनन्द और मेरी अपने प्रति श्रद्धा को राक्षस स्वीकार करते हैं।

खड्‌ग खींच कर राक्षस रण के लिए उद्यत हो उठा है। वह इस चिन्ता में इधर-उधर टहल रहा है कि युद्ध की शुरुआत किस तरह की जाये।

मैं राक्षस से विनती करता हूँ, "चन्द्रगुप्त दुष्ट है। उसने शकटदास के वध की इसके पहले आज्ञा दी थी। लेकिन किसी षड्‌यन्त्र के अधीन न जाने किस व्यक्ति ने शकटदास को छुड़ा लिया था, और शकटदास परदेस भाग गये।

"आर्य शकटदास के वध में चन्द्रगुप्त को धोखा खाना पड़ा था। क्रोध से वे उस समय तमतमा उठे थे। प्रमाद में उन्होंने उन बधिकों को ही मार डाला था।

"तबसे किसी को बध-स्थल में शस्त्र खींचे हुए देख कर लोग उसे अपराधी समझने लगते हैं। किसी को भी बध-स्थान में ले जाते समय मार्ग में कड़ाई की जाती है। और अगर किसी ने शस्त्र खींचने की कोशिश की तो ऐसे अपराधी को बीच में ही तुरन्त मार डाला जाता है।

"भय से लोग अब स्वयं अपराधी बन चुके हैं।

"आपके इस ओजस्वी रूप को देखकर हो सकता है, चन्दनदास की मृत्यु और शीघ्र हो जाय। ऐसा काम जितनी देर टाला जा सके, उतना ही अच्छा है।"

मैं जल्लाद और शस्त्र-धारण करने वाले पुरुष को नहीं जानता। लेकिन मेरा जीवन केवल सतर्क आँखों से चारों ओर देखने में बीता है।

मैं सतर्क आँखों से अपनी सीमाओं का विश्लेषण करता रहा हूँ।

मुझे लगता है कि अमात्य राक्षस मुझसे जो कुछ कहना चाहते हैं, वह उनकी वीरता के आवेश में व्यक्त नहीं हो सका है। मेरे सतर्क रहने के सवाल पर शायद वे अपने आपको बध-स्थान पर जाने से रोकना चाहते हों। लेकिन अपने मित्र चन्दनदास के वध की बात उनके लिए असह्य है।

मैं जा रहा हूँ। यह उजड़ा हुआ उद्यान, यह खंडित शिला और यह सूखी वाटिका सब के बीच अमात्य राक्षस शायद अपनी पहचान करना चाहें। शायद वे अपने प्रयत्नों पर सोचना चाहें।

× × ×

और अमात्य राक्षस सोच रहे हैं—यह पुरुष आत्महत्या करने आया था या केवल शकटदास की तरह, मेरे पास शत्रु की ओर से पहुँचा दिया गया था।

शायद मुझ पर आघात करने वाले हाथ, मेरी रक्षा करने वाले हाथों से अधिक सतर्क हैं। लेकिन मेरी रक्षा मेरे अनुयायियों ने कभी नहीं की। मैं यहाँ भी इस ऊसर क्षेत्र में अकेला हूँ।

मेरी नीति यह स्वीकार करने को बाध्य हो चुकी है कि अब तक मैं जिस युद्ध में पूरी चेष्टा से लड़ रहा था, वह लड़ाई दो योद्धाओं की परस्पर शत्रुता नहीं थी। यह लड़ाई भेद-नीति की लड़ाई थी।

और चाणक्य का नीति-मार्ग सहज नहीं है। मेरा लम्बा जीवन इस दुर्भेद्य मार्ग पर बार-बार आघात सहता रहा है।

शत्रु की सम्मति से शकटदास मेरे पास पहुँचाया गया था। लेकिन मेरा मन अभी भी संशय के भँवर में विचलित हो उठा है। यदि शकटदास को शत्रु ने मेरे पास भेजा था तो उसने उन लोगों को क्रोधपूर्वक क्यों मरवा दिया, जो असहाय भी नहीं थे, सिर्फ घातक व्यक्ति रहे हैं।

क्या मेरे चारों ओर छल ही छल घिरा हुआ था? और इस छल के भीतर शकटदास, महाराज नन्द के विरोध में क्यों प्रयत्नशील था? उसके प्रयत्न कुत्सित थे। वह मेरी मुद्राओं का मनमाना उपयोग कर रहा था। अपनी हस्तलिपि में वह नये षड्यन्त्र रच रहा था।

मैं आज तक उलझा हुआ हूँ। तर्क-वितर्क में मेरी बुद्धि कोई निश्चय नहीं कर सकी है। लोग मुझे मेरे कर्त्तव्य से उदासीन कर देना चाहते हैं। अभी जो पुरुष आत्महत्या की कोशिश कर रहा था, क्या वह भी मुझे चन्दनदास की रक्षा से उदासीन करना चाहता था? क्या वह चाहता था कि मैं समय पर शत्रु के विरुद्ध शस्त्र धारण न करूँ?

नीति समय बीतने पर फलदायिनी होती है। लेकिन मैं नीति पर ही अपना पूरा लम्बा मार्ग पार करता आया हूँ। और मेरे प्रयत्न, मेरे विपक्ष के हित में सफल

हुए हैं। मैंने अपने ही हाथ से अपना अहित किया है। नीति का आश्रय ग्रहण कर मैं भविष्य के अँधेरे कक्ष में और नीचे उतरना नहीं चाहता हूँ।

मेरे सामने विपत्ति का सम-सामयिक सत्य है। और इस सत्य के युद्ध में मुझे मित्र के प्रति उदासीन नहीं रहना है।

विपत्ति और आघात के समय आदमी अपनी सामर्थ्य की परीक्षा लेता है। मैंने निश्चय किया है और मैं अपने निश्चय पर दृढ़तापूर्वक उचित कार्य करना चाहता हूँ। मित्र की मुक्ति ही मूल्यवान होती है।

18

अपनी विडम्बना ही अपनी पहचान है। संकट के समय आदमी तनाव और दबाव में जब पोशाकें पहन कर अपनी पहचान बनाये रखने की कोशिश कर रहा है, या छल करते हुए खुद को योद्धा, अभिनेता, सम्पन्न और नीतिवान समझ रहा है, मैं चाण्डाल की वेषभूषा में अपने कुल से सम्बन्ध तोड़ चुका हूँ।

वैभव की रक्षा के सारे साधनों से मैं खाली पड़ चुका हूँ, और मेरा प्रयत्न केवल अपनी विडम्बना को कायम रखने का है।

लोग अब दूसरों की नकल कर रहे हैं और नकल करने वाला आदमी इस पूरे आर्यावर्त से और इस अपने कुसुमपुर से पोशाकों की प्रदर्शनी में खड़ा होकर अपना मजाक बना रहा है।

मैं चाण्डाल की तरह मजाक बनने के लिए, अपनी अस्मिता को परख रहा हूँ।

क्या उन्माद में मत्त रहने वाली सम्वेदना ही अपनी है? क्या घुटन और निराशा की मनःस्थिति ही अपना वास्तविक रूप है?

क्या आस्थाओं के संघर्ष में जो उच्च शिखर एक-एक कर टूट रहे हैं, वे अपनी भूमि पर फिर एक नया शिखर बन कर खड़े हो सकते हैं?

क्या कुल की मर्यादा ही आदमी को ऊँचा उठा सकती है?

क्या आर्य स्वयं एक रूढ़ि बन चुके हैं?

क्या व्यवस्था के साथ समझौते का एक दौर अभी समाप्त नहीं हुआ है?

क्या व्यवस्था मेरे जैसे आदमी के विद्रूप पर दबाव डाल कर ही कायम रह सकती है?

क्या आदमी के साथ खिलवाड़ करने वाला सिद्धान्त आदमी को इस तन्त्र में अपना अधिकार दे सकता है?

मैं लोगों से रास्ता माँग रहा हूँ। सम्मानित व्यक्तियों से मिन्नत कर रहा हूँ। मैं अपनी उपेक्षा के लिए और एक डग चलने के लिए संरक्षित पथ चाहता हूँ।

लेकिन चाहना यहाँ केवल उन्माद में बदल जाता है। और उन्माद में आज आदमी पागल हो सकता है। आत्महत्या कर सकता है, लेकिन अपने लिए एक डग आगे बढ़ने के लिए एक सुरक्षित पथ निर्मित नहीं कर सकता है।

मेरी विवशता ही अब मेरी विडम्बना बन चुकी है। मेरी निष्क्रियता ही मेरा कुचला हुआ मुख है।

भाइयो! आयो! माननीयो! सबसे दूर हटने के लिए चीख-चिल्ला रहा हूँ।

कुछ लोग मेरे घृणित कर्म से मुँह फेर कर दूर हट गये हैं।

कुछ अपनी मौत को मेरी तरह अपने करीब महसूस कर रहे हैं, और अपनी मौत से मिलने वाला आदमी यहाँ भौंचक-सा खड़ा है। उसका न कोई अतीत रह गया है, न भविष्य! मैं ऐसे आदमी से किसी भी भावना का परित्याग करने के लिए आग्रह भी नहीं कर सकता। वह स्वयं एक रिक्त घड़ा है, जिसका मुँह मिट्टी पर टिका है और धड़ आकाश की ओर।

आखिर, मैं लोगों से एक-एक डग आगे बढ़ने के लिए एक सँकरा मार्ग ही तो चाहता हूँ। निश्चित है कि जो एक सुई-भर जमीन देने में आनाकानी करते रहे हैं, वे मेरे लिए, एक सँकरा लेकिन मुक्त मार्ग कैसे छोड़ सकते हैं?

लोगों में अपने प्राण, अपने अस्तित्व, अपने विवेक, और अपने मस्तिष्क की चिन्ता है। लोग महसूस कर रहे हैं कि उनका प्राण हीन हो चुका है और प्राणों की यह हीनता उन्हें इस संसार में व्यर्थ बना रही है। लेकिन हीन प्राणों के अस्तित्व की व्यर्थता उस समय सतर्क हो उठती है, जब उस पर आघात पड़ता है। जब उसे जिन्दगी और मौत के बीच अन्तिम घूँट पीनी पड़ती है।

एक ओर जिन्दगी का पकवान है, और दूसरी ओर मौत की आखिरी घूँट। मुझे लग रहा है, जिनसे मैं आज हटने के लिए मार्ग चाहता हूँ, जिनसे मैं मिन्नत और आरजू कर रहा हूँ, वे स्वयं अपने प्राण को बचाने की हरचन्द कोशिश कर रहे हैं। लेकिन अन्त में उन्हें जब अपने हीन होने का बोध होता है, और वे मौत से डरते हैं तब वे मौत के आखिरी घूँट से भागने की हरचन्द कोशिश करते हैं और मौत की आखिरी घूँट, एक गुप्तचर की तरह उनका पीछा करती है। वे डरते हैं, वे भागते हैं, लेकिन उनके प्राण अपनी रक्षा नहीं कर पाते।

अकेला आदमी अपनी रक्षा कर भी नहीं सकता है। हीन प्राण व्यक्ति अकेला ही नहीं, दब्बू भी होता है।

धन के पीछे भागने वाले व्यक्तियों से मैं थोड़ी-सी जगह चाहता हूँ, लेकिन

वे कृपण हैं। और कृपण आदमी थोड़े से धन से दस गुना लाभ चाहता है और सोचता है कि धन की एक अटारी बन जाय, एक महल बन जाय सोने का। एक धौरहर हो हीरे का, रत्नों का। और उस पर साँप की तरह कुण्डली मार कर वह बैठा रहे।

राहगीर उसकी ओर देखें और दया की भीख माँगें। वह दाँत निपोरेगा और एक रोटी का टुकड़ा फेंक देगा और बदले में अपनी कीर्ति का एक टुकड़ा उसके दिल पर अंकित कर देगा। मुझे धन के इन सौदागरों से व्यवस्था की सेवा में मिन्नत करनी है।

लेकिन, मिन्नत करने से कोई अपनी हीरे की ऊँची कीर्ति धूल में नहीं मिला देता। उनके प्राणों से व्यवस्था को निपटना पड़ता है। व्यवस्था के विरोध में, धन के लोभी और हीरे के धौरहर के निवासी नहीं आते। उन्हें और ऊँचा हीरे का धौरहर बनाना है। सबसे ऊँचा धौरहर।

मैं कुलीन व्यक्तियों से एक उपेक्षित चाण्डाल मिन्नत कर रहा हूँ। माननीय व्यक्ति रास्ता दें, दूर हों।

लेकिन वे अपने से ऊँचे पद के अधिकारी का मुँह देख रहे हैं। उनके नीचे का अधिकारी उनका पैर देख रहा है। और उनके नीचे का अधिकारी इस बात के लिए लड़ाई कर रहा है कि कुलीनता जाति से नहीं आती, पैसे से आती है। और पैसे में वह अपने बड़े अधिकारी से अधिक सम्पन्न है। उसके पास हाथी हैं। घोड़े हैं। उनके नीचे, अधीन सेवकों की सेना।

इन लड़ने वाली श्रेणियों के कुलीन व्यक्तियों से, मैं पृथ्वी के विस्तार के लिए, थोड़ी-सी उदारता चाहता हूँ। लेकिन ये अपने आन्तरिक संघर्ष में बुरी तरह व्यस्त हैं।

मैं सबसे रास्ता माँग रहा हूँ। और सोच रहा हूँ।

और माँगते-माँगते थोड़ी खीझ भरी हँसी मेरे चेहरे पर उभर आयी है। मेरे गाल आधे मुस्करा रहे हैं और आधे मुरझाये हुए हैं। मेरी आँखें आधी खुश हैं और आधी निराश हैं।

मैं लोगों से यत्नपूर्वक एक ही बात कहना चाहता हूँ कि आँखें देखने के लिए होती हैं, दिमाग सोचने के लिए होता है और दिल महसूस करने के लिए होता है।

राजा का विरोध छोड़ कर कुछ भी करो। आँखों से देखो, दिल से महसूस करो, दिमाग से सोचो। लेकिन अपने प्राण और धन और कुल की रक्षा के लिए इस नयी व्यवस्था को पहचानते हुए यत्न करो। अपनी जगह पर ठहरे रहने का अब समय नहीं रहा।

अपने धन को जमीन में गाड़ कर मुस्कराने का समय नहीं है। अधिक बड़े विरोध के लिए, पूरे राष्ट्रीय उद्योग के लिए महसूस करते हुए, सोचते और देखने का यह समय है।

यदि आप लोग अपने जीवन, प्राण, स्त्री, कुल और वैभव की रक्षा चाहते हैं, तो इस बात का प्रयत्न कीजिए कि राज्य का अहित न हो। राज्य के अहित की भावना आपके दिल-दिमाग को बंजर न बना दे। आप प्रयत्नपूर्वक राज्य के अहित की भावना का परित्याग कर दीजिए।

व्यवस्था एक अच्छे वैद्य की तरह है। और आप जो दिल से रोगी हैं, दिमाग के रोगी हैं, और कुलीन संस्कारों के रोगी हैं आपसे मैं कुछ आग्रह कर रहा हूँ। अपथ्य भोजन के उपयोग से मुनष्य सुखी नहीं होता है। आप बीमार हैं। थोड़ा अपने पथ्य पर ध्यान दें। बीमार आदमी को ज्यादा पुष्ट पकवान मौत के पास पहुँचा देता है।

राजा के विरोध में रहने वाला व्यक्ति, अपने आपको ही नष्ट नहीं करता, वह अपथ्य का प्रयोग भी करता है। और अपने वंश का नाश भी अपने हाथों करने को विवश हो जाता है।

जो लोग धनी-मानी हैं, जो लोग कुलीन हैं, जो राजद्रोह के रोग से ग्रस्त हैं, उन्हें मैं यह बता देना चाहता हूँ कि यह वध-स्थान है, यह जुआ खेलने का अड्डा नहीं है। चन्दनदास सेठ यहाँ अपनी ही हठधर्मिता के कारण लाया गया है। उनका राग, राजद्रोह का रोग है।

आप डर कर जो पूछना चाहते हैं, उसका मेरे पास अब कोई उत्तर नहीं है। चन्दनदास की मुक्ति का काई उपाय नहीं है।

विरोध को वापस ले लेने वाला व्यक्ति अपनी मुक्ति के लिए समझौता कर सकता है। इसके लिए व्यवस्था ने चन्दनदास को आमन्त्रित किया था। वह अपने शरणागत की रक्षा करना चाहता है। करे। उसकी शुभ गति अब निश्चित है।

आप कुलीन हैं, कुछ भी सोच सकते हैं।

लेकिन मैं स्त्री-पुत्र के साथ मृत्यु की पोशाक में आते हुए चन्दनदास को देख रहा हूँ। उसकी मृत्यु इसी वध-स्थल पर अंकित है। शूली उसके कन्धे पर है। मृत्यु के कपड़े उसने पहन रखे हैं।

वियोग में उसकी स्त्री विलाप कर रही है। और आप सब अपने प्राण, अपने धन, और अपने कल की रक्षा करते हुए, विचार करने के लिए स्वतन्त्र हैं।

× × ×

राजा के विरोधी को शूली देने को लाया जा रहा है।

शूली कन्धे पर उठाये चन्दनदास के मन में विचारों का तमुलनाद छिड़ा है—अब पश्चाताप का समय नहीं रहा। खेद और पश्चाताप के समय को मैंने उस दिन ही स्वीकार कर लिया था, जिस दिन अपने मित्र के परिवार को अपने घर में आश्रय दिया था। अब ये मेरे चरित्र की परीक्षा का समय है और अन्तिम परीक्षा का परिणाम मृत्यु के बाद घोषित किया जाता है। मैं अब उसी घोषणा का, एक-एक कदम पूरा कर रहा हूँ। मुझे पश्चाताप इस बात का नहीं है कि मुझे मित्र के परिवार की रक्षा के लिए अपनी जान से हाथ धोना पड़ रहा है।

यह मेरी नैतिक जिम्मेदारी थी, जिसे मैं पूरा कर रहा हूँ। मुझे पश्चाताप इस बात का है कि गूढ़ और सूक्ष्म रणनीतियों के जानकार, चोर और नीतिवान विरोधी में स्पष्ट भेद नहीं कर सके।

मैं नैतिक जिम्मेदारियों के लिए अपने आपको व्यवस्था के विरोध में समर्पित कर रहा हूँ। लेकिन मुझे चोरों की तरह भय और दंड नीति से अपमानित किया जा रहा है। जिस व्यवस्था में क्रूर आघात, अस्त्र का रूप ले लेता है, उसमें अराजकता फैलती है। और अराजक स्थिति में सअपराध और निरपराध मनुष्यों का भेद नहीं रह जाता। केवल दण्डनीति एक ही डंडे से सबको हाँकती है।

और डर से हर आदमी हीन हो जाता है, कायर हो जाता है। अकुलीन हो जाता है। अभद्र हो जाता है। अपराधी भी निरपराधी समझ लिया जाता है।

मैं वध-स्थल पर भेद नीति के इस अराजक या क्रूर निर्णय पर पश्चाताप कर रहा हूँ। मुझे आज की और अपने वध की चिन्ता नहीं है। मैं चिन्तित हूँ अनागत के लिए। क्या इस व्यवस्था का कोई भविष्य है? क्या विवेकहीन शासक का कोई अस्तित्व जनता के हृदय पर कभी रहा है?

केवल क्रूर आघात पहुँचा कर और झटके देकर या धक्के देकर आप प्रजा को कारागार में बन्द कर सकते हैं, लेकिन उसका विश्वास अर्जित नहीं कर सकते हैं।

व्याघ निरपराध मृगों को मार डालता है और कुटिल मन्त्री निर्दोष व्यक्तियों को वध-स्थान पर पहुँचा देता है। यह मृत्यु की आशंका का भय नहीं है। यह निरपराध व्यक्तियों के विशेष अधिकार का प्रश्न है। तिनके चुन कर जंगलों में भोला-भाला हिरण घूमता है। अपनी गति के जंगल को नापता है। और अपनी ही स्वाधीन वृत्ति में ख़ुश रहता है।

उसके भोलेपन को आज यह व्यवस्था व्याध की तरह शूली पर चढ़ा रही है। निर्दोष भोले-भाले हिरण की तरह आदमी मारे जा रहे हैं।

मेरा मित्र जिष्णुदास यहाँ नहीं है। आँखों के सामने जो लोग हैं, वे भी मुझे

देख कर आँखें छिपा रहे हैं। कुछ लोग आँसू बहा कर पीछे की ओर लौट रहे हैं। कुछ डबडबाई आँखों से देख रहे हैं। और शंका के साथ इस व्यवस्था के क्रूर आघात पर पश्चाताप कर रहे हैं।

दोनों चाण्डाल मेरे पास आकर मुझे यह याद दिलाना चाहते हैं कि मैं आत्मीय व्यक्तियों के बीच में नहीं हूँ, मौत के आखिरी कगार पर खड़ा हूँ, जिसके बाद नाते-सम्बन्धी अलग रह जाते हैं।

पत्नी का भविष्य उसका पुत्र है। लेकिन मेरा पुत्र एक चोर या दोषी व्यक्ति का पुत्र होने के कारण इस व्यवस्था के बीच में लांछित व्यक्ति की तरह अपमान सहने को विवश रहेगा। अभी वह छोटा है।

मेरे आगे अब कोई रास्ता नहीं है। केवल शूली का स्थान है, जहाँ मुझे अकेले ही पहुँचना है। आखिरी यातना मुझे स्वयं झेलनी है।

पत्नी यह आग्रह कर रही है कि आप परलोक जा रहे हैं। यह प्रवास की यात्रा नहीं है, कि हम आपको खुशी-खुशी विदा दें।

लेकिन यह भी यात्रा है। मैं अपने लिए ही नहीं, अपने पुत्र के लिए भी इस यात्रा के अकेले पथ पर विश्वास के साथ बढ़ रहा हूँ। मित्र के कारण मेरी मृत्यु हो रही है। मुझमें कोई दोष नहीं है। मेरी आँखों में प्रसन्नता और उत्सर्ग की चमक है।

स्त्री का कल्याण पति के चरणों का अनुसरण करना होता है। लेकिन यह एक लौकिक परम्परा है। और हर परम्परा से कुछ अंश रूढ़ हो जाते हैं। यह रूढ़ परम्परा का अंश ही मेरी प्रिया को हठी बना रहा है। लोक व्यवहार वर्तमान की सीमा में समाप्त नहीं हो जाता है। वह कुमार के साथ नये रूप में विकसित होगा।

मेरा पुत्र, मेरे पैर छूकर यह जानना चाहता है कि उसे क्या करना चाहिए?

करने और सोचने की बुद्धि उसकी अपनी विकसित होगी। निर्णय उसे अपने आप करना है। लेकिन मैं उसके लिए एक ही स्थान की कामना कर सकता हूँ। एक ऐसे स्थान की कामना जो चाणक्य से रहित हो।

चाणक्य से रहित स्थान मेरे लिए कहीं नहीं है। शायद भविष्य में हो। ऐसा भविष्य शायद किसी का हो, मेरे पुत्र का या आने वाले कुसुमपुर के नागरिकों का।

वह भविष्य वध-स्थल पर, पिता को पुत्र से अनुत्तरित और विभक्त नहीं रहने देगा।

चाण्डाल मुझे सावधान कर रहा है। रक्षा के लिए मेरा कुटुम्बी मेरी ओर देख रहा है। और मैं अंतिम समय में, विलाप करती हुई अपनी प्रिया की मर्मभेदी पीड़ा को झेल रहा हूँ।

मुझे महाराज नन्द की याद आ रही है। वे स्त्रियों पर प्रतिदिन कृपा किया करते थे। और आज इस वध-स्थल पर स्त्री के मर्मभेद को सुनने वाला कोई नहीं है। आज कुलीन अकुलीन हो उठे हैं। सभ्यों में संस्कार नहीं रह गया है। पुरुष दब्बू हो उठे हैं।

और वध-स्थल पर एक पिता अपने अरक्षित परिवार के लिए चिन्तित है। एक पुत्र अपने अनाम भविष्य के लिए चिन्तित है।

पहला चाण्डाल वज्रलोमक को पुकार रहा है। दूसरा चाण्डाल वज्रलोमक को बुला रहा है। और मैं अपने आपको पकड़ने वाले इन व्यक्तियों के बीच इस बात की कोशिश कर रहा हूँ कि मुझे जिन्दगी का एक क्षण और मिल जाय। एक मार्मिक आत्मीयता भरा क्षण, ताकि मैं अपने पुत्र का आलिंगन कर सकूँ। उसका सिर सूँघ कर, उसके भविष्य को निर्भय कर सकूँ।

मरण अवश्यंभावी है। मैं मृत्यु के इस आखिरी घूँट को मित्र के कार्य का सम्पादन करते हुए प्रसन्नता से पी रहा हूँ।

पुत्र मेरे साथ डूबती हुई परम्परा के धर्म की चिन्ता कर रहा है। वह मुझसे धर्म की बात पूछ रहा है।

चाण्डाल चीख रहे हैं। वज्रलोमक ने मुझे पकड़ लिया है।

मेरी प्रिया अपने अस्त-व्यस्त रूप में वध-स्थल पर अपना वक्ष-ताड़न करती हुई 'बचाओ' 'बचाओ' की गुहार कर रही है।

क्या कोई इस न समाप्त होने वाली यातना का अपने विश्वास से सामना नहीं कर सकता है? क्या केवल व्यवस्था के विरोध में लोग, धर्म की परम्परा को और मनुष्य की आत्मीयता को चीत्कार करते हुए देखते रहने के आदी हो चुके हैं।

× × ×

अमात्य राक्षस यह सब देखते हैं ओर सोच रहे हैं—नहीं, दहाड़ती हुई आत्मीयता अरक्षित नहीं है। मैं दब्बू नहीं हूँ। केवल दर्शक बन कर मैं हीनता को देखने का आदी नहीं रहा। पौरुष अभी बन्ध्य नहीं हुआ है। मेरी शक्ति को अभी पक्षाघात नहीं लगा है।

डरे हुए आदमियों के चेहरों को मैं बहुत समय से देखता आ रहा हूँ। एक चेहरा मेरे मित्र का है।

शूली के अधिकारियों का भी चेहरा डरा हुआ है। देखने वाले व्यक्तियों का मन भय से कुचला हुआ है।

चन्दनदास को मारने वाली व्यवस्था का कोई भविष्य नहीं है। मैं नीति की

लड़ाई में अभी हारा नहीं हूँ। अन्तिम युद्ध वध-स्थल पर ही लिखा था। मुझे निर्णय लेना है। और मैं निर्णय ले चुका हूँ।

शूली देने वाले अधिकारियों से मत डरो। अपनी हीनता से मत डरो। अपने अधिकार के छिन जाने पर कुण्ठित मत हो।

मैंने शत्रु के कुल की तरह अपने स्वामी के वंश का विनाश देखा है। मित्रों की विपत्ति में लोग आनन्दोत्सव मनाते हैं। लोग अपने ही अपमान की सामूहिक बारात निकालते हैं। लेकिन मैं अपमानित होकर भी मित्र की विपत्ति के समय अपनी आत्मा को और कुचलने के लिए तैयार नहीं हूँ।

यह यमलोक का गोमुख है। यह शूली का फन्दा मेरे लिए है। मैं इस मार्ग पर यमलोक में जाने की प्रस्तुत हूँ। अपमानित होकर भी मैं कायरों की तरह मरना नहीं चाहता।

येन स्वामिकुलं रिपोरिव कुलं दृष्टं विनश्यत् पुरा,
मित्राणां व्यसने महोत्सव इव स्वस्थेन येन स्थितम्।
आत्मा यस्य वधाय वः परिभवक्षेत्री कृतोऽपि प्रियः
तस्यायं मम मृत्युलोक पदवी वध्यस्त्रगावध्यताम् ॥

चन्दनदास मुझे देख कर पश्चाताप के आँसू बहा रहा है। उसे मेरी उपस्थिति से चोट लगी है। वह नहीं चाहता है कि मुझ पर किसी भी तरह का संकट आये। लेकिन मैं उसके चरित्र को पवित्र मानता हूँ। उसके एक अंश का भी अनुसरण करने पर ही मैं अपने आपको सार्थक बना सकता हूँ।

उसके उद्योग मुझे अब तक बचाते रहे हैं। उसने हर तरह की कोशिश की, लेकिन व्यवस्था के विरोध में वह असफल रहा है। वह समझ रहा है, मैंने उसके साथ आकर उचित नहीं किया है।

यह उपालम्भ की बात नहीं है। यह संसार स्वार्थी है। स्वार्थ-प्रधानोहि जीव लोकः। और स्वार्थियों के इसी संसार में, मुझे विरोध में खड़ा होना पड़ रहा है।

मैं भयंकर कलिकाल में भी अपने प्राणों से अधिक दूसरे की रक्षा करना चाहता हूँ।

व्यवस्था का एक रूप राजा शिवि है और एक बाज। बाज कबूतर का वध करना चाहता था, और राजा शिवि उसकी रक्षा के लिए अपने शरीर का एक अंश दान दे रहे थे। आज एक परम्परा बाज की है और दूसरी लौकिक परम्परा राजा शिवि की। मैं शिवि की परम्परा में अपने पुरुषार्थ को मित्र की रक्षा के लिए उत्सर्ग करने आया हूँ।

चन्दनदास उसी परम्परा के रक्षक हैं। वे मेरे लिए अपना जीवन उत्सर्ग कर

रहे हैं। लेकिन मैं केवल निरीह कबूतर नहीं हूँ। मैं राक्षस हूँ, जो विरोध के लिए विरोध नहीं करता। जो उदार लौकिक परम्परा को जीवित रखने के लिए विरोध को और शक्तिशाली बनाता है।

मेरी उपस्थिति से यहाँ खलबली मच गयी है। वेणुकोक सेठ चन्दनदास को पकड़ रहा है।

श्मशान में यहाँ एक वृक्ष है। वृक्ष की घनी छाया है। और वहीं मेरा मित्र बन्दी है।

एक व्यक्ति चाणक्य की सेवा में निवेदन करने गया है कि अमात्य राक्षस पकड़ लिए गये। लोग द्वारपालों को आदेश दे रहे हैं।

मौर्य वंश में अभी धर्म की स्थापना का भ्रम शेष है। अभी नन्दवंश की सेना को मारने का अभिमान चाणक्य के अधिकारियों में भरा हुआ है।

मैं इस धर्म के ढोंग को सहने और नन्दवंश की पराजय के दम्भ पर चारणों की गाथा सुनने यहाँ नहीं आया हूँ।

मुझे अब सुनना ही पड़ेगा। मेरी बुद्धि कुण्ठित नहीं हुई है। चाण्डाल चाणक्य की नीति की मेरे ही सामने सराहना कर रहा है, और मुझे यह सब मित्र के हित में सुनना पड़ रहा है।

चाण्डाल चीख कर यह बता रहा है कि चाणक्य की नीति से कुण्ठित बुद्धि वाले राक्षस बन्दी बना लिए गये हैं।

क्या मैं बन्दी बना लिया गया हूँ? क्या मेरा विरोध असफल हो चुका है? क्या मेरी व्यक्तिगत विद्रोह की शक्ति व्यर्थ हो चुकी है?

× × ×

चाणक्य ने अपने शरीर को सभी ओर से ढक लिया है। केवल मुख खुला हुआ है।

चाणक्य अपनी आँखों से राक्षस को देख रहा है। अपनी नीति की विजय पर प्रशंसा के या स्तुति के गीत सुन रहा है।

केनोतुंग शिखाकलापकपिलो वद्धः पटात्रे शिखी?
पाशैः केन सदागतेरगतिता सद्यः समासा दिता?
केनानेक पदानवा सितसटः सिंहोऽर्पितः पंजरे?
भीमः केन चलैकन क्रम करो दोर्भ्या प्रतीणऽर्णवः?

ये ऊँची लपटें और ऊपर उठ रही हैं। ये पीली धधकती हुई आग की लपटें ऊपर उठ रही हैं। और कौन इन लपटों को कपड़ों में बाँधना चाहता है? रस्सियों

से किसने पवन की गति को आज तक बाँधा है? कौन पुरुषार्थी मदमत्त मातंगों के मद-जल के सुरभित जटा वाले सिंह को पिंजरे में पकड़ सका है? विस्तीर्ण समुद्र को कौन अपने हाथों से बाँध सका है। समुद्र में भयंकर लहरें हैं और इन वक्र, मकर और जल-जन्तुओं से कौन अधिक बलशाली है?

वस्त्र में अग्नि नहीं बाँधी जा सकी है। रस्सियों से पवन की गति नहीं रोकी गयी है। पिंजर में सिंह का बाँधना असम्भव है। हाथों से समुद्र को पार करने की शक्ति असाधारण व्यक्ति में होती है।

चाणक्य सोचता है, क्या मैंने यह सब दुष्कर कार्य किया है? क्या मैंने हाथों से समुद्र को पार किया हे? क्या मेरी भुजाएँ वक्र और मकर और भयानक जानवरों से लड़ने में समर्थ हैं? क्या मेरी नीति सिंह को पिंजरे में बाँधने में पूरी तरह सफल हो चुकी है? क्या मैंने विस्तृत आर्यावर्त में फैली हुई आग को अपनी नीति से शान्त कर दिया है?

उजले कपड़े से क्या मैंने आग को ढक दिया है?

या सब लोग केवल मेरा यशोगान कर रहे हैं?

नीति के प्रयोग में चाण्डाल मेरी कुशलता की सराहना कर रहा है।

नहीं, भद्र! यह अधूरा सत्य है। नीति का प्रयोग ही युद्ध का पूरा फलक नहीं है। पूरे फलक में कुछ और तस्वीरें भी हैं।

आधा पृथ्वी लोक है और आधा अलोक। इस विस्तृत फलक में अलोक दैव के हाथ में है। पर्वत का आधा हिस्सा अभी अँधेरे में है। और पृथ्वी के आधे हिस्से पर नंदवंश के द्वेषी चाणक्य ही नहीं रहे हैं, स्वयं दैव ने आधे हिस्से से उस वंश का अहित चाहा था।

लोक और अलोक के बीच, कुसुमपुर में जिस नये उदय की लड़ाई लड़ रहा हूँ, उसका एकमात्र सार्थक विरोधी अमात्य राक्षस मेरे सामने है। मेरी आँखों में प्रसन्नता है। बहुत समय तक मैं इसी के बारे में सोचता रहा हूँ। रातों मेरी बुद्धि इसी व्यक्ति की शक्ति को अपने नये संघर्ष में सहयोगी बनाने के लिए प्रयत्नशील रही है।

गुरुभिः कल्पना क्लेशैदीर्घजागरहेतुभिः।
चिरमायासिता सेना वृषलस्य, मतिश्च मे ॥

मेरे उपाय और मेरी सारी मौर्य सेना, मेरी बुद्धि इसी व्यक्ति के लिए चिन्तित थी।

अब मुझे अपने शरीर को कपड़ों से ढक कर रखने की आवश्यकता नहीं है। मेरा व्यक्तित्व खुला और निर्बन्ध रहा है। आगे बढ़ कर मैं अमात्य राक्षस को पहचानता हूँ।

यह परिचय की आत्मीय पहचान, एक नये विश्वास की पहचान को जन्म दे रही है। मैं स्वीकार करता हूँ, ''अमात्य राक्षस, विष्णुगुप्त आपको नमस्कार करता है।''

अमात्य राक्षस विवश व्यक्ति की तरह मुस्कुरा रहे हैं। वे आधे संशय की स्थिति में हैं, और आधे विश्वास के लोक में।

वे सोच रहे हैं, क्या यह वही व्यक्ति है जिसकी आत्मा मेरे लिए दुष्ट व्यक्ति की आत्मा की तरह कष्टदायक रही है? या यह व्यक्ति अपनी असाधारण शक्ति में, असाधारण पुरुष है।

आकरः सर्वशास्त्राणां रत्नानामिव सागरः।
गुणैर्न परितृष्यामो यस्य मत्सरिणो वयम् ॥

क्या यही व्यक्ति सम्पूर्ण रत्नों के आगार, रत्नाकर के समान है? क्या यह समुद्र की तरह सभी शास्त्रों का मूल या उद्‌गम स्थल है?

क्या यही व्यक्ति है, जिसने अपने विरोध से नये शास्त्र की उत्पत्ति का एक नया केन्द्र इस कुसुमपुर में स्थापित किया है?

क्या यह व्यक्ति मेरे नाम के आगे 'अमात्य' विशेषण लगाकर मेरा अपमान करना चाहता है? यह व्यक्ति मेरा स्पर्श कर रहा है और जब कि मैं स्पर्श से दूषित हो चुका हूँ।

यह आदमी मेरी शंकाओं को, दूषित स्पर्श के मेरे बोध को, अपनी तीक्ष्ण आँखों से पढ़ रहा है।

उसने बताया है कि ये चाण्डाल नहीं हैं, जिन्होंने आपको वध-स्थल पर अब तक पकड़े रखा था। ये राज्य कर्मचारी, सिद्धार्थक और सुसिद्धार्थक हैं।

मुझे विश्वास में लेकर यह आदमी आज इतना सरल लग रहा है या वास्तव में यह सरल रहा ही है। कठोर नारियल के भीतर मीठा जल होता है। इस व्यक्ति की कठोर नीति से बार-बार आहत होने वाला यह अमात्य अब उसकी सरलता को पहचान रहा है।

इसकी आँखें सरल हैं। मोहक हैं। काले श्याम मेघों की तरह उसका व्यक्तित्त्व आकर्षक है। और यह स्वयं रत्नाकर हैं।

यह स्वीकार कर रहा है कि सुसिद्धार्थक और सिद्धार्थक उसके ही आदेश पर यह सब कार्य करते रहे हैं।

शकटदास उसके ही आदेश पर मेरे साथ छल करता रहा। सारी छलपूर्ण कार्य- प्रणालियों के मूल में, यही व्यक्ति था।

मैं जिन व्यक्तियों पर सन्देह कर रहा था, जिन व्यक्तियों के प्रति मेरे मन

में दबी हुई चिन्ता थी, आज इस व्यक्ति की सहज स्वीकृति के बाद मैं सब कुछ भूल चुका हूँ।

इसने स्वीकार किया है कि भद्रभट्ट आदि सेवक, इसके सेवक थे। वह कपट-लेख इसने लिखवाया था। सिद्धार्थक को इसने भेजा था। वे तीनों आभूषण इसने मेरे हाथ बिकवाये थे।

बौद्ध संन्यासी, जो अभी-अभी इसी जीर्ण उद्यान में आत्महत्या का प्रयत्न कर रहा था, वह इसका व्यक्ति था। सेठ चन्दनदास को क्लेश इसने दिया है।

मैं देख रहा हूँ, इस कठोर व्यक्ति के सीने में भी एक अजस्त्र निर्मल जल का झरना फूट पड़ा है। यह अपने ही कार्यों को, अपने ही दोषों को, अपनी ही हीनता को स्वीकार कर मेरे सामने विनयी ही नहीं हो उठा है, इसकी आँखों के कोरों में लज्जा के संकेत भी हैं।

वे संकेत केवल आत्म-स्वीकृति के संकेत नहीं हैं, आत्म-विश्लेषण के संकेत हैं। और आत्म-विश्लेषण करने वाला यह व्यक्ति, अचानक मेरी आँखों में महत् हो उठा है।

अचानक मैं उस किंवदन्ती के राक्षस की तरह हाथी से उसके स्वस्थ रहने का रहस्य पूछता हूँ और हाथी मुझे पत्थर के ऊँचे-नीचे जंगल में छोड़ आया है। मैं पत्थरों के मूक जंगल में उन स्वस्थ रहने वाली शिलाओं की खोज कर रहा हूँ जो मुझे हाथी की तरह मदमस्त बना सकें।

हाथी ने कहा था, मैंने इन्हीं जंगलों के पत्थर खाये हैं और मैं आज तक शायद इस पूरे आर्यावर्त में भटक कर पत्थर खाता रहा हूँ।

एक राक्षस, वास्तव में मेरे भीतर आज पत्थर खाते हुए समाप्त हो रहा है। मर गया है। और मैंने यह महसूस किया है कि इस व्यक्ति के व्यक्तित्व में स्वयं एक हाथी की, एक ऊँचे हिमालय की और एक महत् मानदण्ड की शक्ति है।

और मैं एक नये व्यक्ति की तरह इस नये मानदंड के लिए, इस महत् हिमालय के बीच अपने आपको सर्वथा उत्साहित और समर्थ महसूस कर रहा हूँ।

उस व्यक्ति ने मुझे 'वीरवर' कहा है। मेरी वीरता को एक योद्धा ही पहचान सकता है। उसने इस बात का संकेत दिया है कि उसने यह सारे कार्य चन्द्रगुप्त के साथ मेरा संयोग कराने की इच्छा से किये थे।

वह चाहता है कि मैं चन्द्रगुप्त के सम्पर्क में आऊँ। क्या मैं एकाएक अपने पिछले व्यक्तित्व को, पिछली हीनता को और पिछली व्यर्थताओं को, पिछले आघातों को भूल सकता हूँ?

क्या मैं अपने आपको एक नये सम्पर्क के लिए तैयार कर सका हूँ? क्या मुझमें नये संपर्क के बीच, अपनी अस्मिता को प्रतिष्ठित करने की सामर्थ्य है?

× × ×

अमात्य राक्षस के करीब आचार्य चाणक्य खड़े हैं।

चरों ने महाराज चन्द्रगुप्त के आने की घोषणा की है। लोगों की आँखें उसी ओर लगी हैं।

चाणक्य यहाँ लोगों की आँखों में विशेष आकर्षण का केन्द्र बन चुका है।

एक के बाद एक मेरे शत्रु पराजित हो चुके हैं। लेकिन यह युद्ध चन्द्रगुप्त के सैनिकों ने युद्धभूमि में नहीं लड़ा था। दुर्जेय शत्रुओं को कूटनीति के युद्ध में आचार्य चाणक्य ने पराजित किया था।

मैं छोटे-छोटे राजाओं के हताश चेहरों को आज भी याद करता हूँ। बिखरे हुए आर्यावर्त की प्रभाहीन राज्य की शक्ति आज भी चन्द्रगप्त की आँखों में है।

मेरी आँखें विश्वास के साथ उन छोटे-छोटे मल्ल और लिच्छवी गणराज्यों पर भी टिकी हुई थीं। ये छोटे-छोटे गण, मनुष्य की मनुष्य के प्रति विश्वास की एक अजेय यात्रा रहे हैं। वह यात्रा गणों के संगठन से ही नहीं शरू हुई थी। गणों के बीच मनुष्य के अपने अधिकार के संघर्ष से प्रारम्भ हुई थी।

चन्द्रगुप्त सोच रहे हैं, आज भी एक नये प्रारम्भ की भूमिका के लिए मैं इस वध-स्थल पर आया हूँ। यहाँ केवल दो महा नीतिवान योद्धा ही परस्पर एक दूसरे की शक्ति को स्वीकार नहीं कर रहे हैं, बल्कि एक पूरी बिखरी हुई शक्ति का आर्यावर्त एक नयी नीति को और एक नये रण-कौशल को स्वीकार कर रहा है।

मेरे लिए तरकश में नीचे को मुख करके रखे हुए बाणों का व्यापार सन्तोष का विषय नहीं है। बाण मेरी ही तरह तरकश में झुके हुए लज्जा महसूस कर रहे हैं। वे महसूस कर रहे हैं कि इस रण में, बाणों के व्यापार की विजय नहीं हुई है। विजय दुर्जेय शत्रुओं के पराक्रम की भी नहीं हुई है। दुर्जेय खण्ड-खण्ड में बिखरे हुए छोटे-छोटे योद्धाओं के असन्तोष की भी नहीं हुई है।

फण से युक्त तरकश के तीर मेरी ही तरह झुके हुए हैं, लज्जाशील हैं।

फलयोगम वाप्य सायकानाम नियोगेन विलक्षतां गतानाम।
न शुचैव भवत्यधोमुखानां निजतूणी शयनव्रतं प्रतुष्टयै ॥

आज भी मैं इस लोक और अलोक में विभाजित अपनी ही पृथ्वी पर असमर्थ हूँ। मेरी असमर्थता मेरे पुरुषत्व की असमर्थता नहीं है। मेरे धनुष-बाण उदासीन नहीं हैं। वे लक्ष्यहीन भी नहीं हुए हैं।

लेकिन राष्ट्र के चिन्तन में अब तक सतर्क मेरे बेधक बाण नहीं रहे हैं। मेरा असन्तोष सर्तक था। लेकिन असन्तोष के सतर्क रहने से राष्ट्र के चिन्तन में गति नहीं आती है।

आचार्य चाणक्य ने राष्ट्र के चिन्तन को अपनी सतर्कता से गतिशील बनाया है। विपक्षियों को पराजित किया है।

मेरे अस्तित्व में रहने के बावजूद राज्य के कार्य का संचालन आचार्य अपने चिन्तन से पूरा करते रहे हैं। कुसुमपुर की विजय आचार्य के चिन्तन की विजय है।

मैं आज इस वध-स्थल में अपने ही भीतर की इस दुर्बलता को स्वीकार करना चाहता हूँ। मैं आगे बढ़ कर, आचार्य के पास जाकर उन्हें प्रणाम करता हूँ और उनके आशीर्वाद से उस चिन्तन को इस पूरे आर्यावर्त के लिए सफल बनाना चाहता हूँ।

आचार्य ने मुझसे अमात्य राक्षस को 'पूजनीय' कहा है। क्या वे इसलिए पूजनीय हैं कि आचार्य उनका अभिवादन कर रहे हैं या वे इसलिए सम्मानित हैं, क्योंकि वे मेरे पिता के प्रधानमन्त्री रहे हैं।

शायद मेरे मन में सम्बन्ध कायम करने और सम्बन्धों से बचे रहने का एक विरोधी संघर्ष छिड़ा हुआ है।

शायद यह विरोधी संघर्ष मुझे अमात्य राक्षस के भीतर भी दिखाई दे रहा है। उनका एक मन अपने प्रिय राजा के पुत्र के प्रति आसक्त है और एक उस व्यक्ति से घृणा कर रहा है, जिसने उनके वंश को ही पराजित किया।

मैं अन्तर्विरोधों के बीच से यह आज स्वीकार कर लेना चाहता हूँ कि एक ही वंश इस आर्यावर्त में अब जीवित है। वह है, चिन्तकों का वंश। योद्धाओं का वंश। नीतिवानों का वंश। सत्यवादियों का वंश। स्वाभिमानियों का वंश। और मैं उस वंश का एक समर्थ उत्तराधिकारी हूँ।

—मैं चन्द्रगुप्त, आर्य अमात्य राक्षस को प्रणाम करता हूँ।

और मेरे प्रणाम के प्रत्युत्तर में अमात्य की आँखों में सहज ममता उभर आई है। वे बालपन के मेरे व्यवहार को याद करने लगे हैं। एक शैतान, लेकिन प्रबुद्ध युवक उनकी आँखों में है। वह शेर से जंगलों में खेल रहा है। हाथियों के झुण्ड के साथ खिलवाड़ कर रहा है। सैनिकों की व्यूह-रचना को चुटकियों में खण्डित कर रहा है।

मैं देख रहा हूँ, अमात्य राक्षस मेरी ओर पूरी आत्मीयता से देख रहे हैं। वे मेरे निरन्तर विजयशाली होने की कामना कर रहे हैं।

आज मैं संसार का सबसे अमूल्य सुख अर्जित कर सका हूँ। संसार के

सबसे बड़े पुरुषार्थ को मैंने अपनी आँखों के सामने पहचान लिया है। एक ओर गुरुवर आचार्य चाणक्य हैं और दूसरी ओर जागरूक रहने वाले अमात्य राक्षस। यह सन्धिविग्रह आदि के विचार की त्रिवेणी आज मेरे भीतर एक नये पर्व का शुभारम्भ कर रही है।

× × ×

क्या सूखे हुए वृक्ष और उजड़े हए उद्यान की यह बस्ती राक्षस के भीतर फिर से आत्मसंघर्ष पैदा कर रही है? क्या अमात्य राक्षस, चाणक्य और चन्द्रगुप्त के सामने एक भृत्य की तरह उपस्थित हो गया है?

वह सोच रहे हैं—क्या मेरी नम्रता का अर्थ, यहाँ एक नये गुप्त स्वार्थ-समझौते के अनुबन्ध-पत्र में बदल गया है? क्या यह गुप्त अनुबन्ध-पत्र मेरे अस्तित्व को इस पुराने जीर्ण-शीर्ण उद्यान में यह स्वीकार करने के लिए विवश क्र रहा है कि मैं एक अदना-सा कर्मचारी हूँ? और चाणक्य सर्वतोभावेन यशस्वी है?

क्या मैं नदी-तट के एक ऐसे कगार का वृक्ष हूँ जो आश्रयहीन हो चुका है, जिसका बहती हुई धारा में विलीन हो जाना ही सार्थक है।

योग्य मैं हूँ। पुरुषार्थ और कीर्ति योग्य व्यक्ति में होती है। लेकिन योग्य और पुरुषार्थ परायण राजा को पाकर मूर्ख मन्त्री भी सम्मानित हो जाता है। क्या यहाँ मेरी मूर्खता का सम्मान किया जा रहा है?

मैं अब तक क्या अयोग्य राजा के पास अपनी शक्ति का दुरुपयोग करता रहा हूँ? क्या नीतिज्ञ मन्त्री भी अयोग्य राजा के पास जाकर कगार के वृक्ष की तरह गिर नहीं जाता है?

लेकिन यह समय अत्यन्त नीतिज्ञ मन्त्री की योग्यता को परखने का नहीं है। यह समय किसी योग्य राजा के पास, एक भृत्य की तरह प्रार्थना करने का भी नहीं है।

चाणक्य ने शायद मेरी इस उलझन को समझ लिया है। उसकी आँखें मुझे एक- टक देख रही हैं। लेकिन ये आँखें, क्या सौदा करने के अर्थ से मेरा मूल्य, मेरी ही आँखों में गिराना तो नहीं चाहती हैं?

चाणक्य ने पूछा है, ''क्या चन्दनदास की प्राणरक्षा चाहते हो?''

क्या यह सीधा सवाल एक सीधा सौदा नहीं है? क्या मैं यहाँ केवल चन्दनदास की प्राण-रक्षा के लिए नहीं आया हूँ? क्या अभी भी इस व्यक्ति के मन में सन्देह रह गया है?

लेकिन यह सन्देह उपेक्षा का नहीं है, अनुग्रह का है। विरोध का नहीं

है, आत्मीयता के अनुबन्ध का है। अभी उसने मेरी ओर आत्मीयता से देखते हुए जो कुछ कहा है, उससे यही स्पष्ट होता है कि वह मुझे अपने एक नये दायित्व से बाँध रहा है। लेकिन किसी भी दायित्व से बँधने के लिए कुछ शर्तें आवश्यक होती हैं।

चाणक्य ने कहा है, "बिना शस्त्र ग्रहण किये आप चन्द्रगुप्त पर अनुग्रह कर रहे हैं। मेरे भीतर इसीलिए अभी तक सन्देह रहा है। लेकिन यदि आप चन्दनदास के जीवन की रक्षा चाहते हैं तो यह शस्त्र आपको ग्रहण करना चाहिए।"

मैं इस अनुग्रह की आन्तरिक सच्चाई के नीचे उतर रहा हूँ। इस आन्तरिक सच्चाई के नीचे जो अनमोल रत्न हैं, उन्हें मैं खुली आँखों देख रहा हूँ। हर आदमी अपनी उदारता में अधिक गहरा होता है। उसकी गहराई में अनेक रत्न चमकते रहते हैं।

मैं इस व्यक्ति के भीतर झाँक कर इसके रत्नाकर में जिन रत्नों को परख सका हूँ, वे आकर्षक ही नहीं, महत् भी हैं।

और मैं स्वीकार करता हूँ कि यह 'शस्त्र ग्रहण' केवल साधारण शस्त्र का स्थानांतरण नहीं है, यह एक अयोग्य व्यक्ति के हाथ में पड़ी हुई वस्तु की तरह है। इस शस्त्र को चाणक्य ने ग्रहण किया था। यह बात मेरे लम्बे जीवन के संघर्ष से कभी मिट नहीं सकती है। यह विशेष शस्त्र चाणक्य का शस्त्र है। और मैं इसे ग्रहण करने के लिए अयोग्य हूँ। लेकिन इसे स्वीकार करने में अब मैं लज्जित नहीं हूँ।

चाणक्य मुस्करा रहे हैं। हठात् वे ठठाकर हँस पड़ते हैं। उनकी हँसी इस तनाव भरे वातावरण में एक नये उल्लास की तरह ग्रहण की जाती है। लोगों ने बहुत समय के बाद एक निर्मल, खुली, उन्मुक्त हँसी देखी है।

बहुत समय के बाद, लोग इस कठोर व्यक्ति के मुख पर मुक्त उल्लास देख सके हैं।

यह तना रहने वाला चेहरा एकाएक पिघले हुए गोमुख के प्रवाह की तरह गन्ध और मुक्त उच्छवास से पूरे हिमाद्रि शिखर तक गूँज उठा है। चाणक्य मुस्करा रहे हैं। चाणक्य अट्टहास कर रहे हैं।

"अमात्य राक्षस, मैं योग्य हूँ और आप अयोग्य हैं, यह विरोध की लड़ाई शुरू कैसे हुई। न तो आप अयोग्य हैं, न ही मैं योग्य हूँ।

"युद्ध के लिए सुसज्जित ऊँची पीठ वाले हाथी अत्यन्त गर्वीले होते हैं। लेकिन अत्यन्त गर्वीला हाथी शत्रुओं के घमण्ड को चूर करने वाला अत्यन्त प्रतापी योद्धा नहीं होता। मेरे और आपके बीच कोई योग्यता और अयोग्यता की सीमा-रेखा नहीं खींची गयी थी।

"यह एक निरन्तर दुर्बलता पर अत्यन्त प्रतापी व्यक्ति के हाथ में घोड़े की लगाम देने का कार्य है। आर्यावर्त में भय फैला, पर मुझे अत्यन्त प्रतापी व्यक्तियों की तलाश थी।

"विहार में, ऊँचे पहाड़ों पर, नदी के मुहानों पर, खुले हरे-भरे खेतों में, समुद्र की अतल गहराइयों में, भयंकर लहरों में और मेघों के बीच मैंने इस आर्यावर्त में भयभीत चेहरे देखे हैं। दबी हुई आकृतियों को बार-बार पहचाना है। हताश व्यक्तियों की आँखों को देखा है।

"हीन व्यक्तियों की चीर-फाड़ की है। मेरा अन्वेषण और मेरी यात्रा, अकारथ नहीं गयी।

"अभी युद्ध के लिए सुसज्जित ऊँची पीठ वाले हाथियों को युद्धभूमि से वापस लौटाने का समय नहीं आया है। अभी शत्रुओं के घमंड को चूर करने का कठोर व्रत लेना है।

"आज का यह वध-स्थल आने वाले कल के आर्यावर्त का भविष्य होगा। यह भविष्य, स्वाभिमानी आर्यावर्त का होगा। प्रतापी आर्यावर्त का होगा। ऊँची पीठ के अत्यन्त गर्वीले हाथियों का होगा। घोड़ों की लगाम को कसने वाले सैनिकों का होगा।

"यह आर्यावर्त का विशेष शस्त्र, मेरा निजी शस्त्र नहीं है। यह पूरे राष्ट्र का मानदंड है। इस मानदंड की रक्षा करने के लिए पूरे आर्यावर्त को नये संकल्प में ढालना होगा।

"मैं लाभ और हानि के स्तर पर यह निर्णय नहीं ले रहा हूँ। लेकिन मेरे भीतर यह कठोर निर्णय, इस बात को पुष्ट कर रहा है कि शस्त्र ग्रहण किये बिना, चन्दनदास का जीवन आप बचा नहीं सकते हैं।"

अमात्य राक्षस सोच रहे हैं। यह चाणक्य केवल खुल कर मुस्कुराता ही नहीं है, यह अपने निर्णय में भी खुली चुनौती देता है।

यह आत्म-विवेचन का एक नया मानदंड बन चुका है। इसने मेरे हृदय को एक नये उत्साह से भर दिया है। मेरे हृदय में अभी तक महाराज नन्द का अनुराग रहा है। मैं सोचता था उनके शत्रुओं का मैं भृत्य बन गया हूँ। क्या यह मेरे व्यक्तित्व का छोटापन नहीं था?

जिन छोटे-छोटे व्यक्तियों और छोटे-छोटे वृक्षों को सींच कर मैंने अपने हाथों से बड़ा किया, क्या वे मेरे प्रति अनुरक्त रहे?

क्या मलयकेतु ने मुझे लांछित करने के लिए अपने ही शिविर में दुरभि-सन्धि नहीं की थी? क्या मैंने उसे मित्र के रूप में ग्रहण नहीं किया था?

क्या मेरी अहर्निश चिन्ता शत्रु को पराजित करने को उद्यत नहीं थी?

आज मैं पुनः मित्र की प्राण रक्षा के लिए एक नये सत्य को स्वीकार कर रहा हूँ। मुझे केवल चाणक्य के शस्त्र को ग्रहण नहीं करना पड़ रहा है, बल्कि भाग्य के वात्याचक्र से निकल कर इस वध-स्थल पर एक नया निर्णय करना पड़ रहा है। यह निर्णय व्यक्तिगत मेरी स्वार्थपरता का या पद-लालसा का प्रमाण नहीं है।

मैं चन्दनदास के उस वाक्य को नहीं भूला हूँ कि यह पृथ्वी कहीं भी चाणक्य रहित नहीं है।

और मैं इस पृथ्वी पर जहाँ तक बढ़ सका हूँ, चाणक्य की नीति से हीन मुझे कोई स्थान नहीं मिला। उसकी लोकप्रिय सता, उसकी नीति और उसकी सफलता, इस पूरे आर्यावर्त की सफलता का रूप ले चुकी है। और मैं आज उसी आर्यावर्त के उत्तरदायित्व का वहन कर रहा हूँ।

—मैं स्वीकार करता हूँ, विष्णुगुप्त! खड्ग लाओ।

मैं जिस क्रिया-कलाप की सिद्धि के लिए अपनी स्वीकृति दे रहा हूँ, उसमें मित्र के स्नेह की शक्ति है मैं उस शक्ति को भीतर ही भीतर नमस्कार कर रहा हूँ। मैं विवश हूँ उस शक्ति के आगे। मैं उद्यत हूँ उस शक्ति के अनुरूप अपने आपको योग्य सिद्ध करने के लिए।

मेरे सामने खड़े हुए आचार्य चाणक्य प्रसन्नतापूर्वक मुस्कुरा रहे हैं। यह आन्तरिक शान्ति और सन्तुलन की प्रसन्नता है। यह आनन्द की अपरिमित मुस्कान है। यह सन्तोष की हँसी मेरे संशय पर विजयी हो रही है। मेरी हीनता को परिवर्तित कर रही है।

वे प्रसन्नतापूर्वक शस्त्र मुझे समर्पित कर देते हैं। उनकी आँखों में सन्तोष और शान्ति, आत्मविश्वास और शक्ति चमक रही है।

वृषल को वे यह बता रहे हैं—''यह सौभाग्य का अवसर है। यह पूरे आर्यावर्त के अभ्युदय का अवसर है। अमात्य राक्षस ने शस्त्र ग्रहण कर तुम्हें अनुगृहीत किया है।

मैं सहज उल्लास से चारों ओर देख रहा हूँ। चारों ओर आँखों में एक-सी कान्ति है। एक-सा उल्लास है। चन्द्रगुप्त इसी उल्लास के केन्द्र में मेरे पस खड़ा है। और स्वीकार कर रहा है, ''आचार्य, आपकी कृपा का मैं अनुभव कर रहा हूँ।''

क्या यह अनुभव हम सब एक साथ नहीं कर रहे हैं? क्या आज के दिन, पूरा आर्यावर्त एक नये उत्सव का अनुभव नहीं कर रहा है? क्या झरोखों में खड़ी हुई आकृतियों, रंग-बिरंगे कपड़ों में सजे हए लोगों, गंधों से भरे हुए फूलों और मेघों से झुके आकाश ने, इस कुसुमपुर में एक नये उत्सव की तैयारी नहीं की है?

उल्लास के बीच यह 'आर्य की जय' का उद्घोष करने वाला पुरुष क्या कह रहा है?

आचार्य ने उस पुरुष को मेरी ओर भेज दिया है। वह आदमी संकोच के साथ अमात्य राक्षस से निवेदन कर रहा है।

आचार्य ने उसे विस्मय की स्थिति में डाल दिया है। उन्होंने स्पष्ट आदेश दिया है, "अब राज्य की व्यवस्था, अमात्य राक्षस करेंगे।"

क्या व्यवस्था की पहली ही स्थिति में मुझे एक नये संकट का निर्णय करना होगा?

जिस व्यक्ति ने मुझे अपमानित किया, जिसने मेरे संगठन को अविश्वास से देखा, जिसने मेरी व्यूह-रचना को बच्चों का खिलवाड़ समझ कर नष्ट करने की भूल की, क्या उस व्यक्ति के प्रति मैं सदय हो सकूँगा? क्या निर्णय की इस पहली परीक्षा में मैं यह स्वीकार कर सकूँगा कि द्वार पर बँधा हआ मलयकेतु दोषी नहीं है?

पुरुष ने यह बताया है कि भागुरायण, भद्रभट्ट और सैनिकों और राज्य के कर्मचारियों ने मलयकेतु के हाथ-पैर बाँध दिये हैं। और वे राज्य द्वार पर खड़े हैं।

क्या इस निर्णय के साथ कौटिल्य मेरी परीक्षा ले रहे हैं? या वे मुझे एक अदना- सा भृत्य बना कर यह बता देना चाहते हैं कि मैं इस विशाल आर्यावर्त के लिए, एक छोटी बुद्धि और छोटे दिल का आदमी हूँ। क्या मैं निर्णय-भीरु हो उठा हूँ?

लेकिन मेरी मनःस्थिति इस बात को स्वीकार करने को तैयार नहीं है कि मलयकेतु बन्धन के बीच व्यर्थ हो उठा है। उसमें शक्ति नहीं रह गयी है। उसका ओज बुझ चुका है।

मैं चन्द्रगुप्त से यह स्वीकार कर लेता हूँ, "राजन्, मैंने मलयकेतु के यहाँ कुछ दिन निवास किया है, और अब मैं इसकी प्राण-रक्षा की कामना करता हूँ।"

राजन् मेरे इस विचित्र निर्णय से शायद पूरी तरह सन्तुष्ट नहीं हुए। वे आचार्य चाणक्य की ओर देखते हैं। उनकी दृष्टि में एक तरह की जिज्ञासा है। क्या शत्रु को मुक्त कर दिया जाये? क्या उनके यहाँ निवास करने वाले एक व्यक्ति के कहने पर उसे प्राण-दान दे दिया जाये?

मैं आचार्य चाणक्य को देख रहा हूँ। वे खुले जलाशय की तरह प्रसन्न हैं। उन्होंने स्पष्ट आदेश दिया है, "यह अमात्य राक्षस का सर्वप्रथम प्रेम है और उसे हमें स्वीकार करना चाहिए।"

वे उस पुरुष को यह आदेश देते हैं, "सौम्य, मेरी ओर से भद्रभट्ट आदि

से कहो कि अमात्य राक्षस ने इस बात की प्रार्थना की है और वृषल ने उनकी प्रार्थना पर विचार करने के बाद मलयकेतु को उसके पिता के राज्य का अधिकार वापस लौटा दिया है।"

मैं आचार्य के एक-एक शब्द पर विचार कर रहा हूँ। वे मलयकेतु को उनके खोये हए राज्य का अधिकार दे रहे हैं। चन्द्रगुप्त को मेरी प्रार्थना से यह बता रहे हैं कि कलह और आन्तरिक विघटन से आर्यावर्त का विकास असम्भव हो उठा है।

मलयकेतु का अभिषेक इस बात का संकेत है कि आर्यावर्त में एक नया भावात्मक अभ्युदय हो रहा है, और अटूट एकता से बँध कर ही आर्यावर्त अपना पुनर्निर्माण कर सकता है।

मैं अभी तक जिस व्यक्ति के आघात से आहत हुआ करता था, और मेरे हृदय पर बार-बार उसकी चोटों से असहनीय पीड़ा हुई थी, आज मैं उन चोटों को एक नये सन्दर्भ में पहचान रहा हूँ। ये सभी चोटें या आघात एक व्यक्ति को आहत नहीं करते हैं, पूरे राष्ट्र की भाव-भूमि को बदल रहे हैं।

राष्ट्र की जड़ता को आचार्य के आघातों ने पूरी तरह बदल दिया है। और वे इसी बदले हुए आर्यावर्त में अपनी एक नयी भूमिका कायम कर रहे हैं।

उन्होंने विजयपाल और दुर्गपाल को जो नया आदेश दिया है, उससे यह स्पष्ट होता है कि वे व्यक्ति को क्लेश नहीं पहुँचाना चाहते हैं। व्यक्ति की स्वाधीनता को कुचलना नहीं चाहते हैं। व्यक्ति का चरित्र, उनके लिए सत्ता के हाथ का एक खिलौना नहीं है।

उन्होंने यह कहा है, "शस्त्र ग्रहण कर लेने वाले अमात्य राक्षस के प्रेम से महाराज चन्द्रगुप्त आज्ञा देते हैं कि सेठ चन्दनदास पृथ्वी के सारे नगरों में श्रेष्ठ माने जायें।"

यह घोषणा नीतिवान और मित्रवान की विजय की घोषणा है। चरित्रवान व्यक्ति के संकल्प का यह श्रेष्ठ सम्मान करती है।

× × ×

महाराज चन्द्रगुप्त इस नये अभ्युदय के बीच यह सोच रहे हैं कि नया आर्यावर्त, आचार्य चाणक्य का आर्यावर्त है।

नये अभ्युदय का उल्लास, चाणक्य की अटूट दृढ़ता पर टिका है हर नागरिक आज विश्वास के साथ आचार्य का आत्मीय बन चुका है।

हर असंतुष्ट व्यक्ति एक नये उद्यम की तलाश में आचार्य के धैर्य के साथ आगे बढ़ रहा है।

हर अन्वेषक, आचार्य की मनस्विता से इस दबे हुए आर्यावर्त के स्रोतों की खोज करने में जुट गया है।

आचार्य चन्द्रगुप्त से पूछ रहे हैं—"तुम्हारा क्या प्रिय कार्य करूँ?" (किं ते भूयः प्रियमुप करोमि?)

क्या अब तक आर्य ने जो कुछ किया है, वह मेरा कार्य नहीं था? क्या अमात्य राक्षस के साथ मित्रता, मुझे राज्य पर स्थिर रूप से अभिषिक्त करना और सारे नन्दवंश का समूलोन्मूलन, क्या मेरा प्रिय कार्य नहीं रहा? इससे अधिक और मुझे क्या चाहिए? क्या कुछ कार्य शेष है? क्या इस नये अभ्युदय में, व्यक्ति अपने-अपने अन्वेषण में, अपनी-अपनी व्यवस्था में और अपने-अपने कार्यों को पूरी जिम्मेदारी से नहीं करने लगे हैं?

चन्द्रगुप्त सोच रहे हैं। वे वर्तमान की व्यवस्था पर सोच रहे हैं। भविष्य की कल्पनाओं पर विचार कर रहे हैं।

आचार्य चाणक्य विचार की उस भूमि पर हैं, जहाँ कोई छोटा नहीं रह जाता। जहाँ कोई व्यक्ति, किसी के धन का लोभी नहीं होता। किसी के पद से ईर्ष्या नहीं करता। किसी के विकास से उसे जलन नहीं होती।

आचार्य ने विजय को बुलाया है। विजय विनत है। उसे आचार्य की आज्ञा से अधिक उनकी उदारता से सन्तोष हो रहा है। आचार्य ने उससे कहा है—विजयपाल और दुर्गपाल से कहो कि अमात्य राक्षस से महाराज चन्द्रगुप्त का मेल हो गया है।

प्रसन्न होकर यह आज्ञा दे रहे हैं कि हाथी-घोड़ों को छोड़ कर सब बन्धुओं को बन्धन से मुक्त कर दिया जाय।

आचार्य सोच रहे हैं, अमात्य राक्षस के हाथ में कसुमपुर और पूरा आर्यावर्त सुरिक्षित है। जब नीतिवान व्यक्ति जागते रहते हैं, तब हाथी और घोड़ों की आवश्यकता नहीं पड़ती। वे सोचते हैं—

सह वाहन हस्तिभ्यां मुच्यतां सर्वबन्धनम्।
मया पूर्ण प्रतिज्ञेन केवलं बध्यते शिखा॥

राक्षस से मैत्री हो गयी है। चन्द्रगुप्त का राज्य अकंटक हो गया है। नन्दों का विनाश हो चुका है। अब किसी के दबाव का, किसी के ओछेपन का, किसी के शोषण का और किसी के द्वारा किसी के अपमान का संकट समाप्त हो चुका है।

मेरी खुली हुई शिखा उस संकट के समय का संकेत रही है। अपने अपमान के उस समय को मैं विजय में बदल चुका हूँ। परिवर्तन की एक नयी परिकल्पना से पूरा आर्यावर्त जाग उठा है। अब मेरी निजी प्रतिज्ञा का दौर समाप्त हो रहा है।

मैं अपनी शिखा को बाँध कर यह स्वीकार कर लेना चाहता हूँ कि अब

मैं योद्धा नहीं हूँ। विरोध का सतर्क कूटनीतिज्ञ नहीं हूँ। मेरी प्रतिज्ञा का कार्य पूरा हुआ।

मैं एक नयी भूमि की संरचना में व्यस्त हूँ। संकट के बीच जिस आर्यावर्त में मैं रात-दिन बेचैनी से लड़ता रहा, आज आर्यावर्त अँधेरे की घातक कन्दराओं से बाहर निकल आया है।

अमात्य राक्षस को उनके नये पद की जिम्मेदारी के साथ एक बार पुनः यह याद दिला देना चाहता हूँ कि "मैं उनके साथ हूँ। मेरी शक्ति, मेरी स्फूर्ति और मेरा मस्तिष्क उनके साथ है और उनका हित करने के लिए भविष्य में भी मैं प्रयत्नशील रहूँगा।"

अमात्य राक्षस कभी चन्द्रगुप्त को देख रहे हैं, कभी छोटे-छोटे कर्मचारियों को देख रहे हैं। कभी वध-स्थल के सूखे हुए तालाब पर उनकी आँखें अटक जाती हैं।

उनके मन में यह विश्वास बिजली की तरह कौंध उठा है कि वे एक नयी परिकल्पना का संचालन कर रहे हैं। वे एक नवनिर्मित राष्ट्र के प्रधानमन्त्री हैं।

यहाँ जो धीर आदमी है, वह केवल पर्वत-सा स्थिर नहीं है, वह सागर-सा आर्यावर्त में प्रिय है। प्रिय आदमी ही अपने से ऊपर उठ कर समस्त राष्ट्र को अपने कार्य से सुख पहुँचाता है। राक्षस की आँखें प्रसन्नता से नम हैं। आचार्य चाणक्य ने पास आकर उनसे पूछा है—"किं ते भूयः प्रियमुष करोमि।"

राक्षस की आँखें भरी हैं। कण्ठ में कुछ अटक रहा है। क्या अब तक चाणक्य ने मेरे हित में नहीं किया। अतीत से चिपके हुए आदमी को वर्तमान का इंसान बना दिया। वर्तमान जीवन की दृढ़ता के भीतर चाणक्य की नीति की जयकथा है। जय एक आदमी की नहीं है। विलास का एक मुक्त तन्त्र मुझे नहीं मिला है। चाणक्य की लम्बी आत्मसंघर्ष की शक्ति मेरे भीतर से मुझे बदल रही है। मेरा एक राक्षस मर रहा है, और दूसरे राक्षस की जयकथा शुरू हो रही है। क्या मैं कहीं विजयी हुआ हूँ? क्या मैं अकेला इस प्रसव पीड़ा से गुजरा हूँ? क्या चाणक्य नदी की तरह कुसुमपुर के अटूट धैर्य को विघटने के लिए मुझे यहाँ लाये हैं? नहीं राक्षस...शक्ति का यह संतुलित व्यक्तित्व चन्द्रगुप्त की सत्ता नहीं है, चाणक्य के प्रयत्न का नया आर्यावर्त है। मैं उसके निर्माणकारी गुणों का एक अंश हूँ।

चाणक्य और पास आकर राक्षस को आश्वस्त करते हैं—"तुम्हारे मन में जो मेरे प्रति स्नेह है, वह मेरा निजी सुख नहीं है। महामन्त्री, पूरा आर्यावर्त तुम्हें अपने आकर्षक रूप में देख रहा है। आकाश सागर में गुँथा है। राष्ट्र व्यक्ति में गुँथा है। संस्कृति का यह परिकल्पित आर्यावर्त—भविष्य के आर्यावर्त का सपना है।"

राक्षस चन्द्रगुप्त को देखते हैं। चन्द्रगुप्त, पृथ्वी और आकाश के बीच विराट

वराह को अपने पास सिमटा हुआ पाते हैं। क्या प्रलय में पूरा आर्यावर्त डूबा हुआ नहीं था? क्या विशाल वराह की तरह आचार्य ने अपनी इस पृथ्वी को, अपने संकल्प, अपनी बद्धि, अपने प्रयत्न से ऊँचा नहीं उठाया है। राक्षस या मैं इसी विशाल वराह के छोटे-छोटे हाथ हैं। जब भी आर्यावर्त पर संकट आएगा, मेरे या छोटे-छोटे हाथों का पूरा राष्ट्र एक बार वराह की तरह, चाणक्य की विराट मूर्ति की तरह कभी हार नहीं मानेगा। चाणक्य की तरह हमें अपने सुदृढ़ भुजदंडों का आश्रय देना है। वह अपने और राक्षस के बीच दृढ़ और शान्त चाणक्य को देखते हैं।

आचार्य ने कहा है, "आज भी मैं यह सुनता हूँ कि म्लेच्छ आर्यावर्त की सीमा क्षेत्र में पैर बढ़ा रहे हैं। आज भी हमें धैर्य की नीति और दृढ़ता के कर्म से विजयी रहना है। आज भी आर्यावर्त को एक नयी प्रतिज्ञा से जोड़ना है। आज की हमारी प्रतिज्ञा आने वाले आर्यावर्त के उत्तराधिकार का अजेय स्तम्भ होगा।"

सब मूक हैं। सब भीतर-भीतर अपनी दृढ़ता का स्पर्श कर रहे हैं। राष्ट्र शस्त्रों के आकार से बड़ा नहीं बनता। राष्ट्र बड़ा बनता है, बड़ी प्रतिज्ञा से। राष्ट्र की प्रतिज्ञा की ही जयकथा है अपनी पृथ्वी। बड़े मनोबल की ही जयकथा है चाणक्य के आर्यावर्त की रक्षा का संघर्ष। सबके मन में एक विशाल सागर—आजादी का सागर—ठाठें मार रहा है। चाणक्य सबके अपने भी हैं और सबसे दूर एक शान्त मूर्ति भी। यह शान्ति ही पृथ्वी को ग्रहण करने का पुरुषार्थ है। सबका मिला-जुला पुरुषार्थ।

□□